普通高等院校经济管理系列"十二五"规划教材

会计信息系统实验教程

主　编　李春友　　柏思萍
参　编　张　臻　　蒋琳玲　　张晨曦

北京邮电大学出版社
·北京·

内 容 简 介

本书提供两个案例,引导学生在仿真的会计信息系统操作环境下进行会计信息系统主要功能和过程的实验操作训练,内容范围覆盖了会计部门的主要岗位,如主管、制单、审核、记账、报表编制、出纳、工资、固定资产、进销存。书中既有案例数据,又有操作指导,部分关键操作还提供了实验操作结果以供学生参考对照。

本书可与《会计信息系统》一同作为会计信息系统综合课程的组合教材,亦可作为独立会计信息系统实验课程的唯一教材。

图书在版编目(CIP)数据

会计信息系统实验教程/李春友,柏思萍主编. -- 北京:北京邮电大学出版社,2014.6(2018.7重印)
ISBN 978-7-5635-3888-1

Ⅰ.①会… Ⅱ.①李… ②柏… Ⅲ.①会计信息—财务管理系统—教材 Ⅳ.①F232

中国版本图书馆 CIP 数据核字(2014)第 064840 号

书　　名	会计信息系统实验教程
主　　编	李春友　柏思萍
责任编辑	张保林
出版发行	北京邮电大学出版社
社　　址	北京市海淀区西土城路 10 号(100876)
电话传真	010-82333010　62282185(发行部)　010-82333009　62283578(传真)
网　　址	www.buptpress3.com
电子信箱	ctrd@buptpress.com
经　　销	各地新华书店
印　　刷	北京九州迅驰传媒文化有限公司
开　　本	787 mm×1 092 mm　1/16
印　　张	22.5
字　　数	558 千字
版　　次	2014 年 6 月第 1 版　2018 年 7 月第 6 次印刷

ISBN 978-7-5635-3888-1　　　　　　　　　　　　　　　　　　定价:39.00 元

如有质量问题请与发行部联系

版权所有　侵权必究

前 言

为提高学生对会计信息系统软件的认知、操作和使用技能,我们编写了《会计信息系统实验教程》。一方面,作为《会计信息系统》的配套实验用书,另一方面,亦可作为独立开设"会计信息系统上机操作实训"课程的实验指导书。

本书为学生提供一个仿真的操作环境,用一套系统的、仿真的会计数据对学生进行会计信息系统全过程的实验操作训练。本书有以下特点:

1. 本书以案例企业的基础信息和业务数据为实验依据,实验数据构成完整的会计和业务数据模型,其操作覆盖了会计部门的主要操作岗位,包括:会计主管、记账凭证的填制和审核、记账、会计报表的编制、出纳、工资计算、固定资产管理、进销存业务及其单据的计算机管理。

2. 本书分两篇,分别提供两个实验案例。第一篇包括第一章至第十一章,基于第一个案例,适用于"会计信息系统"课程的同步实验;第二篇是一个综合性案例,数据量大,且提供了原始凭证图片。第二个案例特别适合于课程结束时的综合训练,或用于独立开设"会计信息系统上机操作实训"课程的实验指导书。

3. 本书以用友 ERP－U8 版本为实验实训平台,推荐使用 U872 版本。本书编写组为基于 U8 系统的实训提供了一个教师检查与评价软件,便于迅速了解学生的实训情况并自动进行成绩评定。

4. 如果在用友 U872 以下版本平台上进行实训,则需注意至少以下几项在各版本之间的区别:会计科目编码规则和科目设置、期末处理、报表函数,以便在进行实训前做好适当调整。

5. 本书所涉及的会计数据是根据典型企业的数据加工改造而来,以适合教学和操作训练。所有具体经济数字与指标均已与原单位无直接联系。

本书由李春友、柏思萍担任主编。第一篇的案例体系框架、系统的基础数据、账务处理的业务数据和会计报表内容由李春友设计和编写,并由张晨曦进行数据测试和截图编辑。第二篇案例由柏思萍、张臻、蒋琳玲设计和编写。李春友和柏思萍对所有章节进行审定和总纂。

在本书的编写过程中,北京邮电大学出版社、用友软件以及本实验的原型企业给予了我们极大的支持和帮助。没有他们的支持和帮助,我们不可能顺利完成编写任务。谨以本书向他们致以真诚的谢意。

由于时间仓促、水平有限,虽然我们尽了最大的努力,书中难免会有错误及不妥之处,欢迎同行与读者批评指正。(联系人:李春友,广西财经学院,530003,E-mail:lcy0731@qq.com)

编 者
2013 年 12 月

目 录

第一篇　会计信息系统同步实验

第一章　系统安装与配置　2
第一节　会计信息系统概述　2
第二节　实验软件简介　5
第三节　上机实验——系统安装和配置　9

第二章　账套及权限管理　15
第一节　设置操作人员　15
第二节　建立核算账套　16
第三节　定义操作权限　17
第四节　企业应用平台(企业门户)的基本应用　18
第五节　上机实验——系统管理及企业门户的使用　20

第三章　总账系统初始化　32
第一节　总账系统基础设置　32
第二节　设置会计科目　34
第三节　设置辅助核算项目　35
第四节　输入期初余额　36
第五节　上机实验——账务系统初始化　37

第四章　日常账务处理　53
第一节　输入记账凭证　53
第二节　凭证审核、记账　55
第三节　上机实验——日常账务　56

第五章　期末账务处理　82
第一节　自动转账　82
第二节　出纳管理　84
第三节　对账与结账　86
第四节　账簿查询和打印　87
第五节　上机实验(一)——银行对账　90
第六节　上机实验(二)——期末转账与结账　93

第六章　会计报表管理系统实验　　105

第一节　会计报表系统概述　　105
第二节　编制会计报表的基本方法　　107
第三节　上机实验（一）——编制资产负债表　　111
第四节　上机实验（二）——编制利润表　　121

第七章　工资管理系统　　129

第一节　工资管理系统初始设置　　129
第二节　工资管理系统日常业务　　132
第三节　上机实验——工资核算　　134

第八章　固定资产的管理系统　　150

第一节　固定资产系统初始设置　　150
第二节　固定资产系统日常业务处理　　152
第三节　固定资产系统月末处理　　153
第四节　上机实验——固定资产处理　　154

第九章　应收应付款管理子系统的应用　　166

第一节　应收应付子系统的初始设置　　166
第二节　应收应付款子系统日常业务处理　　168
第三节　上机实验——应收应付款管理子系统初始设置　　172

第十章　供应链（购销存）管理系统初始设置　　182

第一节　供应链各子系统初始设置概述　　182
第二节　上机实验——购销存初始设置　　185

第十一章　供应链管理系统日常处理　　198

第一节　采购管理系统业务处理　　198
第二节　销售管理系统业务处理　　200
第三节　库存管理系统业务处理　　204
第四节　存货核算系统业务处理　　208
第五节　上机实验——供应链业务处理　　213

第二篇　会计信息系统综合实验

项目一　账套及管理机构设置　　257

任务 1-1　企业会计信息化账套创建　　257
任务 1-2　岗位及权限设置　　258

目录

项目二　财务链系统初始化　　　　　　　　　　　　　259

任务 2-1　基础信息设置　　　　　　　　　　　　　　259
任务 2-2　总账系统初始化设置　　　　　　　　　　　266
任务 2-3　应收款管理系统初始化设置　　　　　　　　269
任务 2-4　应付款管理系统初始化资料设置　　　　　　271
任务 2-5　固定资产管理系统初始化设置　　　　　　　272
任务 2-6　工资管理系统初始化资料设置　　　　　　　274
任务 2-7　现金流量系统初始化设置　　　　　　　　　276

项目三　供应链管理系统初始化　　　　　　　　　　　278

任务 3-1　供应链管理系统初始化设置　　　　　　　　278

项目四　日常业务处理　　　　　　　　　　　　　　　280

任务 4-1　企业日常业务处理　　　　　　　　　　　　280

项目五　期末业务处理　　　　　　　　　　　　　　　343

任务 5-1　企业会计期末业务处理　　　　　　　　　　343

项目六　银行对账　　　　　　　　　　　　　　　　　346

任务 6-1　银行对账　　　　　　　　　　　　　　　　346

项目七　报表业务处理　　　　　　　　　　　　　　　350

任务 7-1　编制企业三大财务报表　　　　　　　　　　350

第一篇 会计信息系统同步实验

本篇包括第一章至第十一章,为会计信息系统同步实验,是与会计信息系统课程相结合、与教学内容同步的分章节实验。

本篇的案例企业于年度内的1月1日建账实施财务信息化,案例采用企业1月份数据对总账、工资、固定资产、报表等模块率先上线实施。在1月份运行正常情况下,从2月份开始实施应收应付和供应链系统。这种循序渐进的模式既符合实际工作中分步实施企业信息化的事实,又可为不同计划课时、不同教学大纲的学校提供多种选择,以及目标较低的课程可完成1月份的实验处理,而目标内容较全面的课程可以连续处理两个月数据。

本篇的每一章内容大体分为两个部分:首先介绍本章实验所需的基本知识和方法,然后是实验的安排。基本知识和方法部分的内容可能与会计信息系统理论课程的内容有重复,这主要是考虑部分学校可能不开设理论课程,而是直接开会计信息系统实验实训课,从而需要一本内容相对完整的实验教材。

第一章

系统安装与配置

第一节 会计信息系统概述

一、会计信息系统的基本概念

会计信息系统是处理会计业务,以提供会计信息为目的的系统。会计信息系统要有一定的操作技术和处理手段,用来对会计的原始数据进行采集、加工、存储。随着经济管理工作对会计数据处理要求的日益提高和科学技术的进步,会计操作技术和处理手段也在不断变化,它经历了从手工操作到电子计算机操作的发展过程。会计信息系统也经历了从手工会计信息系统到计算机会计信息系统的发展过程。

计算机会计信息系统是以电子计算机为主的当代电子信息处理技术为手段的会计信息系统。计算机会计信息系统一般可分为会计核算子系统、会计管理子系统、决策支持子系统。这三个子系统分别用于会计的事后核算、事中控制、事前决策。它们的共同目标是反映企业的经营活动情况,监督企业的经营活动,参加企业的管理。

二、计算机会计信息系统的基本组成

会计信息系统不但需要机器的支持,而且更需要人的操作和使用。所以,计算机会计信息系统的基本组成有硬件、软件、人员、数据和规范。主要介绍如下组成。

(一)硬件

硬件是在计算机会计信息系统中需要的所有物理装置的总称。一般的硬件设备包括数据采集设备、处理设备、存储设备和输出设备。数据采集设备是指能够把有关的会计数据输入到计算机中的设备,目前常见的有:键盘、鼠标器等等。数据处理设备是指按一定的要求对数据进行加工、计算、分类、存储、转换、检索等处理的设备,如计算机主机。数据存储设备是指用于存放数据的设备,如计算机磁盘、磁带机等等。数据输出设备是指从存储设备中取出数据按照一定的方式和格式进行输出的设备,如各类打印机、显示设备等等。此外,还有通信设备、机房设施等等。

计算机会计信息系统中不同的硬件组合构成了不同的计算机工作方式。目前,计算机会计信息系统中采用的硬件结构有以下两种:

(1)单机系统。系统只有一台计算机和相应的外围设备。所用的计算机一般是微型计

算机。在单机系统中,同一时刻只能供一个用户使用,属单用户工作方式。单机系统的优点是数据一致性好、价格低廉、操作简单、环境要求不高。但功能较弱、集中输入速度低、存储容量不大、处理速度不快,输入输出成为数据处理的瓶颈。这种方式只能实现一些小型的计算机会计信息系统及其子系统。

(2)网络系统。这种系统是将分散的、具有独立功能的多个计算机通过通信线路和设备进行连接,并有功能完善的网络管理软件,组成一个功能更强的计算机网络系统,实现计算机之间的数据交换和资源共享。在每台计算机上,可以进行数据输入和日常处理,在网络内部实行功能分担和数据共享。但是数据的安全性较差,维护成本也较高。

(二) 软件

软件是控制计算机系统运行的计算机程序和文档资料的统称。计算机会计信息系统不仅需要硬件设备,更需要各种软件来保证系统的正常运转。软件分为系统软件和应用软件。

系统软件有操作系统、计算机语言系统和数据库管理系统。系统软件担负着管理计算机资源,扩充计算机功能的任务,为用户提供必备的工作平台。

应用软件有文字处理软件、报表处理软件、图像处理软件和会计软件等。会计软件是以会计理论和会计方法为核心,以会计制度为依据,以计算机应用技术为基础,以会计数据为处理对象,将计算机技术应用于财务工作的重要应用软件。有了会计软件的信息系统则称为会计信息系统。会计软件可以自行开发,也可以向外购买。向外直接购买的会计软件称为商品化会计软件。大多数企业特别是中小企业一般使用商品化会计软件。为此,本书选择功能较全,使用较广泛,设计较成熟的用友软件U8,作为内容阐述和实验应用平台。

(三) 人员

单位会计信息系统相关人员是指从事会计信息系统使用和维护的人员。这些人员包括系统管理人员、系统维护人员、软件操作员、数据审核员、档案管理员和专职会计人员。会计信息系统要求相关人员是复合型人才,同时具备计算机专业和财务专业两方面的知识。

(四) 规范

规范是指各种法令、条例、规章制度。主要包括两大类:一是政府的法令条例;二是基层单位在会计信息系统工作中的各项具体规定,如硬件管理制度、数据管理制度、会计人员岗位责任制度、内部控制和会计制度等。

三、会计信息系统的实施过程

(一) 制订会计信息系统的工作规划和实施计划

每一个基层单位实行会计电算化,必须有一个工作规划,这样才能使整个会计电算化工作有计划、按步骤地进行。对一个单位,一个时期的会计电算化工作所要达到的目标,以及如何有效地、分步骤地实施这个目标而作的规划。规划会计电算化工作有利于合理安排人、财、物,有利于提高会计工作的整体效益,有利于会计信息系统工作的实施和检查。

会计信息系统工作规划的主要内容包括:制订会计电算化的实施计划、选择计算机硬件和系统软件、开发或选择会计软件、调整机构与培训人员、建立工作规程和管理制度、计算机代替手工记账和管理会计档案。

此外,还要制订会计电算化的具体实施计划。实施计划的主要内容为:

● 机构设置和人员配置计划。是否建立会计电算化机构,配备会计人员和计算机人员。

● 硬件配置计划及设备配置计划。如购买多少台主机,何种档次和何种配置,配套设备、辅助设备购置计划,如空调机房设施等。

● 软件购置计划。选择何种操作平台、系统软件和应用软件。

费用预算包括:硬件经费预算、软件经费预算、消耗材料预算、人员培训预算和其他费用预算。

(二)选择计算机硬件和软件

(1)硬件的配置。硬件是计算机会计信息系统运行的基础,硬件配置的好坏直接影响到建立的计算机会计信息系统的质量、运行状况。计算机硬件配置时一般应考虑以下几个方面的因素:系统的规模对硬件的需要、单位现有的财力、价格性能的对比情况、单位的总体规划,以及供应商提供的售后服务情况。

(2)系统软件的配置。系统软件的选择主要应考虑以下技术指标:与所选计算机的兼容性;与其他系统软件的兼容性,主要是指提供的处理能力能否满足需要,能否支持应用软件;提供的安全保密措施;价格性能比;总体规划要求。

(3)选择会计软件。会计软件的选择根据使用单位的不同情况,可有四种途径:购买商品化会计软件、自行开发软件、购买商品化软件与自行开发会计软件相结合、使用上级主管部门推广的会计软件。

(三)调整机构与培训会计信息系统人员

(1)调整机构。在引入计算机以后,手工会计岗位分工会发生变化,有的将削弱或合并。传统的工作流程也将变为凭证输入—处理—输出,手工的记账、算账、编制会计报表工作将由计算机完成,随之而来的要增加新的工作人员,如计算机维护人员、操作人员和系统管理人员等等。因此,为提高工作效率和加强内部控制,需要调整机构。设置会计信息系统组织机构要遵循逐步扩展、归口管理、会计业务与会计信息系统配合及人员配比等原则。实际工作中,要根据单位具体情况和特点以及计算机应用的深度、广度,及时调整组织机构以适应会计电算化工作的需要。

(2)培训人员。会计信息系统培训的主要目的是为了使操作人员和各级管理人员,能够适应新的工作环境,熟悉新的工作流程,教会他们如何使用会计核算软件和管理计算机会计信息系统。培训人员又可以分为初级培训、中级培训、高级培训。一般会计人员应完成初级培训。初级培训的主要目标是:了解计算机软硬件基础知识,掌握微型计算机基本操作及简单文字处理;了解会计信息系统的基本概念和会计核算软件的基本处理流程,掌握三种或三种以上会计核算功能模块的基本操作。

(四)建立工作流程和管理制度

会计组织机构和会计工作方式的变化,势必导致传统内部控制手段和管理制度的变革,完善的工作流程和管理制度是保证计算机会计信息系统顺利运行的必要条件。

(五)计算机代替手工记账

会计信息系统将采用电子计算机代替手工记账,要完成这一转换须做好以下几项工作:

(1)系统初始化及数据转换。在计算机会计信息系统的建立过程中,一项很重要的工作是完成会计数据的转化。根据目前我国的具体情况,会计电算化过程一般都是从手工方式直接过渡到计算机处理方式,数据转换就是将纸介质数据转换到磁带和磁盘上,这种转换方式,要耗费大量的人力、物力。

(2)试运行。即计算机与手工合并运行。这个阶段的主要任务是:通过计算机与手工的合并运行,检查建立的计算机会计信息系统是否充分满足要求,使用人员对软件的操作是否存在问题,对进行中发现的问题是否还应进行修改。

(3)验收。会计电算化的目的之一是使用计算机代替手工记账,这不仅是会计核算分析手段的变革,还涉及会计核算单位内部、外部的各个方面,为保证会计电算化后会计工作质量,以及保证符合国家的有关法规,得到上级管理部门的认可,单位在正式使用计算机代替手工记账之前,还应进行验收。

采用电子计算机代替手工记账,验收时应当具备以下基本条件:使用的会计核算软件达到财政部发布的《会计核算软件基本功能规范》的要求;配有专门的或者主要用于会计核算工作的电子计算机和电子计算机终端,并配有熟练的专职或者兼职操作人员;用电子计算机进行会计核算与手工会计核算同时运行三个月以上,取得相一致的结果;有严格的操作管理制度;有严格的硬件、软件管理制度;有严格的会计档案管理制度。

第二节 实验软件简介

一、用友 U8 系统简介

本书以用友 U8 软件为实验平台。用友公司成立于 1988 年,2001 年 5 月在上海证券交易所上市。用友是中国有较大影响力的管理软件供应商,主要提供管理软件、ERP 软件、财务软件、集团管理软件、人力资源管理软件及小型管理软件。

U8 系统是用友历史悠久、市场保有量较大的一个产品系列。历经 16 年,走过了财务业务一体化、U8ERP、U8All-in-One、U8+四个发展阶段,是一款有代表性的中型企业管理软件。用友 U8,根据业务范围和应用对象的不同,划分为财务管理、供应链、生产制造、人力资源、决策支持、集团财务、企业门户、行业插件等系列产品,由 40 多个系统构成(见图 1-1),各系统之间信息高度共享。

出纳管理		进出口管理					
UFO报表	合同管理	委外加工	自助系统				
成本管理	促销管理	质量管理	日常事务				
资金管理	出口管理	成本管理	绩效评估				
报账中心	进口管理	工作中心	招聘管理				
薪资管理	委外管理	车间管理	培训管理	专家分析	PDM接口	项目管理	
固定资产	质量管理	细能力计划	薪资福利	业绩评价	行业报表	网上银行	销售前端
存货核算	销售管理	粗能力计划	制度政策	移动商务	合并报表	金税接口	公共财政
应付管理	库存管理	需求计划	劳动合同	预警平台	结算中心	WEB应用	食品饮料
应收管理	采购管理	主生产计划	人员信息	数据分析	集团财务	EAI平台	图书出版
总账管理	物料需求计划	模拟报价	职务职能	管理驾驶舱	集团预算	系统管理	医药GSP
财务管理	供应链	生产制造	人力资源	决策支持	集团财务	企业门户	行业插件

图1-1　U8系统功能框架图

（一）财务管理

财务管理涵盖财务会计和管理会计两个方面，主要包括总账、固定资产、应收、应付、报表、预算管理、成本、项目管理、资金管理、出纳中心等子系统。主要子系统介绍如下：

（1）总账系统。总账子系统是会计科目为基础信息，以记账凭证为原始数据，通过凭证输入、审核、记账、结账等操作，完成账务处理、账簿输出等工作。

（2）固定资产系统。固定资产系统主要是对设备进行管理，即存储和管理固定资产卡片，进行增加、删除、修改、查询、打印、统计与汇总处理。

（3）应收系统。应收子系统完成对各种应收账款的登记、核销工作；动态反映各客户信息及应收账款信息；进行账龄分析和坏账估计；提供详细的客户和产品的统计分析，帮助财会人员有效地管理应收账款。

（4）应付系统。应付子系统完成对各种应付账款的登记、核销以及应付账款的分析、预测工作；及时分析各种流动负债的数额及偿还流动负债所需的资金；提供详细的客户和产品的统计分析，帮助财会人员有效地管理应付款项。

（5）报表系统。报表处理子系统主要根据会计核算数据完成各种会计报表的编制与汇总工作。定义和生成各种内部报表、外部报表及汇总报表，根据报表数据生成各种分析表和分析图等。

（6）成本系统。成本子系统是根据成本核算的要求，通过用户对成本核算对象的定义，对成本核算方法的选择，以及对各种费用分配方法的选择，自动对从其他系统传递的数据或用户手工录入的数据进行汇总计算，输出用户需要的成本核算结果或其他统计资料。

（7）资金管理系统。资金管理子系统主要用于以银行提供的单据、企业内部单据、凭证等为依据，记录资金业务以及其他涉及资金管理方面的业务；处理对内、对外的收款、付款、转账等业务；提供逐笔计息管理功能，实现每笔资金的管理；提供积数计息管理功能，实现往来存贷资金的管理;提供各单据的动态查询情况以及各类统计分析报表。

(二)供应链

对工业企业而言,供应链主要指购销存系统,包括采购子系统、销售子系统、库存管理子系统和存货核算子系统;对商业企业而言,还应包括符合商业特点的商业进销存系统。主要子系统介绍如下:

(1)采购子系统。采购子系统是根据企业采购业务管理和采购成本核算的实际需要,制订采购计划,对采购订单、采购到货以及入库状况进行全程管理,为采购部门和财务部门提供准确、及时的信息,辅助管理决策。

(2)销售子系统。销售子系统是以销售业务为主线,兼顾辅助业务管理,实现销售业务管理与核算一体化。销售子系统一般与存货中的产成品核算相联系,实现对销售收入、销售成本、销售费用、销售税金、销售利润的核算;生成产成品收发结存汇总表等表格;生成产品销售明细账等账簿;自动编制机制凭证供总账子系统使用。

(3)库存管理子系统。本系统管理采购入库、销售出库、产成品入库、材料出库、其他出入库、盘点管理等业务需要,提供仓库货位管理、批次管理、保质期管理、出库跟踪入库管理、可用量管理、序列号管理等全面的业务应用。库存管理系统可以单独使用,也可以与采购管理、销售管理、存货核算、成本管理、主生产计划、需求规划等协同运行,发挥更加强大的应用功能。

(4)存货核算子系统。存货核算子系统主要针对企业存货的收发存业务进行核算,掌握存货的耗用情况,及时、准确地把各类存货成本归集到各成本项目和成本对象上,为企业的成本核算提供基础数据;动态反映存货资金的增减变动,提供存货资金周转和占用的分析,为降低库存、减少资金积压、加速资金周转提供决策依据。

(三)生产制造

生产制造系统包括需求规划、主生产计划、工序委外、设备管理、质量管理等子系统。主要子系统介绍如下:

(1)主生产计划(Master Production Schedule,MPS)系统。主生产计划指关键零部件或产品的生产计划。MPS要回答的问题是:要制造什么具体物料?MPS用来定义关键物料的预期生产计划。有效的MPS为销售承诺提供基准,并用以识别所需资源(物料、劳力、设备与资金等)及其所需要的时机。可以使用MPS调节或平滑生产,以便有效地利用资源并推动物料需求计划。

(2)需求规划或物料需求计划(Material Requirements Planning,MRP)系统。系统依据MPS或客户订单及需求预测,利用物料清单资料,同时考虑现有库存量信息,以及有效订单(如请购单、采购订单、生产订单、委外订单等)供应量,以计算物料净需求并提出新的供应计划,这一过程称为物料需求计划。待关键物料(MPS物料)先模拟出可行的产销计划,再依定案的产销计划进行MRP,以保证MRP的可行性。系统针对MRP件,依客户订单或产品预测订单的需求和MPS,通过物料清单展开,并考虑现有库存和未关闭订单,而计算出各采购件、委外件及自制件的需求数量和日期,以供采购管理、委外管理、生产订单系统计划之用。

(3)设备管理系统。设备管理系统主要提供企业设备的使用信息管理、基础资料、辅助资料维护,统计日常运行情况和设备点检情况,制订保养和润滑计划,记录保养和润滑计划的执行情况,提供设备维修的作业管理,作业计划的制订,维修工单的执行情况以及维修的验收记录,统计设备故障并分析原因,提出反馈等设备日常维护管理工作。

(4)工序委外系统。本系统主要处理物料从车间直接发出和收回的外协加工业务,广泛应用在机械加工、汽配、电子等行业,涉及委外加工合同管理、工序计划管理、车间发料、车间收料、收料检验、委外结算、成本核算等,既包含生产车间的现场管理,同时又是对外协作活动进行管理。

(5)质量管理系统。本系统通过在供应链管理过程中建立系统、完善的质量管理体系,使得供应链管理过程更加严谨、系统、全面,质量管理成为供应链管理体系中一个不可分割的有机组成部分。

(四)其他应用

U8除上述几个主要应用系统之外,还包括人力资源、集团财务、决策支持等应用。

人力资源管理包括人事管理、薪资管理、考勤管理等模块,主要用于对企业人力资源的招聘、培训、晋职、考勤、薪资以及个人绩效管理的支持。

集团财务管理部分主要包括资金管理、行业报表、合并报表等模块及分行业的解决方案。资金管理实现对企业内外部资金的计息与管理;行业报表和合并报表等则为行业和集团型的用户进行统一管理提供了工具。

WEB应用部分实现了企业互联网模式的经营运作,主要包括了WEB财务、WEB资金管理、WEB购销存,通过WEB应用系统,实现了集团财务业务信息及时性、可靠性和准确性,并加强了远程仓库、销售部门或采购部门的管理。

商务智能模块帮助企业领导实现了移动办公的需求,企业领导可以随时、随地、亲身实现对企业的实时监控。

二、用友U8系统运行环境

U8系统从推出到目前,已经走过了十几年。随着用户需求变化和信息技术升级,U8已从最初的8.0版本升级到目前的U8+。本书采用目前保有量较大的用友U8的v8.72做实验平台,其运行环境如表1-1所示。

表1-1 用友ERP-U8应用系统的运行环境

硬件环境		
	最低配置	推荐配置
客户端	内存512 MB以上、CPU 500 MHz以上、磁盘空间3 GB以上	内存1 GB以上、CPU 2 GHz以上、磁盘空间5 GB以上
数据服务器	内存1 GB以上、CPU 1 GHz以上、磁盘空间10 GB以上	内存2 GB以上、CPU 2 GHz以上且多CPU、磁盘空间20 GB以上
WEB服务器	内存1 GB以上、CPU 1 GHz以上、磁盘空间10 GB以上	内存2 GB以上、CPU 2 GHz以上且多CPU、磁盘空间20 GB以上
网络带宽	广域网	局域网
	10 Mbps以上	1 000 Mbps以上

续表

软件环境		
操作系统	Windows 2000 Professional	+SP4（或更高版本）+KB835732-x86
	Windows 2000 Server	+SP4（或更高版本）+KB835732-x86
	Windows XP	+SP2（或更高版本），推荐使用
	Windows 2003	+SP2（或更高版本）
	Windows Vista	+SP1（或更高版本）
	Windows 2008	
数据库	Microsoft SQL Server 2000	+SP4（或更高版本），推荐使用
	Microsoft SQL Server 2005	+SP2（或更高版本）
	Microsoft SQL Server 2008	
浏览器	Internet Explorer 6.0+SP1 及更高版本	
其他	IIS 5.0 及更高版本 .NET Framework 2.0 Service Pack 1	

第三节　上机实验——系统安装和配置

一、实验目的

1. 熟悉 U8 系统安装和运行环境；
2. 掌握数据库系统安装方法；
3. 掌握 U8 服务器安装方法；
4. 掌握 U8 客户端安装方法；
5. 掌握 U8 服务器配置和客户端连接。

二、实验内容

1. U8 系统安装的操作系统先决条件的准备；
2. MS SQL Server 的安装；
3. U8 系统安装和设置。

三、实验设备与材料

1. 实验室学生机，作为单机运行的服务器和客户端；
2. 学生个人电脑，课后重复一遍实验室操作，建立课外操作环境；
3. MS SQL Server 2000 个人版安装文件；
4. MS SQL Server 2000 SP4 安装文件；
5. IIS 6.0 完整安装版；

6..NET Framework 3.5 安装文件;

7.U8 v8.72 安装文件。

四、实验指导

U8 系统是基于 Windows 操作系统和 MS SQL Server 数据库的财务及企业管理软件。安装 U8 系统的方法根据具体应用模式是单机模式还是网络模式而有所不同。由于单机应用模式也是一种特殊的 C/S 应用模式,因此以下按照 C/S 网络应用模式展开 U8 系统的安装和配置步骤。

(一)Windows、IIS 和.NET Framework 等先决环境

根据上述安装环境要求,U872 运行在 Windows 系统下并需要 IIS 和.NET Framework 支持,因此需先检查这些条件是否已经符合要求。检查现有操作系统是否是系统所要求的版本,检查系统是否已安装符合要求的 IIS 和.NET Framework。如未安装或版本过低,则需安装或升级这两个系统软件。

1.Windows 版本

由于 U872 不能很好地在 Win7 及更高本版的 Windows 下运行,故在学校实验环境和学生个人电脑环境下,推荐使用 Windows XP(SP2)。不愿更换 Win7 或 Win8 环境的可建立 Windows XP 虚拟机。

2.检查或安装 IIS

(1)打开"控制面板"→"添加或删除程序",检查 Windows 组件列表中是否包含 IIS 且版本大于 5.0。如是,则略过;如否,继续下一步骤(见图 1-2)。

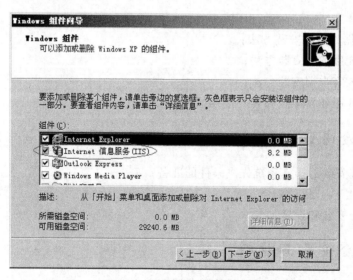

图 1-2　Windows 组件向导

(2)下载 IIS 安装包。

(3)打开"控制面板"→"添加或删除程序",在 Windows 组件列表中勾选 IIS,进行安装,根据提示至安装完成。

3.检查或安装 Framework

(1)打开"控制面板"→"添加或删除程序",如图 1-3 所示,检查已安装程序列表中是否包含.NET Framework 且版本大于 2.0 SP1。如是,则略过;如否,继续下一步骤。

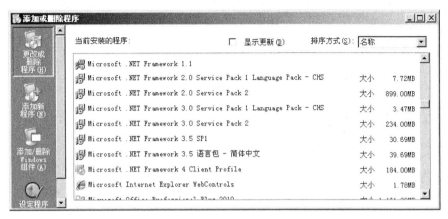

图 1-3　添加或删除程序

(2)如果需要,则下载.NET Framework 最新版本,直接安装。

(二)安装数据库系统 Microsoft SQL Server

1.版本选择

如图 1-4 所示,在服务端安装 Microsoft SQL Server 2000 标准版,在客户端安装 Microsoft SQL Server 2000 个人版。安装 Microsoft SQL Server 2005 或 Microsoft SQL Server 2008 更复杂一些,请参照器安装手册进行安装。

图 1-4　MS SQL server 安装初始界面

如果用户之前安装过 SQL Server,再次安装时可能会出现"从前的安装程序操作使安装程序操作挂起。需要重新启动计算机"提示。若根据提示重新启动计算机,该错误将不会得到修复。此时,可选择"开始"→"运行",在"运行"对话框中输入"regedit",打开注册表,找到如下目录:HKEY_LOCAL_MACHINE\ SYSTEM\ CurrentControlSet\ Control\ SessionManager,删除 PendingFileRenameOperations 项,就可以正常安装了。

2. 选择安装类型

选择"服务器和客户端工具",如图 1-5 所示。

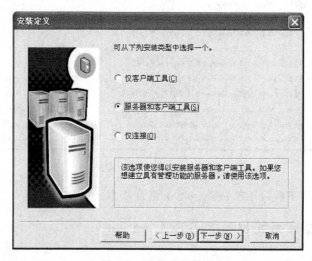

图 1-5　选择安装类型

3. 验证模式及系统用户管理员 sa 的密码

在服务器端安装 Microsoft SQL Server 2000 时,当系统提示选择验证模式时应选择 Windows 和 SQL Server 混合验证模式(见图 1-6)。

sa 是默认的数据库系统管理员,其密码应妥善设置,这是配置服务器的重要参数。

接下来单击"下一步"按钮,直至安装完成。

安装完成 SQL Server 2000 后,接下来双击下载到的 SP4 补丁,将其解压缩,然后双击解压缩文件夹中的 Setup 批处理文件,安装 SP4 补丁程序。

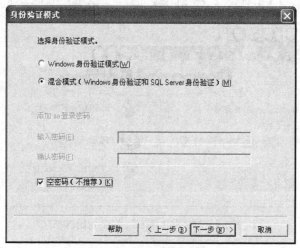

图 1-6　选择身份验证模式

(三)在服务端安装 U8 系统

当安装好 Microsoft SQL Server 2000 之后,将 U8 安装光盘放入服务器光驱中,在光盘根目录下找到 Setup.EXE。

(1)双击光盘\用友 ERP-U8.72\U872SETUP\setup.exe 文件(标志为一个 U8 图标),运行安装程序。

(2)根据提示单击"下一步"按钮进行操作,直至出现如图 1-7 的界面。若将 SQL Server 数据库和用友 ERP-U8.72 安装到一台计算机上(也是大家通常选择的安装模式),可选择"标准"安装类型,或"全产品"安装类型。

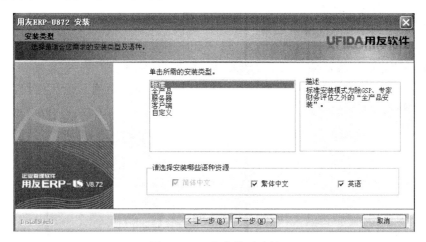

图 1-7 U8 安装类型选择

(3)单击"下一步"按钮,接下来进行系统环境检测,看系统配置是否已经满足所需条件,并出现如图 1-8 所示的界面。

图 1-8 安装环境检测

图 1-8 所示为所需环境已经满足。若有未满足的条件,则安装不能向下进行,并在图中

给出未满足的项目,此时可单击未满足的项目链接,系统会自动定位到组件所在位置,让用户手动安装。

(4)接下来单击"安装"按钮,即可进行安装了。(此安装过程较长,需耐心等待)

(5)安装完成后,单击"完成"按钮,重新启动计算机。

(6)系统重启后,出现"正在完成最后的配置"提示信息,如图1-9所示。在其中输入数据库名称(即为本地计算机名称,可通过"系统属性"中的计算机名查看)、SA口令,单击"测试连接"按钮,测试数据库连接。若一切正常,则会出现连接成功的提示信息。

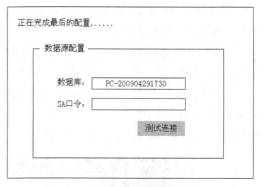

图1-9 数据源配置

(7)接下来系统会提示是否初始化数据库,单击"是"按钮,提示"正在初始化数据库实例,请稍候……"。数据库初始化完成后,出现下图1-10所示的系统管理模块的"登录"窗口,至此,安装和配置即已完成。

图1-10 登录界面

(四)在客户端安装 U8 系统

如果是单机应用模式,本机既是服务器,也是客户端。客户端程序在服务器安装时已顺带安装,此步骤即可省去。用户可重新启动安装程序添加或删除部分客户端应用模块。

对于联网的独立客户端机器,则要先安装客户端程序,然后配置连接服务器的参数。步骤如下:

(1)客户端程序安装。方法与服务端安装完全一样:打开客户端资源管理器,找到安装光盘根目录下的 Setup.EXE,运行 Setup.EXE 根据提示安装,不同的是,在安装类型选择时,应选择"客户端",这样系统将不会在本机安装服务器有关程序。

(2)建立客户端与服务端联接。首先确保服务器已经启动,并与客户端的网络连接(TCP/IP)正常。然后运行客户机"用友 ERP-U8"→"系统服务"→"远程配置"程序,在配置对话框中单击"设置服务器名"按钮,找到并点取恰当的数据库服务器名,确定后则系统将尝试连接。如正确连接上服务器,则可返回继续操作,否则将提示连接错误信息。

第二章 账套及权限管理

第一节 设置操作人员

我国会计电算化工作设置系统管理员、系统操作员、系统维护员、数据录入员、数据审核员、数据分析员以及档案管理员等工作岗位。

一、角色

用友 ERP-U8 加强了企业内部控制中权限的管理,增加了按角色分工管理的概念,扩大了控制的广度和深度,增强了灵活性。

角色是指在企业管理中拥有某一类职能的组织,这个角色组织可以是实际的部门,也可以是由拥有同一类职能的人构成的虚拟组织。

例如,会计工作中最常见的是会计和出纳角色,这两个角色可以是同一个部门,也可以是不同部门而工作职能一样的角色。在设置完角色后,系统管理员可以定义角色的权限,该功能用于控制操作员权限,可以根据职能统一进行权限的划分。

二、用户

用户和角色设置不分先后顺序,用户可以根据自己的需要先后设置。但对于自动传递权限来说,应该首先设定角色,然后分配权限,最后进行用户的设置。这样在设置用户的时候,如果选择其归属那一个角色,则用户将自动具有该角色的权限。

一个角色可以拥有多个用户,一个用户也可以分属于多个不同的角色。若角色已经设置过,系统则会将所有的角色名称自动显示在角色设置中的所属角色名称的列表中。用户自动拥有所属角色所拥有的所有权限,同时可以额外增加角色中没有包含的权限。

若修改了用户的所属角色,则该用户对应的权限也跟着角色的改变而相应地改变。

只有系统管理员有权限进行本功能的设置。

第二节　建立核算账套

一、创建账套

在使用 ERP-U8 之前,需要建立企业的基本信息,主要包括核算单位名称、所属行业、启用时间、编码规则等,再将这些账务信息设置到系统中的步骤称为创建账套。创建完账套之后才可以启用各个子系统,进行相关业务处理。

用友 v8.72 中一共可建立不重复的 999 套账,编号为 001～999。只有系统管理员用户才有权限创建新账套。具体步骤如下:

(一)账套信息

已存账套:为了避免重复建账,列出已存在的账套以供参考,不能输入或修改。

账套号:新创建账套的编号,为三位数字,即 001～999 之间,并且不能与已存账套号重复。

账套名称:新创建账套的名称,起标识作用,在显示和打印账簿或报表时使用。

账套路径:新创建账套的保存路径,一般使用系统默认路径,以便日后数据出错时维护。

启用会计期:账套的启用时间,便于确定应用系统的起点,确保证、账、表数据的连续性。启用会计期一旦设定就不能更改。

(二)单位信息

包括单位名称、单位简称、单位地址等单位基本信息。单位名称为必输项。

(三)核算类型

本币代码:RMB(代表人民币)。
本币名称:人民币。
企业类型:工业和商业两类。
行业性质:为"按行业性质预置科目"确定科目范围,系统会自动根据"企业类型"预置一些行业特定的方法和报表,一般选择"2007 年新会计制度科目"。
账套主管:在"系统管理"中"权限"已设置,在此可在下拉框中选择。
按行业性质预置会计科目:勾选后,会计科目由系统自动设置行业的标准一级科目;若不勾选,则由用户自行设置会计科目。

(四)基础信息

存货是否分类:若核算单位的存货较多且类别繁杂,则可勾选此项对存货进行分类管理。如果要对存货进行分类管理,在进行基础信息设置时,必须先设置存货分类。

客户是否分类:若核算单位客户较多且希望进行分类管理,则可勾选此项。如果要对客户进行分类管理,在进行基础设置时,必须先设置客户分类。

供应商是否分类:若核算单位的供应商较多且希望进行分类管理,则可勾选此项。如果要对供应商进行分类管理,在进行基础设置时,必须先设置供应商分类。

有无外币核算:若核算单位有外币业务则勾选此项。

(五)分类编码方案

分类编码方案是对系统将要使用到的编码分类、级次及位数进行定义,以便录入各类信息目录。编码级次编码长度的设置将决定核算单位如何对经济业务数据进行核算与管理。

通常采用的是群码方案,即组合编码,并且每段都有固定的位数。任何系统都必须设置编码。例如,某企业会计科目编码规则为4222,科目级次为四级,一级科目编码为4位(银行存款一级科目编码为1002),二、三、四级科目编码均为2位(如100201代表银行存款的一个二级明细科目"工行存款")。

(六)数据精度定义

数据精度表示系统处理数据的小数位数,超过该精度的数据,系统会四舍五入进行取舍。

(七)系统启用

系统只有在启用之后才能使用。系统启用日期与功能模块的初始化数据相关,进入系统时要判断该系统是否已经启用,不能登录未启用的系统。各系统的启用日期必须大于等于账套的启用日期。

二、修改账套信息

账套一旦建立,依据其信息创建的账套数据库就成为该套账的基础设施。因此,其大部分信息不能修改,否则将与底层数据库的物理位置、数据结构产生冲突。但部分辅助信息(如单位全称、地址等)可以修改。还有一些尚未正式启用的数据可以修改,如启用月份和日期、行业、信息分类标志等。

账套信息修改只能由账套主管进行。在账套管理功能的分工上,Admin(系统管理员)只负责创建账套,不能修改账套信息。如需修改信息,应由账套主管登录系统管理,进行修改操作。

第三节 定义操作权限

用友V8.72中可同时存在多个操作员,同一操作员可对多个账套进行管理。在角色、用户设置完毕,创建账套完成后,需要为角色、用户设置具体权限。用友ERP-U8提供了集中权限的管理,除了提供用户对各系统操作权限之外,还提供了金额权限的管理和数据的字段级和记录级的控制。

用友 ERP-U8 可以实现三个层次的权限管理。

一、功能级权限管理

该权限将提供划分更为细致的功能级权限管理功能,包括各功能模块相关业务的查看和分配权限。

二、数据级权限管理

该权限可以通过两个方面进行权限控制,一个是字段级权限控制,另一个是记录级的权限控制。

三、金额级权限管理

该权限主要用于完善内部金额控制,实现对具体金额数量划分级别,对不同岗位和职位的操作员进行金额级别控制,限制他们制单时可以使用的金额数量,不涉及内部系统控制的不在管理范围内。

功能权限的分配在系统管理的权限分配中设置;数据权限和金额权限在"企业门户"的"基础信息"下的"数据权限"中进行分配。对于数据级权限和金额级的设置,必须是在系统管理的功能权限分配之后才能进行。

第四节 企业应用平台(企业门户)的基本应用

为使企业能够释放存储在企业内部和外部的各种信息,使企业员工、用户和合作伙伴能够从单一的渠道访问其所需的个性化信息,用友 ERP-U8 提供了企业门户。通过企业门户,企业员工可以通过单一的访问入口访问企业的各种信息,定义自己的业务工作,并设计自己的工作流程。

企业应用平台集中了用友 ERP-U8 应用系统的所有功能,为各个子系统提供了一个公共的交流平台。通过"基本信息"选项,用户可以完成各系统的基础档案管理、数据权限划分等设置。通过企业应用平台,用户可以对各系统的窗口风格进行个性化定制,还可以方便地进入任何一个有权限的模块。

一、企业应用平台的主要功能

(一)我的工作

包括业务工作、工作日历、信息中心、移动短消息、外部信息五部分。

(二)工作流程

该功能可根据日常处理业务设计个性化的工作流程图。

(三)控制台

通过系统控制台可以快速进入系统,以避免重复登录,节省时间。ERP-U8可分为基础设置,财务会计,管理会计,供应链,生产制造,人力资源,集团应用,WEB应用,商业智能和企业应用集成10大产品组。

(四)网上用友

通过网上用友功能,可链接用友公司主页,查看用友公司的最新动态、解决方案及产品演示,并可获得管理知识、客户服务以及用友公司的合作伙伴等信息。

(五)技术支持

通过技术支持功能,可进入用友公司技术支持主页,获取在线服务支持。

(六)配置

配置功能主要用于配置生产制造、专家财务分析、人力资源、管理驾驶舱、报账中心、Web应用等模块所使用的服务器和服务器端口,以及移动短信息的发送端口及短信息接收的刷新时间。

系统将检测本机设置,使用默认的服务器、服务器端口、短信端口及刷新时间,可根据自己的需要更改这些设置。

(七)风格配置

该功能可以拥有体现自身特色的、个性化的页面风格。系统提供了使用系统提供风格和自定义页面风格两种配置方案。

二、系统启用

该功能用于安装的启用,并记录启用日期和启用人。要对某系统进行使用必须先启用该系统。只能对已安装的系统进行启用。所有系统进入时都必须判断系统是否已经启用,未启用的系统不能登录。

三、编码方案的设置

编码方案功能主要用于设置有级次档案的分级方式的各级编码长度,可分级设置科目编码、客户分类编码、部门编码、存货分类编码、地区分类编码、货位编码、收发类别编码、结算方式编码、供应商权限组以及供应商分类编码。

编码级次和各级编码长度的设置将决定用户单位如何编制基础数据的编号,进行构成用户分级核算和管理的基础。

由于建账时的设置不同,编码方案的显示也不尽相同。例如,在创建账套(核算类型)时,勾选"按行业性质预置会计科目",显示呈灰色部分编码不能修改;若未勾选此项,显示科目编码每级长度均可修改。在创建账套(基础信息)时,勾选"存货分类"、"客户分类"、"供应商分类"及"有无外币核算"时,则对应编码方案的项目名称、级次和级长可以修改;若未勾选此项,项目名称、级次和级长可以修改,但不显示客户、存货、供应商编码方案设置。

第五节　上机实验——系统管理及企业门户的使用

一、实验目的

1. 熟悉系统管理功能；
2. 掌握系统管理与其他子系统的关系；
3. 熟悉企业门户的功能；
4. 掌握企业门户与其他子系统的关系；
5. 掌握操作人员的设置；
6. 掌握账套的建立；
7. 掌握编码方案的设置。

二、实验内容

完成角色、用户及权限的设置,账套的创建,系统的启用,编码方案的设置等。

三、实验资料

宏远家电有限公司,从 2014 年 1 月 1 日起启用总账、报表、工资、固定资产子系统进行会计处理。有关资料如下:

(一)账套资料

1. 账套信息

账套号:888;账套名称:宏远家电有限公司;账套路径:采用默认值;启用会计期:2014 年 1 月;会计期间:采用默认值。

2. 单位信息

单位名称:宏远家电有限公司;

单位简称:宏远公司;

单位地址:湖南省长沙市韶山南路北段 266 号;

法人代表:刘宏远;

邮政编码:411988;

联系电话:0731-5647852;

传真号:0731-5647854;

电子邮件:hy123456@sina.com.cn;

税号:430223735215692。

3. 核算类型

记账本位币:人民币(RMB);

企业类型:工业;
会计制度:2007年新会计制度科目;
账套主管:刘洪涛;
建立账套时按行业性质预置会计科目。

4. 基础信息

有外币核算、存货需要分类、客户需要分类、供应商需要分类。

5. 编码方案(见表2-1)

表2-1 编码方案

项目	编码方案	项目	编码方案
科目编码	4、2、2、2	部门编码	1、2
客户分类	1、2	地区分类	1、2
供应商分类	1、2	结算方式	1、2
存货分类	1、2	收发类别	1、2

6. 数据精度

存货数量、单价小数位数均为2。

7. 系统启用

启用总账、固定资产、工资子系统,启用时间为2014年1月1日。

(二)用户及权限资料

用户及权限分配资料如表2-2所示。

表2-2 用户及权限

用户编码	用户姓名	用户角色	用户权限
01	刘洪涛	账套主管	拥有主管权限和账套内各子系统的全部权限
02	王荔	出纳	拥有出纳签字权,现金、银行存款日记账和资金日报表的查询打印权,支票登记权及银行对账权
03	张云山	会计	账套内各子系统的全部权限(公用目录、固定资产、总账、工资)

另外,还需要为张云山设置工资数据权限。

四、实验指导

(一)创建账套

【操作步骤】

(1)单击"开始"→"程序"→"用友ERP-U8"→"系统服务"→"系统管理",打开"系统管理"窗口如图 2-1 所示。但此时窗口菜单中"账套"、"权限"等均无效,因为此时尚未注册。

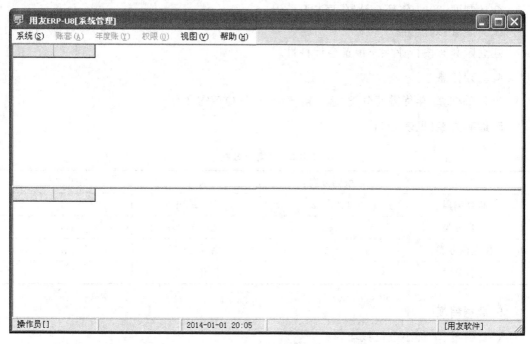

图 2-1 系统管理

（2）在系统管理窗口单击"系统"→"注册",弹出系统注册对话框,在"操作员"框里输入"admin",单击"确定"如图 2-2 所示,即以系统管理员身份登录进入系统。此时"账套"、"权限"有效。

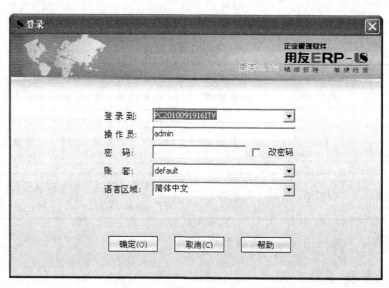

图 2-2 系统注册

（3）在"系统管理"对话框中,执行"账套"菜单下的"建立",进入"创建账套-账套信息"对话框如图 2-3 所示。

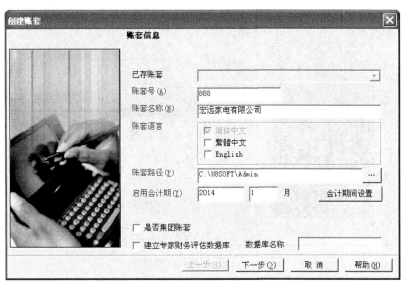

图 2-3 创建账套-账套信息

（4）输入账套号"888"，账套名称"宏远家电有限公司"，默认账套路径，启用会计期"2014 年 1 月"后，单击"下一步"，进入"创建账套-单位信息"对话框，如图 2-4 所示。

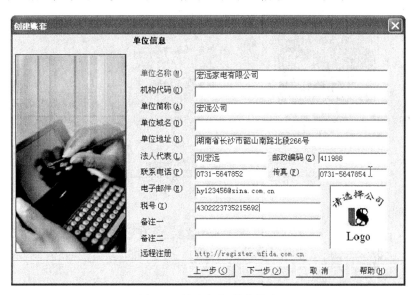

图 2-4 创建账套-单位信息

（5）输入单位名称等相关信息后，单击"下一步"，进入"创建账套-核算类型"对话框，如图 2-5 所示。

（6）输入记账本位币"人民币（RMB）"，企业类型"工业"，会计制度"2007 年新会计制度科目"，选择账套主管为"刘洪涛"，建立账套时按行业性质预置会计科目。单击"下一步"，进入"创建账套-基础信息"对话框，如图 2-6 所示。

（7）根据企业实际情况，设置基础信息"存货需要分类"、"客户需要分类"、"供应商需要分类"、"有外币核算"。选择相关信息后，单击"完成"，弹出提示对话框"可以创建账套了么?"，单击"是"，系统开始创建账套，如图 2-7 所示。

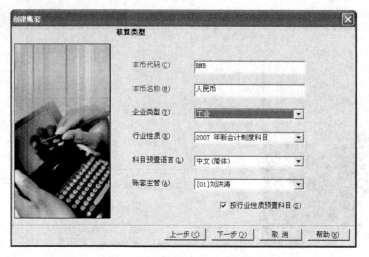

图 2-5 创建账套-核算类型

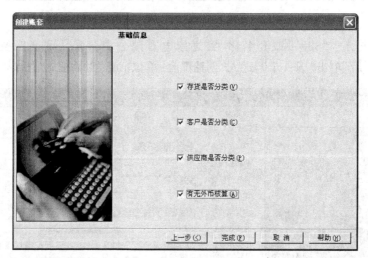

图 2-6 创建账套-基础信息

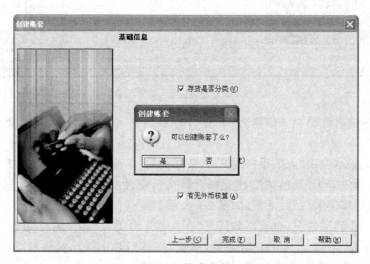

图 2-7 创建账套

(8)创建账套后,进入"分类编码方案"对话框,单击"确定",弹出"数据精度"对话框。设置科目编码级次"4222",客户分类编码级次"12",部门编码级次"12",地区分类编码级次"12",存货分类编码级次"12",收发类别编码级次"12",如图2-8所示。

项目	最大级数	最大长度	单级最大长度	第1级	第2级	第3级	第4级	第5级	第6级	第7级	第8级	第9级
科目编码级次	9	15	9		2	2	2	2				
客户分类编码级次	5	12	9	1	2							
供应商分类编码级次	5	12	9	1	2							
存货分类编码级次	8	12	9	1	2							
部门编码级次	5	12	9	1	2							
地区分类编码级次	5	12	9	1	2							
费用项目分类	5	12	9	1	2							
结算方式编码级次	2	3	3	1	2							
货位编码级次	8	20	9	2	3	4						
收发类别编码级次	3	5	5	1	2							
项目设备	8	30	9									
责任中心分类档案	5	30	9									
项目要素分类档案	6	30	9									
客户权限组级次	5	12	9	2	3	4						

图 2-8 创建账套-分类编码方案

(9)定义数据精度,存货数量小数位"2",存货单价小数位"2",其他为默认,单击"确定",弹出"创建账套"对话框,如图2-9所示。

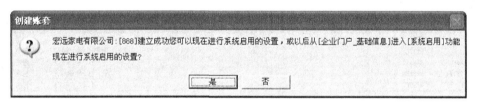

图 2-9 创建账套

(10)对话框提示"现在进行系统启用的设置?",单击"是",弹出"系统启用"对话框,如图2-10所示。

单击"总账"、"固定资产"、"工资"系统前的复选框,设置启用时间为2014年1月1日。至此,创建账套完成。建账完成后,可以继续进行相关设置,也可以在企业门户中进行设置。

图 2-10　创建账套-系统启用

(二)用户、角色及权限设置

【操作步骤】

(1)在"系统管理"界面,单击"权限"菜单下的"用户",系统弹出"用户管理"对话框,如图 2-11 所示。

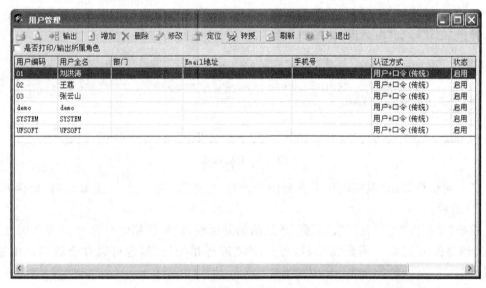

图 2-11　用户管理

(2)单击"增加"按钮,系统弹出"增加用户"对话框,在"编号"栏输入"01","姓名"栏输入"刘洪涛",输入口令,在对应"所属角色"栏勾选"账套主管",单击"增加"按钮即可保存用户信息,如图 2-12 所示。依次输入"02－王荔"、"03－张云山",退出"用户管理"界面即可显示本次增加的三位操作员。

第二章 账套及权限管理

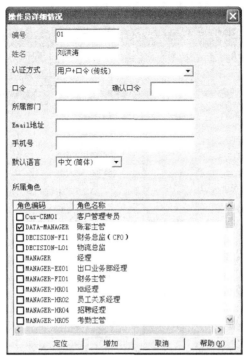

图 2-12 增加操作员

(3) 在"系统管理"界面,单击"权限"菜单下的"权限",系统弹出"操作员权限"对话框。

(4) 在左边的"操作员"一栏选择"刘洪涛",单击"修改"按钮,单击"账套主管"复选框,系统提示"设置用户:[01]账套主管权限吗?",单击"是"则赋予了刘洪涛账套主管的权限,如图 2-13 所示。以同样的操作给王荔赋"出纳签字权,现金、银行存款和资金日报表的查询

图 2-13 定义功能操作权限

打印权,支票登记权,银行对账权",如图 2-14 所示。

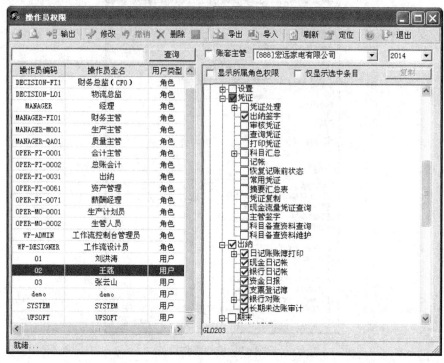

图 2-14　定义功能操作权限

(5)以同样的操作给张云山赋账套内各子系统的全部权限,至于赋给张云山"工资数据权限",要退出"系统管理",进入"企业门户",以"01-刘洪涛"账户登录。单击"业务工作"→"设置"→"数据权限",选择"03-张云山"用户,设置其工资数据权限,如图 2-15 所示。

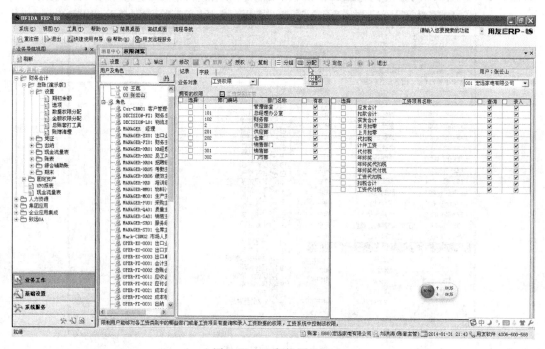

图 2-15　工资数据权限

至此,用户、角色及权限的设置就完成了。操作员可以根据系统管理员所赋的权限对系统进行操作。

(三)账套输出

账套输出,即账套数据备份。依据有关电算化会计档案管理的规定,企业会计人员应该定期对会计数据进行备份。

(1)以系统管理员的身份注册登录到"系统管理"窗口,选中"账套"项,单击"输出"菜单命令,如图 2-16 所示。

图 2-16 账套输出

(2)在弹出的"账套输出"对话框中,通过下拉菜单选择所要备份的账套号:888,再单击"确认"按钮,如图 2-17 所示。如果想删除某个账套,可以在上图中勾选"删除当前输出账套"复选框,确认后即可在该账套输出备份的同时从当前系统中彻底删除。

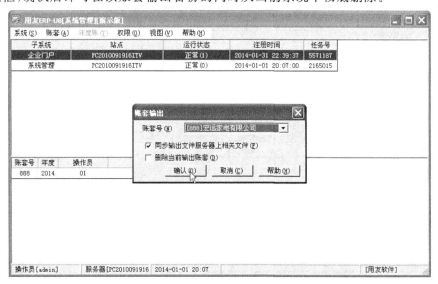

图 2-17 "账套输出"对话框

(3)在弹出的"请选择账套备份路径"对话框中,选中常用文件夹,单击"确定"按钮,系统提示备份成功,如图 2-18 所示。

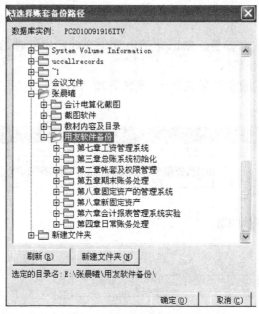

图 2-18　数据备份对话框

(四)账套引入

账套引入,也叫账套恢复,其功能是将系统之外的某个账套数据引入本系统中。

(1)以系统管理员的身份注册登录到"系统管理"窗口,选中"账套"项,单击"引入"菜单命令,如图 2-19 所示。

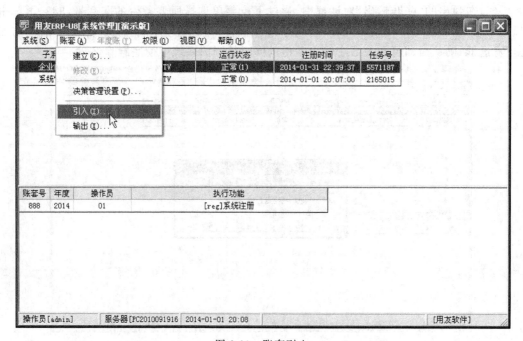

图 2-19　账套引入

(2)在弹出的"请选择账套备份文件"对话框中,选择所要引入的账套数据备份文件(其前缀名为 UfErpAct.Lst)后,单击"确认"按钮,弹出引入文件的存放路径选项,选择账套存放路径,单击"确定",如图 2-20 所示。

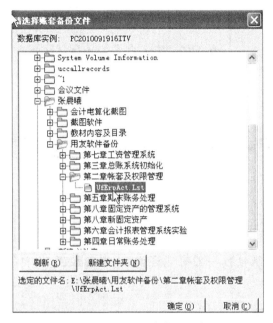

图 2-20　选择账套备份文件

(3)引入完成,系统会自动提示"账套引入成功",即把以前备份过的数据恢复到了本系统中,用户可以进行相关操作。

第三章 总账系统初始化

第一节 总账系统基础设置

一、账套选项设置

总账设置的业务控制参数一般有凭证设置、账簿设置、会计日历及其他设置四个选项卡。

(一)凭证选项设置

1. 制单控制

制单控制主要设置在填制凭证时,系统应对哪些操作进行控制。

设置内容包括:制单序时控制、支票控制、赤字控制、制单权限控制到科目、允许修改作废他人填制的凭证、制单权限控制到凭证类别、操作员进行金额权限控制、超出预算允许保存、可以使用应收受控科目、可以使用存货受控科目。

2. 外币核算

外币核算选择相应的汇率方式——固定汇率、浮动汇率。

3. 凭证控制

凭证控制设置包括下列内容:打印凭证页脚、凭证审核控制到操作员、出纳凭证必须经出纳签字、凭证必须经主管签字、可查询他人凭证、现金流量科目必录现金流量项目、自动填补凭证断号、批量审核凭证进行合法性校验。

凭证编号方式:"系统编号"或"手工编号"。

预算控制:"精细预算控制"与"粗放预算控制"。

合并凭证显示、打印:"按科目、摘要相同方式合并"或"按科目相同方式合并"。

(二)账簿选项设置

"账簿"选项卡设置了账簿打印位数、每页打印行数采取默认设置、明细账打印按年排页。

打印位数宽度:定义正式账簿打印时各栏的宽度,包括摘要、金额、外币、数量、汇率、单价。

明细账(日记账、多栏账)打印输出方式:打印正式明细账、日记账或多栏账时,按年排页还是按月排页。

凭证、账簿套打:打印凭证、账簿是否使用套打纸进行打印。

凭证、正式账每页打印行数:"凭证打印行数"可对凭证每页的行数进行设置,"正式账每页打印行数"可对明细账、日记账、多栏账的每页打印行数进行设置。双击表格或按空格对行数直接修改即可。

明细账查询权限控制到科目,制单、辅助账查询控制到辅助核算。

(三)会计日历选项设置

会计日历选项中可查看各会计期间的起始日期与结束日期,以及启用会计年度和启用日期。此处仅能查看会计日历的信息,如需修改请到系统管理中进行。

注意:总账系统的启用日期不能在系统的启用日期之前;已录入汇率后不能修改总账启用日期;总账中已录入期初余额(包括辅助期初)则不能修改总账启用日期;总账中已制单的月份不能修改总账的启用日期,其他系统中已制单的月份不能修改总账的启用日期;第二年进入系统,不能修改总账的启用日期。

(四)其他选项设置

其他设置可以设置的内容有数量小数位、单价小数位、本位币精度、部门排序方式、个人排序方式、项目排序方式、打印设置按客户端保存。账套名称、单位名称、账套路径、行业性质、科目级长可以查看不能修改。

二、凭证类型设置

(一)凭证类别

许多企业会计凭证分类的方法不尽相同,各企业可按照本单位的需要对凭证进行分类。通常,系统提供五种常用分类方式供用户选择:
(1)记账凭证。
(2)收款凭证、付款凭证、转账凭证。
(3)现金凭证、银行凭证、转账凭证。
(4)现金收款凭证、现金付款凭证、银行收款凭证、银行付款凭证、转账凭证。
(5)自定义。

(二)凭证类别限制

凭证在制单时对科目有一定限制,本系统提供五种限制类型:
(1)借方必有。制单时,此类凭证的借方限制科目至少有一个发生额。
(2)贷方必有。制单时,此类凭证的贷方限制科目至少有一个发生额。
(3)凭证必有。制单时,此类凭证无论借方限制科目还是贷方限制科目,至少一方有发生额。
(4)凭证必无。制单时,此类凭证无论借方限制科目还是贷方限制科目均无发生额。
(5)无限制。制单时,此类凭证可使用所有合法的科目。

(三)设置注意

限制科目由用户输入，可以是任意级次的科目，科目之间用逗号分隔，数量不限，也可以参照输入，但不能重复输入。在录入凭证之前，应进行凭证类别的设置；已使用的凭证类别不能删除，也不能修改类别字；如果限制科目为非末级科目，则在制单时，其所有下级科目都将受到同样的限制。凭证类别一旦在制单时被引用则不能被删除。

三、外币及汇率设置

设置单位的币符、币名及汇率等信息。

四、结算方式设置

结算方式设置用来建立在经营活动中所涉及的结算方式。

结算方式设置主要包括：结算方式编码、结算方式名称、票据管理标志等。

票据管理标志是软件为辅助出纳对银行结算票据的管理而设置的功能，类似于手工系统中的支票登记簿的管理方式。

第二节 设置会计科目

一、增加会计科目

增加会计科目时输入的基本内容包括：科目编码、科目名称、科目类型、账页格式、辅助账标记等项目。企业可以根据自身需要自行设置会计科目，一般情况下，企业增加的会计科目主要是明细科目。

二、修改和删除会计科目

修改或删除会计科目应遵循"自下而上"的原则，即先删除或修改下一级科目，然后再删除或修改本级科目。修改或删除已输入期初余额的会计科目，必须先删除本级及其下级会计科目的期初余额，将期初余额改为0，才能修改或删除该科目。科目一经使用，即已输入凭证，则不允许修改或删除该科目，不允许作科目升级处理，此时，只能增加同级科目，而不能增设下级科目。

如果需要对原有会计科目的项目进行修改，如账页格式、辅助核算等，可以通过"修改"功能来完成。如果需要删除原有会计科目，可以通过"删除"功能完成。

三、指定会计科目

指定会计科目是指定出纳专管的科目，只有指定库存现金、银行存款总账科目，才能查询库存现金、银行存款日记账。也只有在完成指定科目设置后，才能执行出纳签字，从而实现库存现金、银行账管理的保密性。

指定会计科目还可以指定现金流量科目。只有指定现金流量科目,在录入凭证时,对指定的现金流量科目系统自动弹出窗口,要求指定当前录入分录的现金流量项目。

第三节 设置辅助核算项目

一、客户和供应商信息设置

(一)客户分类

企业一般都会根据自身需要对客户进行分类管理,将客户按行业、地区等进行划分,建立客户分类体系。没有对客户进行分类管理的企业可不设置客户分类。

选择了客户分类的企业只有在设置了客户分类后,才能根据不同的分类建立客户档案。

(二)客户档案

客户档案设置主要用于设置往来客户的档案信息,以便于管理客户资料及录入、统计与分析数据。建立客户档案直接关系到对客户数据的统计、汇总和查询等分类处理。在销售管理等业务中需要处理的客户档案资料,应先行在本功能中设定,平时如有变动应及时在此进行调整。客户档案主要包括"客户编号"、"开户银行"等基本信息和联系方式及信用等级等其他信息。

建立客户档案主要是为企业的销售管理、库存管理、应收账管理服务。在填制销售出库单、销售发票,进行销售结算、应收款结算和有关客户单位统计时都会用到客户档案,因此必须正确设立客户档案以便减少工作差错。如果企业需要进行往来账管理,必须将企业中客户的详细信息录入到客户档案中。

(三)供应商分类

企业可以根据自身管理的需要对供应商进行分类管理,将供应商按行业、地区等进行划分,建立供应商分类体系,再根据不同分类建立供应商档案。没有对供应商进行分类管理的企业可不设置供应商分类。

设置往来供应商的档案信息,便于管理供应商资料以及录入、统计、分析业务数据。如果在建立账套时勾选了供应商分类,则必须先设置供应商分类,然后才能编辑供应商档案。

建立供应商档案主要是为企业的采购管理、库存管理、应付账管理服务的。填制采购入库单、采购发票,进行采购结算、应付款结算和有关供货单位统计时都会用到供货单位档案,因此,要正确设立供应商档案,减少工作差错。

二、部门及员工设置

(一)部门档案

部门档案主要用于设置企业各职能部门的信息。在会计核算中,往往需要按部门进行分类、汇总和管理,从下一级自动向有隶属关系的上一级进行汇总。部门档案包括部门编码、名称、负责人等信息。会计科目中可以设置进行部门核算的部门名称,以及要进行个人核算的往来个人所属的部门。

(二)职员档案

职员档案主要用于设置各职能部门中需要进行核算和业务管理的职员信息,设置职员档案可以方便地进行个人往来核算和管理等操作。必须先设置部门档案才能设置部门下对应的职员档案。职员档案中的职员编码、职员名称、所属部门为必填项,职员编码必须保持唯一。

三、项目设置

企业在业务处理中会对多种类型的项目进行核算和管理,例如在建工程、对外投资、技术改造项目、项目成本管理、合同等,项目目录设置提供项目核算管理的功能。

在项目目录设置中首先定义需进行项目核算的项目大类,然后再定义该项目大类的项目级次,在大类下再定义项目小类,建完项目小类后可建立项目档案,最后为该项目大类指定对其进行核算的会计科目。核算科目必须在总账系统会计科目功能中设置辅助核算为项目核算。

第四节 输入期初余额

一、科目初始余额、初始外币及数量

只要求录入最末级科目的余额和累计发生数,上级科目的余额和累计发生数由系统自动计算。若年中启用,则只要录入末级科目的期初余额及累借、累贷,年初余额将自动计算出来。

如果某科目为数量、外币核算,可以录入期初数量、外币余额。但必须先录入本币余额,再录入外币余额。若期初余额有外币、数量余额,则必须有本币余额。

在录入辅助核算期初余额之前,必须先设置各辅助核算目录。

二、个人往来初始余额

用鼠标双击辅助核算科目的期初余额(年中启用)或年初余额(年初启用),屏幕显示辅助核算科目期初余额录入窗口。用鼠标单击"增加"按钮,屏幕增加一条新的期初明细,可顺序输入个人各项信息内容。如果输入过程中发现某项输入错误,可按 Esc 键取消当前项输入,将光标移到需要修改的编辑项上,直接输入正确的数据即可。如果想放弃整行增加数据,在取消当前输入后,再按 Esc 键即可。如果需要修改某个数据,将光标移到要进行修改的数据上,直接输入正确数据即可,如果想放弃修改,按 Esc 键即可。要删除某一期初明细时,将光标移到要删除的期初明细上,用鼠标单击"删除"按钮,经确认后即可。屏幕下端的状态栏显示期初的合计数。用鼠标单击科目下拉选择框可选择相同辅助账类的其他科目录入期初余额。若为项目核算科目则可选择相同项目大类的其他科目录入期初余额。

三、客户往来初始余额

用鼠标双击辅助核算科目的期初余额(年中启用)或年初余额(年初启用),屏幕显示辅助核算科目期初余额录入窗口。用鼠标单击"增加"按钮,屏幕增加一条新的期初明细,可顺序输入客户各项信息内容。

四、供应商往来初始余额

用鼠标双击辅助核算科目的期初余额(年中启用)或年初余额(年初启用),屏幕显示辅助核算科目期初余额录入窗口。用鼠标单击"增加"按钮,屏幕增加一条新的期初明细,可顺序输入供应商各项信息内容。

五、基本项目初始余额

用鼠标双击辅助核算科目的期初余额(年中启用)或年初余额(年初启用),屏幕显示辅助核算科目期初余额录入窗口。用鼠标单击"增加"按钮,屏幕增加一条新的期初明细,可顺序输入基本项目各项信息内容。

六、期初余额试算平衡

在期初余额窗口可以对期初余额进行试算平衡检查,并显示期初试算平衡表,显示试算结果是否平衡,如果不平,请重新调整至平衡后再进行下一步工作,否则不能记账,但可以填制凭证。如果试算平衡则可以顺利地进行日常业务处理。

第五节 上机实验——账务系统初始化

一、实验目的

熟悉总账账套选项卡设置;熟悉会计凭证类型设置;熟悉外币及汇率设置;熟悉结算方法设置;掌握科目辅助核算设置;熟悉客户分类及客户档案设置;熟悉供应商分类及档案设置;熟悉地区分类设置;熟悉部门档案和职员档案设置;掌握项目档案设置;掌握会计科目设置;掌握期初余额录入。

二、实验内容

1. 账套选项卡设置；
2. 凭证类型设置；
3. 外币及汇率设置；
4. 结算方式；
5. 科目辅助核算设置；
6. 地区分类；
7. 客户分类及客户档案；
8. 供应商分类及供应商档案；
9. 部门档案；
10. 职员档案；
11. 项目档案；
12. 指定会计科目；
13. 会计科目设置；
14. 期初余额录入及试算平衡。

三、实验资料

1. 账套选项参数(见表 3-1)

表 3-1　账套选项

选项卡	参数设置
凭证	进行制单序时控制 进行支票控制 对资金及往来科目进行赤字控制 可以使用应收款、应付款、存货系统受控科目 凭证号采用系统自动编号 进行预算控制
账簿	账簿打印位数、每页打印行数采取默认设置 明细账打印按年排页
会计日历	会计日历采用默认设置
权限	允许修改、作废他人填制的凭证 不进行制单及审核的明细权限控制 出纳凭证必须经由出纳签字
打印凭证	打印凭证的制单、出纳、审核、记账等人员姓名
其他	数量和单价小数位数设置为 2 位 部门、个人、项目按编码方式排序 外币核算采用固定汇率

2.凭证类别设置(见表3-2)

表3-2 凭证类别表

编号	凭证类别	限制类型	限制科目
01	现金收款凭证	借方必有	1001
02	现金付款凭证	贷方必有	1001
03	银行收款凭证	借方必有	1002
04	银行付款凭证	贷方必有	1002
05	转账凭证	凭证必无	1001、1002

3.外币及汇率

币符:USD;币名:美元;2014年1月期初汇率:6.05。

4.结算方式设置(见表3-3)

表3-3 结算方式列表

结算方式编码	结算方式名称	是否票据管理
1	现金结算	否
2	支票结算	否
201	现金支票	是
202	转账支票	是

5.会计科目辅助设置(见表3-4)

表3-4 会计科目表

科目编码	科目名称	核算要求
1001	现金	现金总账科目
1002	银行存款	银行总账科目,银行账
100201	工行存款	银行账
100202	中行存款	银行账,美元核算
1122	应收账款	按不同客户核算,受控系统,应收
1221	其他应收款	
122101	个人备用金	按个人核算
1405	库存商品	按不同商品核算、数量核算,数量单位"单位"
2202	应付账款	按不同供应商核算,受控系统,应付
6001	主营业务收入	按不同商品核算、数量核算,数量单位"单位"
6402	主营业务成本	按不同商品核算、数量核算,数量单位"单位"
6602	管理费用	
660203	差旅费	按部门核算

6. 地区分类(见表3-5)

表 3-5　地区分类表

分类编码	分类名称
1	本　地
2	外　地

7. 客户分类及客户档案(见表3-6和表3-7)

表 3-6　客户分类表

分类编码	分类名称
1	批发客户
2	零售客户

表 3-7　客户档案

客户编号	客户简称	所属分类	所属地区	税号	开户银行	银行账号	地址	邮政编码	发展日期
001	远大商店	1	2	430145698912658	工行	12345678	长沙市远大路235号	411003	2010-6-1
002	华阳宾馆	2	1	430165328923857	工行	22345678	株洲市新华路56号	412002	2010-7-1

8. 供应商分类及供应商档案(见表3-8和表3-9)

表 3-8　供应商分类表

分类编码	分类名称
1	家电商品供应商
2	通信商品供应商

表 3-9　供应商档案

供应商编号	供应商简称	所属分类	所属地区	税号	开户银行	银行账号	地址	邮政编码	发展日期
001	新强科技	2	1	430145678934598	工行	32345678	长沙市芙蓉区人民路2号	411001	2010-2-1
002	新兴家电	1	2	450245678945654	工行	42345678	深圳市西丽路32号	472002	2010-6-1

9. 部门档案(见表3-10)

表 3-10　部门列表

部门编码	部门名称	部门属性
1	管理部室	管理部门

续表

部门编码	部门名称	部门属性
101	总经理办公室	综合管理
102	财务部	财务管理
2	供应部门	采购供应
201	供应部	采购供应
202	仓库	仓储
3	销售部门	市场营销
301	销售部	销售管理
302	门市部	门市直销

10. 职员档案（见表 3-11）

表 3-11　职员列表

职员编码	职员姓名	性别	所属部门	职员属性	是否为业务员
1001	刘宏远	男	总经理办公室	总经理	是
1002	刘洪涛	男	财务部	会计主管	是
1003	王荔	女	财务部	出纳	是
1004	张云山	男	财务部	会计	是
2001	李强	男	供应部	部门经理	否
2002	钱泰龙	男	供应部	采购员	是
3001	秦安安	女	销售部	部门经理	是
3002	陈连江	男	销售部	销售员	是

其中人员类别均为无类别90A。

11. 项目档案

管理费用中的车辆使用费按车辆进行明细核算，所以在此把车辆设置为项目，见表 3-12。

表 3-12　车辆项目设置

项目设置步骤	设置内容
项目大类	车辆
项目分类	01 货车 02 客车
项目目录	101 双排座厢 A01231 201 小车厢 A01233 203 面包车厢 A01234

续表

项目设置步骤	设置内容
核算科目	660210 车辆使用费 66021001 油料费 66021002 修理费 66021003 路桥费 66021004 规费保险 66021009 其他

12. 指定会计科目(见表3-13)

表 3-13 指定特定会计科目(出纳与现金流量相关科目)

指定科目	指定科目编码
现金总账科目	1001
银行总账科目	1002
现金流量科目	1001、1002

13. 账户期初数据

各账户2014年年初余额,见表3-14。

表 3-14 2014年年初账户及其余额

科目编码	科目名称	辅助核算	方向	外币或数量	期初余额
1001	现金		借		4 500.00
1002	银行存款		借		7 424 625.00
100201	工行基本户		借		6 199 500.00
100202	中行美元户		借		1 225 125.00
	(美元(8.10))		借	202 500.00	
1122	应收账款	客户	借		602 700.00
客户 001	远大商店		借		382 050.00
客户 002	华阳宾馆		借		220 650.00
1221	其他应收款		借		0.00
122101	个人备用金	个人	借		0.00
1405	库存商品		借		2 166 349.98
140501	澳柯玛冰箱	数量	借	150.00	305 000.00
140502	春兰冰箱	数量	借	150.00	230 000.00
140503	TCL 彩电	数量	借	150.00	455 000.00

续表

科目编码	科目名称	辅助核算	方向	外币或数量	期初余额
140504	创维彩电	数量	借	152.00	383 800.00
140505	信诺固定电话	数量	借	150.00	12 500.00
140506	华为小灵通	数量	借	150.00	15 500.00
140507	联想移动电话	数量	借	150.00	305 000.00
140508	索爱移动电话	数量	借	151.00	459 550.00
1601	固定资产		借		15 000 000.00
1602	累计折旧		贷		315 000.00
2001	短期借款		贷		1 000 000.00
2202	应付账款	供应	贷		705 000.00
供应商002	新兴家电		贷		705 000.00
2221	应交税费		贷		38 997.75
222101	应交增值税		贷		0
22210101	进项税额		贷		0
22210102	已缴税额		贷		0
22210104	销项税额		贷		0
222106	应交所得税		贷		38 997.75
4001	实收资本(或股本)		贷		21 500 000.00
4101	盈余公积		贷		300 000.00
410101	法定盈余公积		贷		150 000.00
410102	任意盈余公积		贷		75 000.00
410103	法定公益金		贷		75 000.00
4103	本年利润		贷		
4104	利润分配		贷		1 339 177.25
410401	提取法定盈余公积		贷		
410402	提取公益金		贷		
410415	未分配利润		贷		1 339 177.25
6001	主营业务收入		贷		
600101	澳柯玛冰箱		贷		
600102	春兰冰箱		贷		
600103	TCL 彩电		贷		

续表

科目编码	科目名称	辅助核算	方向	外币或数量	期初余额
600104	创维彩电		贷		
600105	信诺固定电话		贷		
600106	华为小灵通		贷		
600107	联想移动电话		贷		
600108	索爱移动电话		贷		
6401	主营业务成本		借		
640101	澳柯玛冰箱		借		
640102	春兰冰箱		借		
640103	TCL彩电		借		
640104	创维彩电		借		
640105	信诺固定电话		借		
640106	华为小灵通		借		
640107	联想移动电话		借		
640108	索爱移动电话		借		
6602	管理费用		借		
660201	工资		借		
660202	福利费		借		
660203	差旅费	部门	借		
660204	办公费		借		
660205	折旧费		借		
660206	业务招待费	部门	借		
660207	工会经费		借		
660208	职工教育经费		借		
660209	社会保障费		借		
660210	车辆使用费	项目	借		
66021001	油料费	项目	借		
66021002	修理费	项目	借		
66021003	路桥费	项目	借		
66021004	规费保险	项目	借		
66021009	其他车辆费用	项目	借		
660299	其他管理费用		借		

四、实验指导

1.账套选项参数设置

总账系统菜单→"设置"→"选项",如图 3-1 所示,输入选项卡相应内容。

图 3-1　总账选项设置

2.凭证类别设置

总账系统菜单→"设置"→"凭证类别",如图 3-2 所示,根据资料设置凭证类别及限制条件。

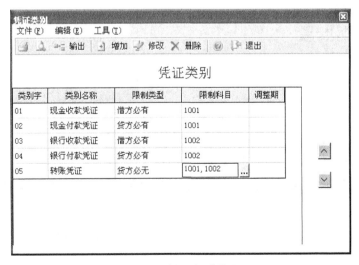

图 3-2　凭证类别设置

3. 外币及汇率设置

总账系统菜单→"设置"→"外币及汇率",如图 3-3 所示,根据资料设置,输入币符、币名及汇率。

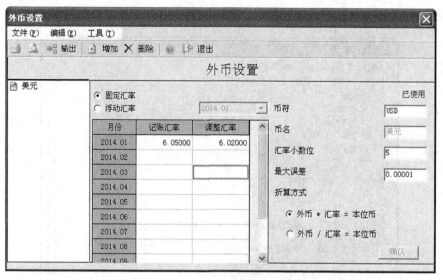

图 3-3　外币及汇率设置

4. 结算方式设置

总账系统菜单→"设置"→"结算方式",如图 3-4 所示,根据资料输入结算方式编码及名称。

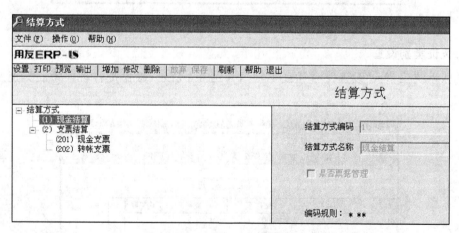

图 3-4　结算方式设置

5. 会计科目辅助设置

总账系统菜单→"设置"→"会计科目",根据资料选择科目设置辅助项目。

6. 地区分类设置

总账系统菜单→"设置"→"分类定义"→"地区分类",如图 3-5 所示,输入地区编码及名称。

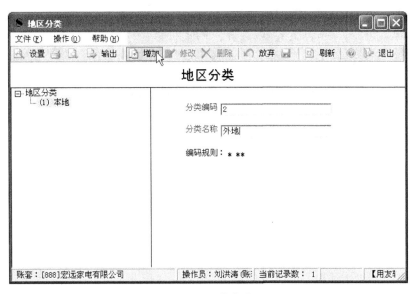

图 3-5　地区分类设置

7.客户分类及客户档案设置

(1)总账系统菜单→"设置"→"分类定义"→"客户分类",如图 3-6 所示,输入各个客户类别编码及名称。

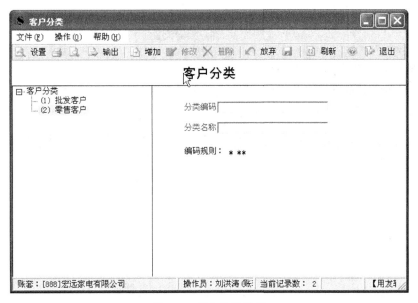

图 3-6　客户分类设置

(2)总账系统菜单→"设置"→"编码档案"→"客户档案",如图 3-7 所示,输入各个客户档案编码及名称。

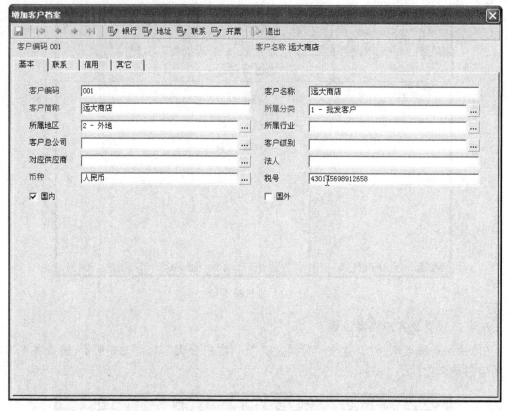

图 3-7　客户档案设置

8. 供应商分类及供应商档案设置

（1）总账系统菜单→"设置"→"分类定义"→"供应商分类"，如图 3-8 所示，输入各个供应商类别编码及名称。

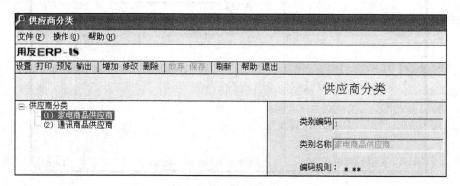

图 3-8　供应商分类设置

（2）总账系统菜单→"设置"→"编码档案"→"供应商档案"，如图 3-9 所示，输入各个供应商档案编码及名称。

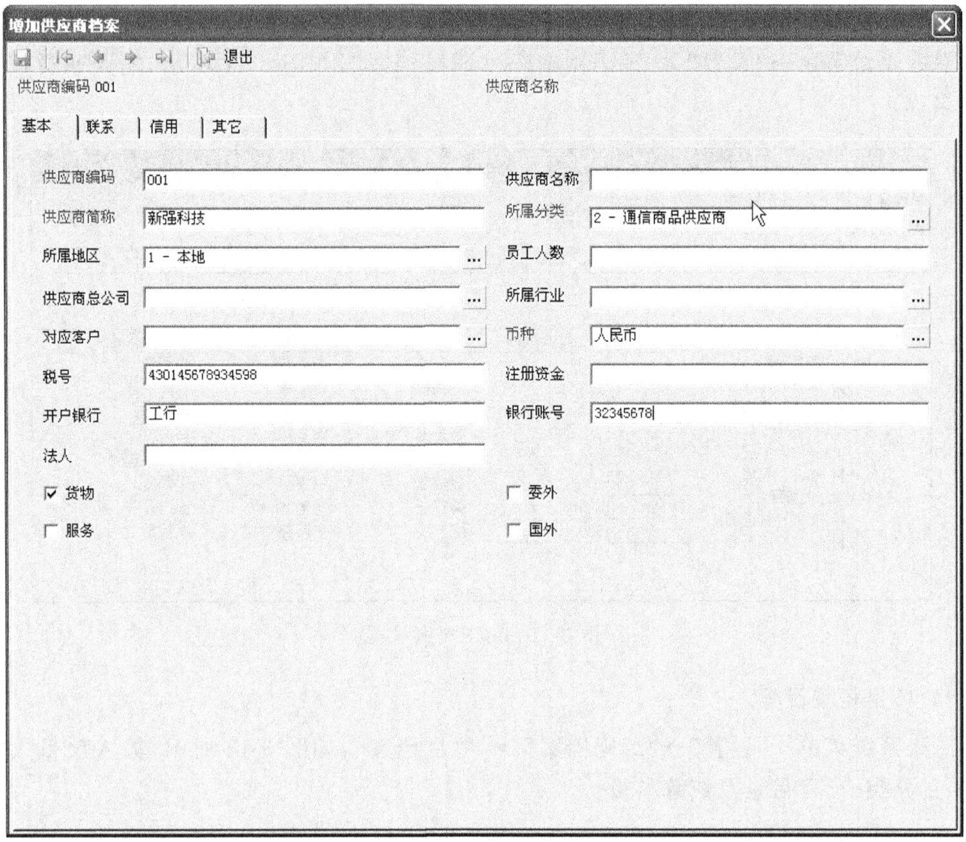

图 3-9 供应商档案设置

9. 部门档案

总账系统菜单→"设置"→"编码档案"→"部门档案",如图 3-10 所示,输入部门档案编码及名称。

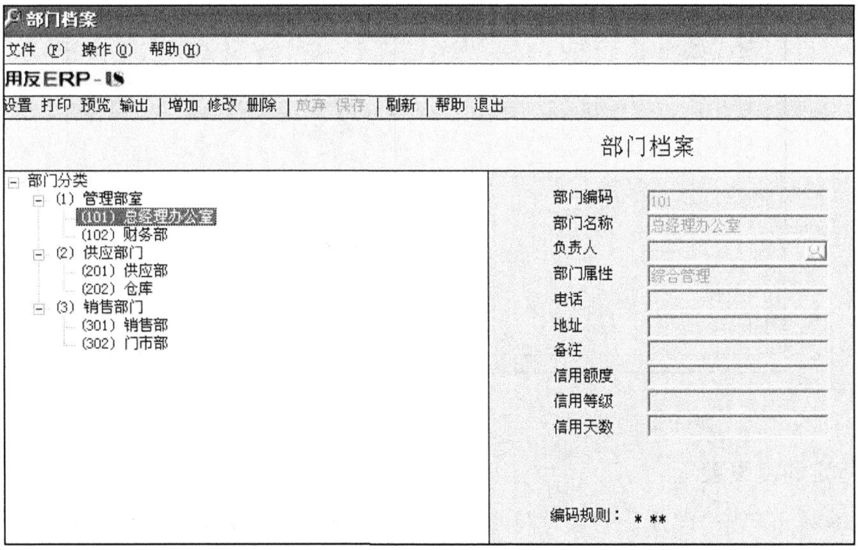

图 3-10 部门档案设置

10. 职员档案设置

总账系统菜单→"设置"→"编码档案"→"职员档案",如图3-11所示,输入职员档案编码及名称。

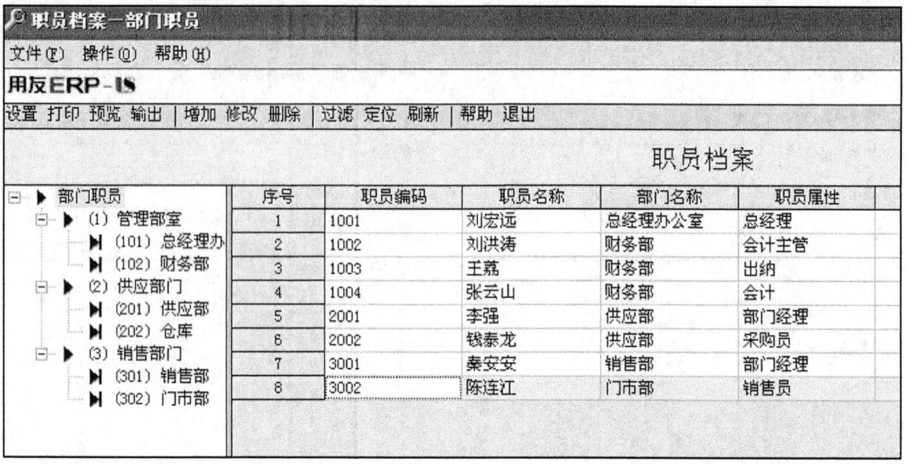

图3-11 员工档案设置

11. 项目档案设置

总账系统菜单→"设置"→"编码档案"→"项目档案",如图3-12所示,输入项目大类名称、项目分类、项目目录及核算科目。

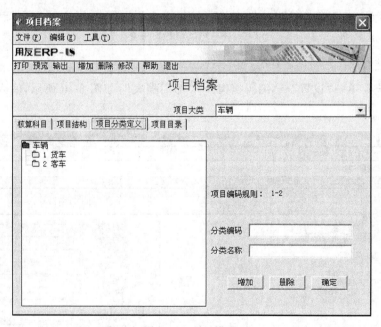

图3-12 项目设置

12. 指定科目设置

总账系统菜单→"设置"→"会计科目"→"编辑"→"指定科目",如图3-13所示,指定现金总账科目,银行总账科目及现金流量项目科目。

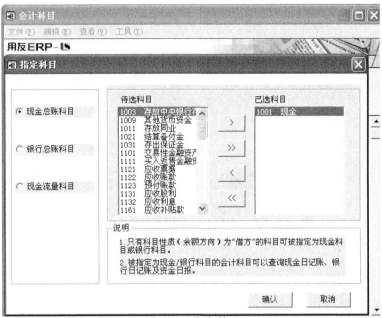

图 3-13 指定科目

13. 账户期初数据录入

总账系统菜单→"设置"→"期初余额",如图 3-14 所示,根据资料录入账套各个会计科目的期初余额。

科目名称	方向	币别/计量	期初余额
库存现金	借		4,500.00
银行存款	借		7,424,625.00
工行基本户	借		6,199,500.00
中行美元户	借		1,225,125.00
	借	美元	202,500.00
存放中央银行款项	借		
存放同业	借		
其他货币资金	借		
结算备付金	借		
存出保证金	借		
交易性金融资产	借		
买入返售金融资产	借		
应收票据	借		
应收账款	借		602,700.00
预付账款	借		
应收股利	借		
应收利息	借		
应收代位追偿款	借		

图 3-14 余额初始化

14. 期初试算平衡

总账系统菜单→"设置"→"期初余额"→"试算",如图 3-15 所示。

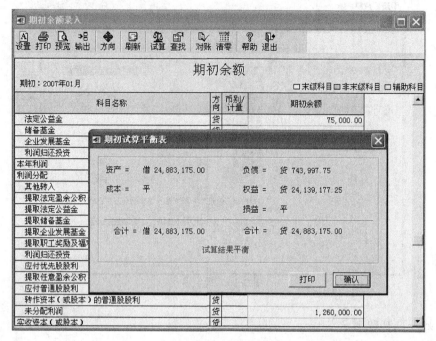

图 3-15　期初余额试算平衡

第四章 日常账务处理

第一节 输入记账凭证

一、凭证输入与修改

(一)凭证的输入

记账凭证是账务系统处理的起点,也是所有查询数据的最主要的一个来源。单位的日常业务处理首先从填制凭证开始。

凭证制单需要输入相关信息,单击"增加凭证"后,开始输入凭证。

(1)凭证类别:光标定位在凭证类别上,参照选择准确的凭证类别,凭证类别在初始设置时已经确定了,一旦使用制单后,凭证类别就不得修改。

(2)凭证编号:如果在"选项"中选择"系统编号"则由系统按时间顺序自动编号。否则,请手工编号,允许最大凭证号为 32767,一般情况下选择自动编号。

(3)凭证日期:系统自动取当前业务日期为记账凭证填制的日期,也可以修改输入。在系统编号时:凭证一旦保存,其凭证类别、凭证编号将不能再修改;在手工编号时:凭证一旦保存,其凭证类别不能再修改、凭证编号可以修改。

(4)附单据数:在"附单据数"处输入原始单据张数,如该业务有 3 张原始凭证,即输入"3"。

(5)自定义项:用户根据需要输入凭证自定义项。凭证自定义项是由用户自定义的凭证补充信息,单击凭证右上角的输入框输入。

(6)凭证摘要:输入凭证分录的摘要,凭证摘要可以参照常用摘要栏的常用摘要选入,也可以手工输入。

(7)凭证会计科目:输入凭证分录的会计科目,会计科目可以参照会计科目表的科目选入,也可以手工输入。输入科目时注意:

①输入的科目一定是末级科目。

②若科目为银行科目,且在结算方式设置中确定要进行票据管理,在"选项"中设置"支票控制",那么这里会要求输入"结算方式"、"票号"及"发生日期"。

③如果科目设置了辅助核算属性,则还要输入相关的辅助核算信息,如部门、个人、项目、客户、供应商、数量、自定义项等。录入的辅助信息将在凭证下方的备注中显示。

(8)凭证金额：录入借方或贷方本币发生额，金额不能为零，但可以是红字，红字金额以负数形式输入。如果方向不符，可按空格键调整金额方向。

(9)现金流量处理：如果凭证科目设计现金流量科目，且指定为现金流量科目，那么在录完现金流量指定科目分录后，系统要求指定这条分录的现金流量项目，可将一条分录指定为多个现金流量项目，但总金额必须与分录的金额保持一致。

(二)凭证的修改

1.无痕迹修改

(1)凭证输入后，还没有审核或审核未通过的凭证，可以在编制凭证的窗口对错误凭证进行修改，修改后保存。

(2)已经通过审核但尚未记账的凭证，可以通过取消错误凭证审核，再在编制凭证的窗口对错误凭证进行修改，修改后保存。

2.有痕迹修改

凭证已经审核并且已经记账后发现凭证错误，只能编制一张与原错误凭证内容相同但金额为负数的"红字"凭证，或者增加一张"蓝字"凭证补充的方法进行修改。

二、凭证作废、整理及删除

(一)凭证作废

凭证处理时发现错误凭证，如果不想修改可以将其作废处理。作废凭证左上角显示"作废"字样，表示已将该凭证作废。作废凭证仍保留凭证内容及凭证编号，只在凭证左上角显示"作废"字样。作废凭证不能修改，不能审核。在记账时，不对作废凭证作数据处理，相当于一张空凭证。在账簿查询时，也查不到作废凭证的数据。如果检查时发现正确凭证已有作废标记，则可用鼠标单击菜单"制单"下的"作废/恢复"，取消作废标志，并将当前凭证恢复为有效凭证。

(二)凭证整理

凭证整理是将有些作废凭证彻底删除，并利用留下的空号对未记账凭证重新编号。

若本月有凭证已记账，那么，本月最后一张已记账凭证之前的凭证将不能做凭证整理，只能对其后面的未记账凭证做凭证整理。若想对已记账凭证做凭证整理，请先到"恢复记账前状态"功能中恢复本月月初的记账前状态，再做凭证整理。

若由于手工编制凭证号造成凭证断号，也可通过此功能进行整理，方法是不选作废凭证，直接按"确定"按钮即可。对由系统编号时，删除凭证后系统提示您是否整理空号凭证，若选取"是"，则将作废凭证删除并重新排凭证编号。

(三)凭证删除

如果凭证错误确实需要删除，只能在没有记账，没有审核的状况下进行，如果错误凭证已经审核，则需要取消审核后才能进行删除操作。

删除操作分两步，第一步是对需要删除的凭证打上"作废"标志，第二步是对作废凭证进行凭证整理。

三、凭证冲销

凭证冲销是指凭证已经审核并且已经记账后发现凭证错误,只能编制一张与原错误凭证内容相同但金额为负数的"红字"凭证,或者增加一张"蓝字"凭证补充的方法进行修改。

第二节 凭证审核、记账

一、出纳签字

出纳凭证由于涉及企业现金和银行存款的收入与支出,应加强对出纳凭证的管理。出纳人员可通过出纳签字功能对制单员填制的带有现金、银行科目的凭证进行检查核对,主要核对出纳凭证的出纳科目的金额是否正确,审查后认为错误或有异议的凭证,应交与填制人员修改后再核对。企业可根据实际需要决定是否要对出纳凭证进行出纳签字管理,若不需要此功能,可在"选项"中取消"出纳凭证必须经由出纳签字"的设置。

(一)出纳签字查询操作

在"出纳签字查询条件"界面,输入要查询的凭证条件,系统根据输入的查询条件,显示所有符合条件的凭证列表,输出"凭证一览表"。在凭证一览表中双击某张凭证,则屏幕显示此张凭证。

(二)出纳签字操作

(1)签字批量处理方式,系统提供对已审核的凭证进行成批签字的功能,可进行签字的成批操作。

(2)补结算方式和票号功能,如果在录入凭证时没有录入结算方式和票据号,系统提供在出纳签字时还可以补充录入的功能。选择横向菜单中的"票据结算",列示所有需要进行填充结算方式、票据号、票据日期的分录,包括已填写的分录;填制结算方式和票号时,针对票据的结算方式进行相应支票登记判断。

二、凭证审核

审核凭证是审核员按照财会制度,对制单员填制的记账凭证进行检查核对。主要审核记账凭证是否与原始凭证相符,会计分录是否正确等。审查认为错误或有异议的凭证,应交与填制人员修改后,再审核。只有审核权的人才能使用本功能。

(一)审核凭证查询操作

选择主菜单"凭证"中"审核凭证",显示"审核凭证查询条件"界面。输入要查询的凭证条件,显示凭证一览表。

(二)凭证审核操作

屏幕显示符合条件的凭证,单击"审核"菜单下的"成批审核",系统自动对当前范围内的所有未审核凭证执行审核;单击"审核"菜单下的"成批取消审核",系统自动对当前范围内的所有已审核凭证执行取消审核。注意审核人和制单人不能是同一个人。

三、记账与反记账

记账凭证经审核签字后,即可用来登记总账和明细账、日记账、部门账、往来账、项目账以及备查账等。本系统记账采用向导方式,使记账过程更加明确。

(一)记账操作

单击"凭证"菜单下的"记账"功能出现"记账向导界面"。

(1)记账向导一:列示各期间的未记账凭证清单和其中的空号与已审核凭证编号,选择记账范围。

(2)记账向导二:显示记账报告,是经过合法性检验后的操作注意信息,例如此次要记账的凭证中有些凭证没有审核或未经出纳签字,属于不能记账的凭证,可根据操作注意修改后,再记账。

(3)记账向导三:当以上工作都确认无误后,单击"记账"按钮,系统开始登录有关的总账和明细账,包括正式总账与明细账;数量总账与明细账;外币总账与明细账;项目总账与明细账;部门总账与明细账;个人往来总账与明细账;银行往来账等有关账簿。

在记账过程中,不得中断退出。在第一次记账时,若期初余额试算不平衡,系统将不允许记账。所选范围内的凭证如有不平衡凭证,系统将列出错误凭证,并重选记账范围。

(二)反记账操作

反记账操作即是恢复记账前状态操作。记账过程一旦断电或其他原因造成中断后,系统将自动调用"恢复记账前状态"恢复数据,然后再重新记账。

在期末对账界面,按下 Ctrl+H 键,将决定是否显示/隐藏菜单中的"恢复记账前状态"功能。

单击"凭证"菜单下的"恢复记账前状态"功能,选择需要恢复的记账类别,单击"确定"。即可完成取消记账后续操作。

第三节 上机实验——日常账务

一、实验目的

掌握会计凭证的填制;掌握出纳签字;掌握凭证审核;掌握修改凭证;掌握记账操作。

二、实验内容

1. 填制凭证；
2. 出纳签字；
3. 审核凭证；
4. 凭证修改；
5. 凭证记账。

三、实验资料

2014年1月份有关经济业务如下：

(1)1月8日，销售给远大商店澳柯玛冰箱35台，不含税单价2 400元；春兰冰箱42台，不含税单价1 900元。税率均为17%，开出增值税专用发票，货已发出。货款通过工行基本户以转账支票结算，支票号0012345。

(2)1月9日，销售给远大商店TCL彩电30台，不含税单价3 900元；创维彩电20台，不含税单价3 000元。税率均为17%，开出增值税专用发票，货已发出。销售员秦安安协议货款下月收回。

(3)1月10日，从新兴家电购进澳柯玛冰箱55台，不含税单价2 150元；春兰冰箱60台，不含税单价1 650元。税率均为17%，收到增值税专用发票一张。已办理商品验收入库，货款通过基本户以转账支票支付，支票号1012345。

(4)1月11日，从新兴家电购进TCL彩电50台，不含税单价3 200元；创维彩电50台，不含税单价2 600元。税率均为17%，收到增值税专用发票一张。采购员李强已办理商品验收入库，货款尚未支付。

(5)1月14日，向华阳宾馆销售信诺固定电话60部，不含税单价120元；华为小灵通20部，不含税单价225元；联想移动电话60部，不含税单价2 450元；索爱移动电话40部，不含税单价3 420元。税率均为17%，开出增值税专用发票。销售员陈连江已办理通过工行基本户收取50%货款，转账支票号9012346。

(6)1月20日，收到远大商店交来转账支票一张，转账支票号0012350，金额382 050元，用以归还以前欠款，已通过工行基本户办理进账。

(7)1月21日开出工行转账支票一张，转账支票号1012346，金额705 000元，用以偿还新兴家电以前的货款。

(8)1月24日，由财务部刘洪涛经手，预付购买轿车一辆，价款460 000元(含税)通过工行转账支票支付，转账支票号1012347。

(9)1月26日，通过中行美元户支付广告费1207.93美元，转账支票号2012341。

(10)1月26日，刘宏远因出差向财务部门借款8 000元，现金支票号3000001。

(11)1月28日，刘宏远出差归来，报销差旅费6 000元，交回现金2 000元。

(12)1月31日，根据工资系统统计的本月工资实发工资签发转账支票一张，金额32 775元，票号1012348，委托工行办理代发工资，同时将工资发放清单以软盘形式送交银行。

(13)1月31日，向税务部门缴纳个人所得税。开具转账支票一张，金额2 507元，支票号1012349，同时将个人所得税扣缴申报表交给税务部门。

四、实验指导

(一)填制凭证

1. 第一笔业务

1月8日,销售给远大商店澳柯玛冰箱35台,不含税单价2 400元;春兰冰箱42台,不含税单价1 900元。税率均为17%,开出增值税专用发票,货已发出。货款通过工行基本户以转账支票结算,支票号0012345。

本笔业务会计分录如下:

  借:银行存款——工行基本户   191 646.00
    贷:主营业务收入——澳柯玛冰箱   84 000.00
      主营业务收入——春兰冰箱   79 800.00
      应交税费——应交增值税——销项税 27 846.00

【操作步骤】

(1)单击菜单"凭证"下的"填制凭证",显示单张凭证。

(2)单击"增加"按钮或按F5键,增加一张新凭证,光标定位在凭证类别上,选择凭证类别"03,银行收款凭证"。此时回车,系统将产生凭证编号。

(3)凭证编号:系统自动编号:0001。

(4)系统自动取当前业务日期为记账凭证填制的日期,也可以修改,将日期改为"2014-01-08"。

(5)在"附单据数"处输入原始单据张数,输入"3"。

(6)输入凭证分录的摘要,按F2键或参照按钮输入常用摘要。本例业务的摘要可直接输入"商品销售"。回车输入会计科目。

(7)第一行输入末级科目或按F2键参照录入。输入"100201,银行存款工行基本户"。由于该科目为银行科目,故弹出的辅助项要求输入"结算方式"、"票号"及"发生日期"。本例输入结算方式"202",票号"0012345",发生日期"2014-01-08"。

(8)录入第一行分录的借方本币发生额191 646.00,由于本科目是现金流量科目,故弹出现金流量对话框要求输入本次发生额所涉及的现金流量"项目编码"、"项目名称"和"金额"。本例输入"01—销售商品提供劳务收到的现金"191 646.00元。回车两次,光标移至下一行,准备输入第二行分录。

(9)第二行摘要由系统自动复制第一行摘要得到,可以进行修改,此处无需更改,直接回车,准备输入会计科目。

(10)第二行输入末级科目或按F2键参照录入。输入"600101",回车得到科目全称"主营业务收入/澳柯玛冰箱"。由于该科目是数量核算科目,故弹出辅助项对话框要求输入"数量"和"单价"。本例输入数量35台、单价2 400元/台。回车自动得到金额84 000元,但是系统默认在借方。

(11)按空格键将第二行分录的金额移送至贷方。回车,准备输入第三行分录。

(12)第三行摘要由系统自动复制第一行摘要得到,可以进行修改,此处无需更改,直接回车,准备输入会计科目。

(13)第三行输入末级科目或按 F2 键参照录入。输入"600102",回车得到科目全称"主营业务收入/春兰冰箱"。由于该科目是数量核算科目,故弹出辅助项对话框要求输入"数量"和"单价"。本例输入数量 42 台、单价 1 900 元/台。回车自动得到金额 79 800 元,但是系统默认在借方。

(14)按空格键将第三行分录的金额移送至贷方。回车,准备输入第四行分录。

(15)第四行摘要由系统自动复制第一行摘要得到,可以进行修改,此处无需更改,直接回车,准备输入会计科目。

(16)第四行输入末级科目或按 F2 键参照录入。输入"22210104",回车得到科目全称"应交税费/应交增值税/销项税额"。

(17)录入第四行分录的贷方发生额 27 846.00 元。

(18)凭证录入完毕后,单击"保存"按钮或按 F6 键保存这张凭证。

填制结果如图 4-1 所示。

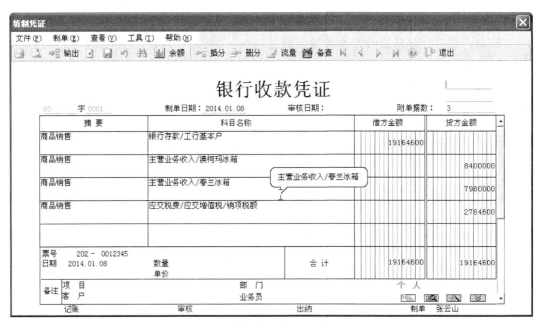

图 4-1　输入第一笔业务的凭证

2. 第二笔业务

1 月 9 日,销售给远大商店 TCL 彩电 30 台,不含税单价 3 900 元;创维彩电 20 台,不含税单价 3 000 元。税率均为 17%,开出增值税专用发票,货已发出。销售员秦安安协议货款下月收回。

本笔业务会计分录如下:

　　借:应收账款——远大商店　　　　　　　　　207 090.00
　　　　贷:主营业务收入——TCL 彩电　　　　　117 000.00
　　　　　　主营业务收入——创维彩电　　　　　 60 000.00
　　　　　　应交税费——应交增值税——销项税额　30 090.00

【操作步骤】

(1)单击菜单"凭证"下的"填制凭证",显示单张凭证。

(2)单击"增加"按钮或按 F5 键,增加一张新凭证,光标定位在凭证类别上,选择凭证类别"05,转账凭证"。此时回车,系统将产生凭证编号。

(3)凭证编号:系统自动编号:0001。

(4)系统自动取当前业务日期为记账凭证填制的日期,也可以修改,将日期改为"2014-01-09"。

(5)在"附单据数"处输入原始单据张数,输入"2"。

(6)输入凭证分录的摘要,按 F2 键或参照按钮输入常用摘要。本例业务的摘要可直接输入"商品销售"。回车输入会计科目。

(7)第一行输入末级科目或按 F2 键参照录入。输入"1122",回车得到科目全称"应收账款"。由于该科目为客户往来科目,故弹出的辅助项要求输入"客户"、"业务员""票号"及"发生日期"。本例输入客户"001—远大商店"、业务员"秦安安"、票号忽略、发生日期"2014-01-09"。

(8)录入第一行分录的借方本币发生额 207 090.00,回车两次,光标移至下一行,准备输入第二行分录。

(9)第二行摘要由系统自动复制第一行摘要得到,可以进行修改,此处无需更改,直接回车,准备输入会计科目。

(10)第二行输入末级科目或按 F2 键参照录入。输入"600103",回车得到科目全称"主营业务收入/TCL 彩电"。由于该科目是数量核算科目,故弹出辅助项对话框要求输入"数量"和"单价"。本例输入数量 30 台、单价 3 900 元/台。回车自动得到金额 117 000 元,但是系统默认在借方。

(11)按空格键将第二行分录的金额移送至贷方。回车,准备输入第三行分录。

(12)第三行摘要由系统自动复制第一行摘要得到,可以进行修改,此处无需更改,直接回车,准备输入会计科目。

(13)第三行输入末级科目或按 F2 键参照录入。输入"600104",回车得到科目全称"主营业务收入/创维彩电"。由于该科目是数量核算科目,故弹出辅助项对话框要求输入"数量"和"单价"。本例输入数量 20 台、单价 3 000 元/台。回车自动得到金额 60 000 元,但是系统默认在借方。

(14)按空格键将第三行分录的金额移送至贷方。回车,准备输入第四行分录。

(15)第四行摘要由系统自动复制第一行摘要得到,可以进行修改,此处无需更改,直接回车,准备输入会计科目。

(16)第四行输入末级科目或按 F2 键参照录入。输入"22210104",回车得到科目全称"应交税费/应交增值税/销项税额"。

(17)录入第四行分录的贷方发生额 30 090.00。

(18)凭证录入完毕后,单击"保存"按钮或按 F6 键保存这张凭证。

填制结果如图 4-2 所示。

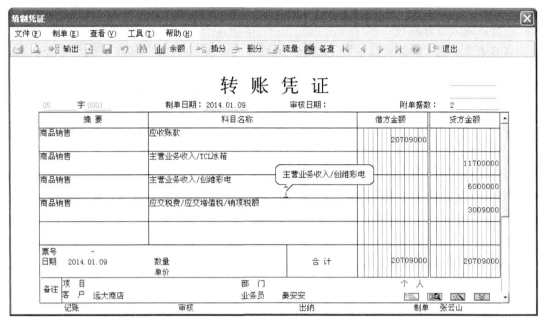

图 4-2　输入第二笔业务的凭证

3.第三笔业务

1月10日,从新兴家电购进澳柯玛冰箱55台,不含税单价2 150元;春兰冰箱60台,不含税单价1650元。税率均为17%,收到增值税专用发票一张。已办理商品验收入库,货款通过基本户以转账支票支付,支票号1012345。

本笔业务会计分录如下:

　　借:库存商品——澳柯玛冰箱　　　　　　　　118 250.00
　　　　库存商品——春兰冰箱　　　　　　　　　 99 000.00
　　　　应交税费——应交增值税——进项税额　　 36 932.50
　　　贷:银行存款——工行基本户　　　　　　　　254 182.50

【操作步骤】

(1)单击菜单"凭证"下的"填制凭证",显示单张凭证。

(2)单击"增加"按钮或按F5键,增加一张新凭证,光标定位在凭证类别上,选择凭证类别"04,银行付款凭证"。此时回车,系统将产生凭证编号。

(3)凭证编号:系统自动编号:0001。

(4)系统自动取当前业务日期为记账凭证填制的日期,也可以修改,将日期改为"2014-01-10"。

(5)在"附单据数"处输入原始单据张数,输入"3"。

(6)输入凭证分录的摘要,按F2键或参照按钮输入常用摘要。本例业务的摘要可直接输入"采购商品"。回车输入会计科目。

(7)第一行输入末级科目或按F2键参照录入。输入"140501",回车得到科目全称"库存商品/澳柯玛冰箱"。由于该科目是数量核算科目,故弹出辅助项对话框要求输入"数量"和"单价"。本例输入数量55台、单价2 150元/台。回车自动得到金额118 250元,但是系统默认在借方。回车两次,光标移至下一行,准备输入第二行分录。

(8) 第二行摘要由系统自动复制第一行摘要得到,可以进行修改,此处无需更改,直接回车,准备输入会计科目。

(9) 第二行输入末级科目或按F2键参照录入。输入"140502",回车得到科目全称"库存商品/春兰冰箱"。由于该科目是数量核算科目,故弹出辅助项对话框要求输入"数量"和"单价"。本例输入数量60台、单价1 650元/台。回车自动得到金额99 000元,系统默认在借方。回车两次,光标移至下一行,准备输入第三行分录。

(10) 第三行摘要由系统自动复制第一行摘要得到,可以进行修改,此处无需更改,直接回车,准备输入会计科目。

(11) 第三行输入末级科目或按F2键参照录入。输入"22210101",回车得到科目全称"应交税费/应交增值税/进项税额"。回车,光标移至借方金额栏,准备输入进项税额。

(12) 直接输入借方进项税金额36 932.50元。回车,光标移至下一行,准备输入第四行分录。

(13) 第四行摘要由系统自动复制第一行摘要得到,可以进行修改,此处无需更改,直接回车,准备输入会计科目。

(14) 第四行输入末级科目或按F2键参照录入。输入"100201,银行存款工行基本户"。由于该科目为银行科目,故弹出的辅助项要求输入"结算方式"、"票号"及"发生日期"。本例输入结算方式"202",票号"1012345",发生日期"2014-01-10"。

(15) 录入第四行分录的贷方本币发生额254 182.50,由于本科目是现金流量科目,故弹出现金流量对话框要求输入本次发生额所涉及的现金流量"项目编码"、"项目名称"和"金额"。本例输入"04——购买商品接受劳务收到的现金"254 182.50元。

(16) 凭证录入完毕后,单击"保存"按钮或按F6键保存这张凭证。

填制结果如图4-3所示。

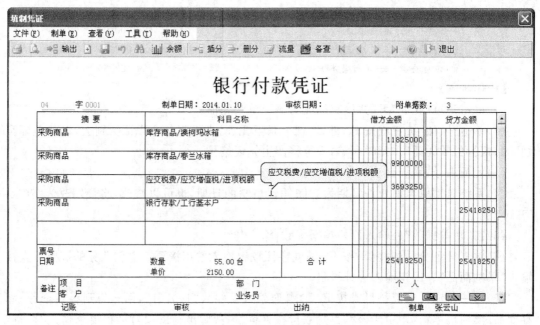

图4-3 输入第三笔业务的凭证

4.第四笔业务

1月11日,从新兴家电购进TCL彩电50台,不含税单价3 200元;创维彩电50台,不含税单价2 600元。税率均为17%,收到增值税专用发票一张。采购员李强已办理商品验收入库,货款尚未支付。

本笔业务会计分录如下:

  借:库存商品——TCL彩电   160 000.00
    库存商品——创维彩电   130 000.00
    应交税费——应交增值税——进项税额 49 300.00
  贷:应付账款——新兴家电   339 300.00

【操作步骤】

(1)单击菜单"凭证"下的"填制凭证",显示单张凭证。

(2)单击"增加"按钮或按F5键,增加一张新凭证,光标定位在凭证类别上,选择凭证类别"05,转账凭证"。此时回车,系统将产生凭证编号。

(3)凭证编号:系统自动编号:0002。

(4)系统自动取当前业务日期为记账凭证填制的日期,也可以修改,将日期改为"2014-01-11"。

(5)在"附单据数"处输入原始单据张数,输入"2"。

(6)输入凭证分录的摘要,按F2键或参照按钮输入常用摘要。本例业务的摘要可直接输入"采购商品"。回车输入会计科目。

(7)第一行输入末级科目或按F2键参照录入。输入"140503",回车得到科目全称"库存商品/ TCL彩电"。由于该科目是数量核算科目,故弹出辅助项对话框要求输入"数量"和"单价"。本例输入数量50台、单价3 200元/台。回车自动得到金额160 000元,系统默认在借方。回车两次,光标移至下一行,准备输入第二行分录。

(8)第二行摘要由系统自动复制第一行摘要得到,可以进行修改,此处无需更改,直接回车,准备输入会计科目。

(9)第二行输入末级科目或按F2键参照录入。输入"140504",回车得到科目全称"库存商品/创维彩电"。由于该科目是数量核算科目,故弹出辅助项对话框要求输入"数量"和"单价"。本例输入数量50台、单价2 600元/台。回车自动得到金额130 000元,系统默认在借方。回车两次,光标移至下一行,准备输入第三行分录。

(10)第三行摘要由系统自动复制第一行摘要得到,可以进行修改,此处无需更改,直接回车,准备输入会计科目。

(11)第三行输入末级科目或按F2键参照录入。输入"22210101",回车得到科目全称"应交税费/应交增值税/进项税额"。回车,光标移至借方金额栏,准备输入进项税额。

(12)直接输入借方进项税金额49 300元。回车,光标移至下一行,准备输入第四行分录。

(13)第四行摘要由系统自动复制第一行摘要得到,可以进行修改,此处无需更改,直接回车,准备输入会计科目

(14)第四行输入末级科目或按F2键参照录入。输入"2202",回车得到科目全称"应付

账款"。由于该科目为客户往来科目,故弹出的辅助项要求输入"供应商"、"业务员"、"票号"及"发生日期"。本例输入供应商"002—新兴家电"、业务员"李强"、发生日期"2014-01-11",票号忽略。

(15)录入第四行分录的贷方本币发生额 339 300。

(16)凭证录入完毕后,单击"保存"按钮或按 F6 键保存这张凭证。

填制结果如图 4-4 所示。

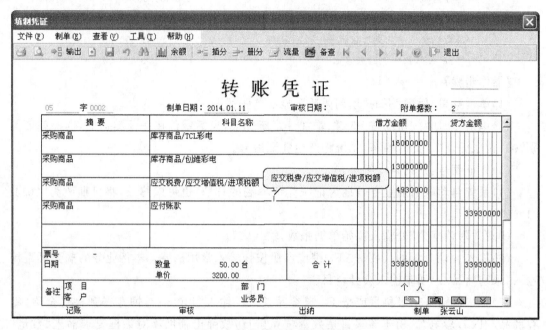

图 4-4 输入第四笔业务的凭证

5. 第五笔业务

1 月 14 日,向华阳宾馆销售信诺固定电话 60 部,不含税单价 120 元;华为小灵通 20 部,不含税单价 225 元;联想移动电话 60 部,不含税单价 2 450 元;索爱移动电话 40 部,不含税单价 3 420 元。税率均为 17%,开出增值税专用发票。销售员陈连江已办理通过工行基本户收取 50%货款,转账支票号 9012346。

本笔业务会计分录如下:

```
借:银行存款——工行基本户              172 867.50
   应收账款——华阳宾馆                 172 867.50
   贷:主营业务收入——信诺固定电话         7 200.00
      主营业务收入——华为小灵通           4 500.00
      主营业务收入——联想移动电话        147 000.00
      主营业务收入——索爱移动电话        136 800.00
      应交税费——应交增值税——销项税     50 235.00
```

【操作步骤】

(1)单击菜单"凭证"下的"填制凭证",显示单张凭证。

(2)单击"增加"按钮或按 F5 键,增加一张新凭证,光标定位在凭证类别上,选择凭证类别"03,银行收款凭证"。此时回车,系统将产生凭证编号。

(3)凭证编号:系统自动编号:0002。

(4)系统自动取当前业务日期为记账凭证填制的日期,也可以修改,将日期改为"2014-01-14"。

(5)在"附单据数"处输入原始单据张数,输入"3"。

(6)输入凭证分录的摘要,按F2键或参照按钮输入常用摘要。本例业务的摘要可直接输入"商品销售"。回车输入会计科目。

(7)第一行输入末级科目或按F2键参照录入。输入"100201,银行存款工行基本户"。由于该科目为银行科目,故弹出的辅助项要求输入"结算方式"、"票号"及"发生日期"。本例输入结算方式"202",票号"9012345",发生日期"2014-01-14"。

(8)录入第一行分录的借方本币发生额172 867.50,由于本科目是现金流量科目,故弹出现金流量对话框要求输入本次发生额所涉及的现金流量"项目编码"、"项目名称"和"金额"。本例输入"01—销售商品提供劳务收到的现金" 172 867.50元。回车两次,光标移至下一行,准备输入第二行分录。

(9)第二行摘要由系统自动复制第一行摘要得到,可以进行修改,此处无需更改,直接回车,准备输入会计科目。

(10)第二行输入末级科目或按F2键参照录入。输入"1122",回车得到科目全称"应收账款"。由于该科目为客户往来科目,故弹出的辅助项要求输入"客户"、"业务员"、"票号"及"发生日期"。本例输入客户"002—华阳宾馆"、业务员"陈连江"、发生日期"2014-01-14",票号忽略。

(11)录入第二行分录的借方本币发生额172 867.50,回车两次,光标移至下一行,准备输入第三行分录。

(12)第三行摘要由系统自动复制第一行摘要得到,可以进行修改,此处无需更改,直接回车,准备输入会计科目。

(13)第三行输入末级科目或按F2键参照录入。输入"600105",回车得到科目全称"主营业务收入/信诺固定电话"。由于该科目是数量核算科目,故弹出辅助项对话框要求输入"数量"和"单价"。本例输入数量60台、单价120元/台。回车自动得到金额7 200元,但是系统默认在借方。

(14)按空格键将第三行分录的金额移送至贷方。回车,准备输入第四行分录。

(15)第四行摘要由系统自动复制第一行摘要得到,可以进行修改,此处无需更改,直接回车,准备输入会计科目。

(16)第四行输入末级科目或按F2键参照录入。输入"600106",回车得到科目全称"主营业务收入/华为小灵通"。由于该科目是数量核算科目,故弹出辅助项对话框要求输入"数量"和"单价"。本例输入数量20台、单价225元/台。回车自动得到金额4 500元,但是系统默认在借方。

(17)按空格键将第四行分录的金额移送至贷方。回车,准备输入第五行分录。

(18)第五行摘要由系统自动复制第一行摘要得到,可以进行修改,此处无需更改,直接回车,准备输入会计科目。

(19)第五行输入末级科目或按F2键参照录入。输入"600107",回车得到科目全称"主营业务收入/联想移动电话"。由于该科目是数量核算科目,故弹出辅助项对话框要求输入"数量"和"单价"。本例输入数量60台、单价2 450元/台。回车自动得到金额147 000元,但是系统默认在借方。

(20)按空格键将第五行分录的金额移送至贷方。回车,准备输入第六行分录。

(21)第六行摘要由系统自动复制第一行摘要得到,可以进行修改,此处无需更改,直接回车,准备输入会计科目。

(22)第六行输入末级科目或按 F2 键参照录入。输入"600108",回车得到科目全称"主营业务收入/索爱移动电话"。由于该科目是数量核算科目,故弹出辅助项对话框要求输入"数量"和"单价"。本例输入数量 40 台、单价 3 420 元/台。回车自动得到金额 136 800 元,但是系统默认在借方。

(23)按空格键将第六行分录的金额移送至贷方。回车,准备输入第七行分录。

(24)第七行摘要由系统自动复制第一行摘要得到,可以进行修改,此处无需更改,直接回车,准备输入会计科目。

(25)第七行输入末级科目或按 F2 键参照录入。输入"22210104",回车得到科目全称"应交税费/应交增值税/销项税额"。

(26)录入第七行分录的贷方发生额 50 235。

(27)凭证录入完毕后,单击"保存"按钮或按 F6 键保存这张凭证。

填制结果如图 4-5 所示。

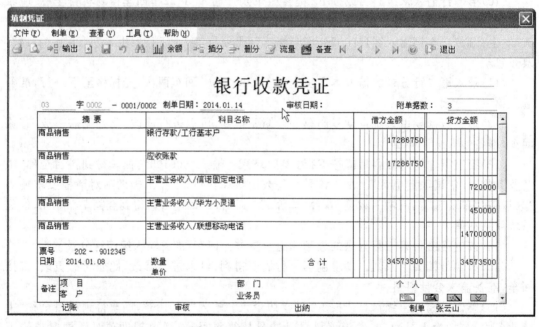

图 4-5 输入第五笔业务的凭证

6. 第六笔业务

1 月 20 日,收到远大商店交来转账支票一张,转账支票号为 0012350,金额为 382 500 元,用以归还以前欠款,已通过工行基本户办理进账。

本笔业务会计分录如下:

  借:银行存款——工行基本户   382 500
   贷:应收账款——远大商店   382 500

【操作步骤】

(1)单击菜单"凭证"下的"填制凭证",显示单张凭证。

(2)单击"增加"按钮或按 F5 键,增加一张新凭证,光标定位在凭证类别上,选择凭证类别"03,银行收款凭证"。此时回车,系统将产生凭证编号。

(3)凭证编号:系统自动编号:0003。

(4)系统自动取当前业务日期为记账凭证填制的日期,也可以修改,将日期改为"2014-01-20"。

(5)在"附单据数"处输入原始单据张数,输入"1"。

(6)输入凭证分录的摘要,按 F2 键或参照按钮输入常用摘要。本例业务的摘要可直接输入"收到欠款"。回车输入会计科目。

(7)第一行输入末级科目或按 F2 键参照录入。输入"100201,银行存款工行基本户"。由于该科目为银行科目,故弹出的辅助项要求输入"结算方式"、"票号"及"发生日期"。本例输入结算方式"202",票号"0012350",发生日期"2014-01-20"。

(8)录入第一行分录的借方本币发生额 382 500,由于本科目是现金流量科目,故弹出现金流量对话框要求输入本次发生额所涉及的现金流量"项目编码"、"项目名称"和"金额"。本例输入"01—销售商品提供劳务收到的现金"382500 元。回车两次,光标移至下一行,准备输入第二行分录。

(9)第二行摘要由系统自动复制第一行摘要得到,可以进行修改,此处无需更改,直接回车,准备输入会计科目。

(10)第二行输入末级科目或按 F2 键参照录入。输入"1122",回车得到科目全称"应收账款"。由于该科目为客户往来科目,故弹出的辅助项要求输入"客户"、"业务员"、"票号"及"发生日期"。本例输入客户"001—远大商店"、业务员"秦安安"、票号忽略、发生日期"2014-01-20"。

(11)录入第二行分录的借方本币发生额 382 500。

(12)凭证录入完毕后,单击"保存"按钮或按 F6 键保存这张凭证。

填制结果如图 4-6 所示。

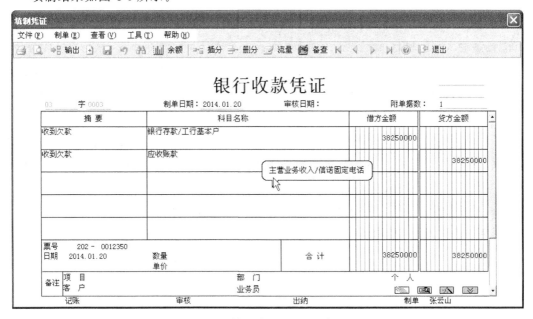

图 4-6　输入第六笔业务的凭证

7. 第七笔业务

1月21日开出工行转账支票一张，转账支票号为1012346，金额为705 000元，用以偿还新兴家电以前的货款。

本笔业务会计分录如下：

    借：应付账款——新兴家电   705 000.00
     贷：银行存款——工行基本户   705 000.00

【操作步骤】

(1)单击菜单"凭证"下的"填制凭证"，显示单张凭证。

(2)单击"增加"按钮或按F5键，增加一张新凭证，光标定位在凭证类别上，选择凭证类别"04，银行付款凭证"。此时回车，系统将产生凭证编号。

(3)凭证编号：系统自动编号：0002。

(4)系统自动取当前业务日期为记账凭证填制的日期，也可以修改，将日期改为"2014-01-21"。

(5)在"附单据数"处输入原始单据张数，输入"1"。

(6)输入凭证分录的摘要，按F2键或参照按钮输入常用摘要。本例业务的摘要可直接输入"支付货款"。回车输入会计科目。

(7)第一行输入末级科目或按F2键参照录入。输入"2202"，回车得到科目全称"应付账款"。由于该科目为供应商往来科目，故弹出的辅助项要求输入"供应商"、"业务员"、"票号"及"发生日期"。本例输入客户"002—新兴家电"、业务员、发生日期"2014-01-21"，票号忽略。

(8)录入第一行分录的借方本币发生额705 000。回车两次，光标移至下一行，准备输入第二行分录。

(9)第二行摘要由系统自动复制第一行摘要得到，可以进行修改，此处无需更改，直接回车，准备输入会计科目。

(10)第二行输入末级科目或按F2键参照录入。输入"100201，银行存款工行基本户"。由于该科目为银行科目，故弹出的辅助项要求输入"结算方式"、"票号"及"发生日期"。本例输入结算方式"202"，票号"1012346"，发生日期"2014-01-21"。

(11)录入第二行分录的借方本币发生额705 000，由于本科目是现金流量科目，故弹出现金流量对话框要求输入本次发生额所涉及的现金流量"项目编码"、"项目名称"和"金额"。本例输入"04—购买商品接受劳务收到的现金"705 000元。

(12)凭证录入完毕后，单击"保存"按钮或按F6键保存这张凭证。

填制结果如图4-7所示。

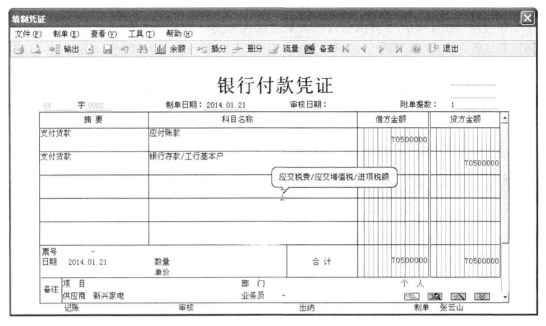

图 4-7　输入第七笔业务的凭证

8. 第八笔业务

1月24日,由财务部刘洪涛经手,预付购买轿车一辆,价款 460 000 元(含税)通过工行转账支票支付,转账支票号 1012347。

本笔业务会计分录如下:

借:其他应收款——个人备用金——刘洪涛　　　　460 000.00
　　贷:银行存款——工行基本户　　　　　　　　　　　　460 000.00

【操作步骤】

(1)单击菜单"凭证"下的"填制凭证",显示单张凭证。

(2)单击"增加"按钮或按 F5 键,增加一张新凭证,光标定位在凭证类别上,选择凭证类别"04,银行付款凭证"。此时回车,系统将产生凭证编号。

(3)凭证编号:系统自动编号:0003。

(4)系统自动取当前业务日期为记账凭证填制的日期,也可以修改,将日期改为"2014-01-24"。

(5)在"附单据数"处输入原始单据张数,输入"1"。

(6)输入凭证分录的摘要,按 F2 键或参照按钮输入常用摘要。本例业务的摘要可直接输入"预付购车款"。回车输入会计科目。

(7)第一行输入末级科目或按 F2 键参照录入。输入"122101",回车得到科目全称"其他应收款——个人备用金"。由于该科目为个人往来科目,故弹出的辅助项要求输入个人往来信息。本例输入"财务部"、"刘洪涛"。

(8)录入第一行分录的借方本币发生额 460 000。回车两次,光标移至下一行,准备输入第二行分录。

(9)第二行摘要由系统自动复制第一行摘要得到,可以进行修改,此处无需更改,直接回车,准备输入会计科目。

(10)第二行输入末级科目或按F2键参照录入。输入"100201,银行存款工行基本户"。由于该科目为银行科目,故弹出的辅助项要求输入"结算方式"、"票号"及"发生日期"。本例输入结算方式"202",票号"1012347",发生日期"2014-01-24"。

(11)录入第二行分录的贷方本币发生额460 000,由于本科目是现金流量科目,故弹出现金流量对话框要求输入本次发生额所涉及的现金流量"项目编码"、"项目名称"和"金额"。本例输入"13—购买固定资产、无形资产及其他资产支付现金"460 000元。

(12)凭证录入完毕后,单击"保存"按钮或按F6键保存这张凭证。

填制结果如图4-8所示。

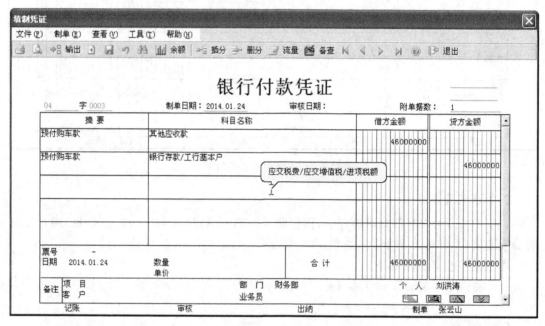

图4-8 输入第八笔业务的凭证

9.第九笔业务

1月26日,通过中行美元户支付广告费1 207.93美元,转账支票号为2012341。

借:销售费用——广告费　　　　　　　　　　　　7 308.00
　　贷:银行存款——中行美元户　　　　　　　　7 308.00(1 207.93×6.05)

【操作步骤】

(1)单击菜单"凭证"下的"填制凭证",显示单张凭证。

(2)单击"增加"按钮或按F5键,增加一张新凭证,光标定位在凭证类别上,选择凭证类别"04,银行付款凭证"。此时回车,系统将产生凭证编号。

(3)凭证编号:系统自动编号:0004。

(4)系统自动取当前业务日期为记账凭证填制的日期,也可以修改,将日期改为"2014-01-26"。

(5)在"附单据数"处输入原始单据张数,输入"1"。

(6)输入凭证分录的摘要,按F2或参照按钮输入常用摘要。本例业务的摘要可直接输入"支付广告费"。回车输入会计科目。

(7)第一行输入末级科目或按F2键参照录入。输入"6601",回车得到科目全称"销售费用"。

(8)录入第一行分录的借方本币发生额 7308。回车两次,光标移至下一行,准备输入第二行分录。

(9)第二行摘要由系统自动复制第一行摘要得到,可以进行修改,此处无需更改,直接回车,准备输入会计科目。

(10)第二行输入末级科目或按 F2 键参照录入。输入"100202,银行存款中行美元户"。由于该科目为银行科目,故弹出的辅助项要求输入"结算方式"、"票号"及"发生日期"。本例输入结算方式"202",票号"2012341",发生日期"2014-01-26"。

(11)录入第二行分录的金额:由于本行会计科目是外币核算科目,凭证输入界面发生变化,增加了外币信息输入框,本例美元 1 207.93,汇率 0.05,本位币 7 308。由于本科目是现金流量科目,故弹出现金流量对话框要求输入本次发生额所涉及的现金流量"项目编码"、"项目名称"和"金额"。本例输入"购买商品及服务支付现金"7 308 元。

(12)凭证录入完毕后,单击"保存"按钮或按 F6 键保存这张凭证。

填制结果如图 4-9 所示。

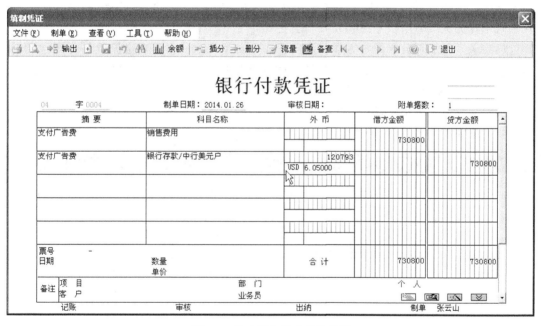

图 4-9 输入第九笔业务的凭证

10.第十笔业务

1 月 26 日,刘宏远因出差向财务部门借款 8 000 元,现金支票号为 3000001。

本笔业务会计分录如下:

  借:其他应收款——刘宏远   8 000.00
    贷:银行存款——工行基本户   8 000.00

【操作步骤】

(1)单击菜单"凭证"下的"填制凭证",显示单张凭证。

(2)单击"增加"按钮或按 F5 键,增加一张新凭证,光标定位在凭证类别上,选择凭证类别"04,银行付款凭证"。此时回车,系统将产生凭证编号。

(3)凭证编号:系统自动编号:0005。

(4)系统自动取当前业务日期为记账凭证填制的日期,也可以修改,将日期改为"2014-01-26"。

(5)在"附单据数"处输入原始单据张数,输入"1"。

(6)输入凭证分录的摘要,按F2键或参照按钮输入常用摘要。本例业务的摘要可直接输入"借支差旅费"。回车输入会计科目。

(7)第一行输入末级科目或按F2键参照录入。(输入"122101",回车得到科目全称"其他应收款——个人备用金"。由于该科目为个人往来科目,故弹出的辅助项要求输入个人往来信息。本例输入"总经理办公室"、"刘宏远"。)

(8)录入第一行分录的借方本币发生额8 000。回车两次,光标移至下一行,准备输入第二行分录。

(9)第二行摘要由系统自动复制第一行摘要得到,可以进行修改,此处无需更改,直接回车,准备输入会计科目。

(10)第二行输入末级科目或按F2键参照录入。输入"100201,银行存款工行基本户"。由于该科目为银行科目,故弹出的辅助项要求输入"结算方式"、"票号"及"发生日期"。本例输入结算方式"201",票号"3000001",发生日期"2014-01-26"。

(11)录入第二行分录的贷方本币发生额8 000,由于本科目是现金流量科目,故弹出现金流量对话框要求输入本次发生额所涉及的现金流量"项目编码"、"项目名称"和"金额"。本例输入"07—支付其他与经营活动有关的现金" 8 000元。

(12)凭证录入完毕后,单击"保存"按钮或按F6键保存这张凭证。

填制结果如图4-10所示。

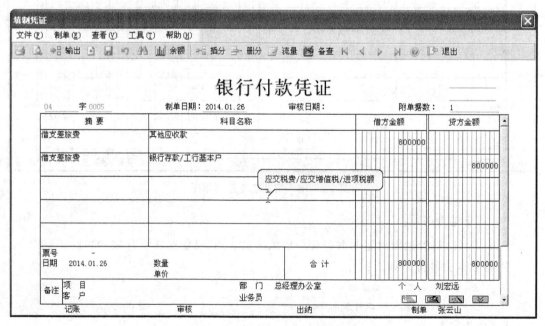

图4-10 输入第十笔业务的凭证

11. 第十一笔业务

1月28日,刘宏远出差归来,报销差旅费6 000元(单据10张),交回现金2 000元。

本笔业务会计分录如下:

　　　　借:管理费用——差旅费　　　　　　　　　　　　　6 000.00
　　　　　　库存现金　　　　　　　　　　　　　　　　　　2 000.00
　　　　　　贷:其他应收款——刘宏远　　　　　　　　　　　　　8 000.00

【操作步骤】

(1)单击菜单"凭证"下的"填制凭证",显示单张凭证。

(2)单击"增加"按钮或按F5键,增加一张新凭证,光标定位在凭证类别上,选择凭证类别"01,现金收款凭证"。此时回车,系统将产生凭证编号。

(3)凭证编号:系统自动编号:0001。

(4)系统自动取当前业务日期为记账凭证填制的日期,也可以修改,将日期改为"2014-01-28"。

(5)在"附单据数"处输入原始单据张数,输入"10"。

(6)输入凭证分录的摘要,按F2键或参照按钮输入常用摘要。本例业务的摘要可直接输入"刘经理报销差旅费"。回车输入会计科目。

(7)第一行直接输入末级科目或按F2键参照录入"660203",回车得到科目全称"管理费用/差旅费"

(8)录入第一行分录的借方本币发生额6 000。回车两次,光标移至下一行,准备输入第二行分录。

(9)第二行摘要由系统自动复制第一行摘要得到,可以进行修改,此处可以更改,修改为"收回刘经理出差备用金余款",直接回车,准备输入会计科目。

(10)第二行输入末级科目或按F2键参照录入。输入"1001",回车得到科目全称"库存现金"。

(11)录入第二行分录的贷方本币发生额2 000,由于本科目是现金流量科目,故弹出现金流量对话框要求输入本次发生额所涉及的现金流量"项目编码"、"项目名称"和"金额"。本例输入"03—收到其他与经营活动有关的现金"2 000元。

(12)第三行摘要由系统自动复制第一行摘要得到,可以进行修改,此处可以更改,修改为"刘经理报销费用冲借款",直接回车,准备输入会计科目。

(13)第三行输入末级科目或按F2键参照录入。(输入"122101",回车得到科目全称"其他应收款——个人备用金"。由于该科目为个人往来科目,故弹出的辅助项要求输入个人往来信息。本例输入"总经理办公室"、"刘宏远"。)

(14)录入第三行分录的借方本币发生额8 000。

(15)凭证录入完毕后,单击"保存"按钮或按F6键保存这张凭证。

填制结果如图4-11所示。

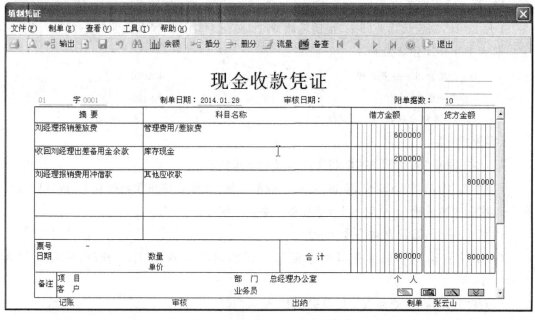

图 4-11　输入第十一笔业务的凭证

12．第十二笔业务

1月31日，根据工资系统统计的本月工资实发工资签发转账支票一张，金额32 775元，票号1012348，委托工行办理代发工资，同时将工资发放清单以软盘形式送交银行。

本笔业务会计分录如下：

借：应付职工薪酬　　　　　　　　　　　　　　　　32 775.00
　　贷：银行存款——工行基本户　　　　　　　　　　　　32 775.00

【操作步骤】

(1)单击菜单"凭证"下的"填制凭证"，显示单张凭证。

(2)单击"增加"按钮或按F5键，增加一张新凭证，光标定位在凭证类别上，选择凭证类别"04，银行付款凭证"。此时回车，系统将产生凭证编号。

(3)凭证编号：系统自动编号：0006。

(4)系统自动取当前业务日期为记账凭证填制的日期，也可以修改，将日期改为"2014-01-31"。

(5)在"附单据数"处输入原始单据张数，输入"1"。

(6)输入凭证分录的摘要，按F2键或参照按钮输入常用摘要。本例业务的摘要可直接输入"工资发放"。回车输入会计科目。

(7)第一行输入末级科目或按F2键参照录入。输入"2211"，回车得到科目全称"应付职工薪酬"。

(8)录入第一行分录的借方本币发生额32 775。回车两次，光标移至下一行，准备输入第二行分录。

(9)第二行摘要由系统自动复制第一行摘要得到，可以进行修改，此处无需更改，直接回车，准备输入会计科目。

(10)第二行输入末级科目或按F2键参照录入。输入"100201，银行存款工行基本户"，由于该科目为银行科目,故弹出的辅助项要求输入"结算方式"、"票号"及"发生日期"。本例输入结算方式"202",票号"1012348",发生日期"2014-01-31"。

(11)录入第二行分录的借方本币发生额 32 775,由于本科目是现金流量科目,故弹出现金流量对话框要求输入本次发生额所涉及的现金流量"项目编码"、"项目名称"和"金额"。本例输入"05—支付给职工及为职工支付的现金"32 775 元。

(12)凭证录入完毕后,单击"保存"按钮或按 F6 键保存这张凭证。

填制结果如图 4-12 所示。

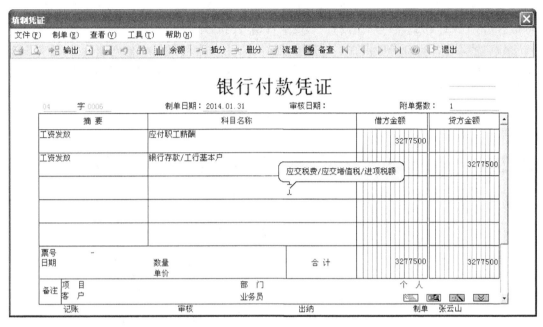

图 4-12　输入第十二笔业务的凭证

13.第十三笔业务

1月31日,向税务部门缴纳个人所得税。开具转账支票一张,金额 2 507 元,支票号 1012349,同时将个人所得税扣缴申报表交给税务部门。

本笔业务会计分录如下:

　　借:应交税费——应交个人所得税　　　　　　　　2 507.00
　　　　贷:银行存款——工行基本户　　　　　　　　　　　　2 507.00

【操作步骤】

(1)单击菜单"凭证"下的"填制凭证",显示单张凭证。

(2)单击"增加"按钮或按 F5 键,增加一张新凭证,光标定位在凭证类别上,选择凭证类别"04,银行付款凭证"。此时回车,系统将产生凭证编号。

(3)凭证编号:系统自动编号:0007。

(4)系统自动取当前业务日期为记账凭证填制的日期,也可以修改,将日期改为"2014-01-31"。

(5)在"附单据数"处输入原始单据张数,输入"1"。

(6)输入凭证分录的摘要,按 F2 键或参照按钮输入常用摘要。本例业务的摘要可直接输入"缴纳税款"。回车输入会计科目。

(7)第一行输入末级科目或按 F2 键参照录入。输入"222112",回车得到科目全称"应交税费——应交个人所得税"。

(8)录入第一行分录的借方本币发生额 2507。回车两次,光标移至下一行,准备输入第二行分录。

(9)第二行摘要由系统自动复制第一行摘要得到,可以进行修改,此处无需更改,直接回车,准备输入会计科目。

(10)第二行输入末级科目或按 F2 键参照录入。输入"100201,银行存款工行基本户"。由于该科目为银行科目,故弹出的辅助项要求输入"结算方式"、"票号"及"发生日期"。本例输入结算方式"202",票号"1012349",发生日期"2014-01-31"。

(11)录入第二行分录的借方本币发生额 2 507,由于本科目是现金流量科目,故弹出现金流量对话框要求输入本次发生额所涉及的现金流量"项目编号"、"项目名称"和"金额"。本例输入"05——支付给职工及为职工支付的现金"2 507 元。

(12)凭证录入完毕后,单击"保存"按钮或按 F6 键保存这张凭证。

填制结果如图 4-13 所示。

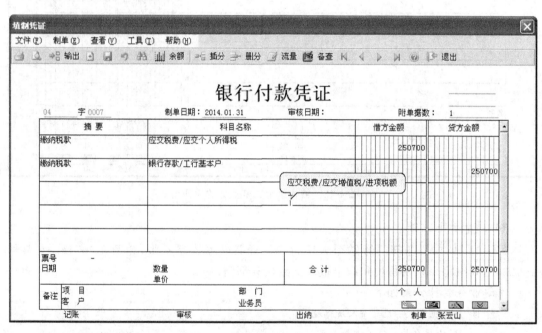

图 4-13 输入第十三笔业务的凭证

(二)凭证作废

进入填制凭证界面后,通过单击"首页"、"上页"、"下页"、"末页"按钮翻页查找或单击"查询"按钮输入条件查找要作废的凭证。

(1)单击"制单"下的"作废/恢复",凭证左上角显示"作废"字样,表示已将该凭证作废。

(2)若当前凭证已作废,用鼠标单击菜单"制单"下的"作废/恢复",可以取消"作废"标志,并将当前凭证恢复为有效凭证。

(三)凭证整理

(1)进入填制凭证界面,单击菜单"制单"下的"整理凭证"。

(2)选择要整理的月份,单击"确定"后,显示作废凭证整理列表。

(3)选择要删除的作废凭证,单击"确定"按钮,系统将这些凭证从数据库中删除掉,并对剩下凭证重新排号。

(四)出纳签字

(1)重注册或重新打开总账系统,以"02—王荔"登录企业门户,会计年度"2014",业务日期为"2014年1月"。

(2)单击系统菜单"凭证"→"出纳签字",弹出条件窗口。如图4-14所示。

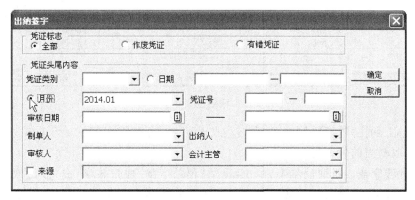

图4-14　出纳签字条件

(3)无需进行特别指定,单击"确定"按钮即打开出纳签字凭证列表,如图4-15所示。显示符合条件的所有出纳凭证(现金、银行凭证)目录。单击该窗口"确定"按钮即打开凭证审核窗口,如图4-16所示,分页显示等待出纳审核的凭证。

图4-15　出纳签字凭证列表

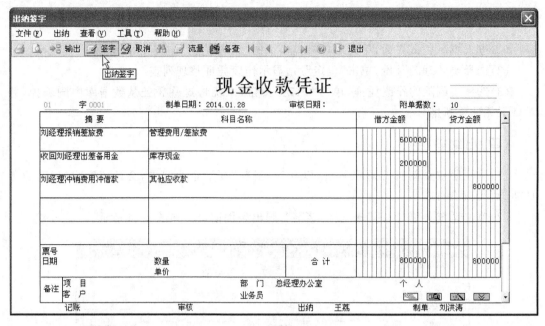

图 4-16 出纳签字凭证窗口

(4)单击工具栏"签字",则当前凭证完成出纳签字,在凭证下方显示出纳员姓名;如单击"取消"则取消当前凭证的出纳签字。

(5)成批签字或成批取消签字:单击"出纳"菜单下的"成批签字"或"成批取消",即可完成对所有打开的凭证进行签字或取消签字。如本例中在签完第一张凭证后进行成批签字,完成后系统提示如图 4-17。

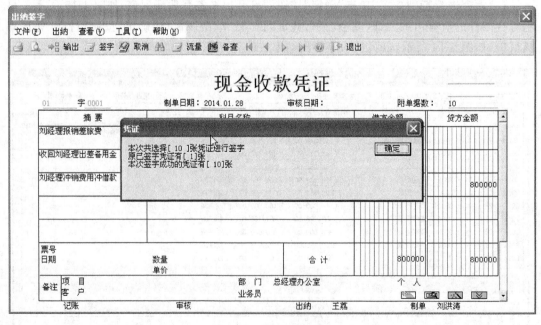

图 4-17 成批签字提示

(五)凭证审核

(1)重注册或重新打开总账系统,以"01—刘洪涛"登录企业门户,会计年度"2014",业务日期为"2014年1月"。

(2)单击系统菜单"凭证"→"审核",弹出条件窗口。如图4-18所示。

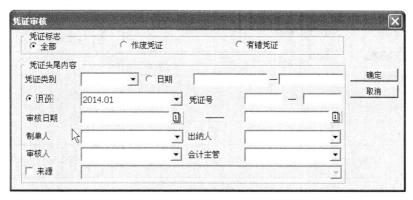

图4-18 凭证审核条件

(3)无需进行特别指定,单击"确定"按钮即可打开审核凭证列表,如图4-19所示。显示符合条件的所有未审核的凭证目录。单击该窗口"确定"按钮即可打开凭证审核窗口,如图4-20所示,分页显示等待审核的凭证。

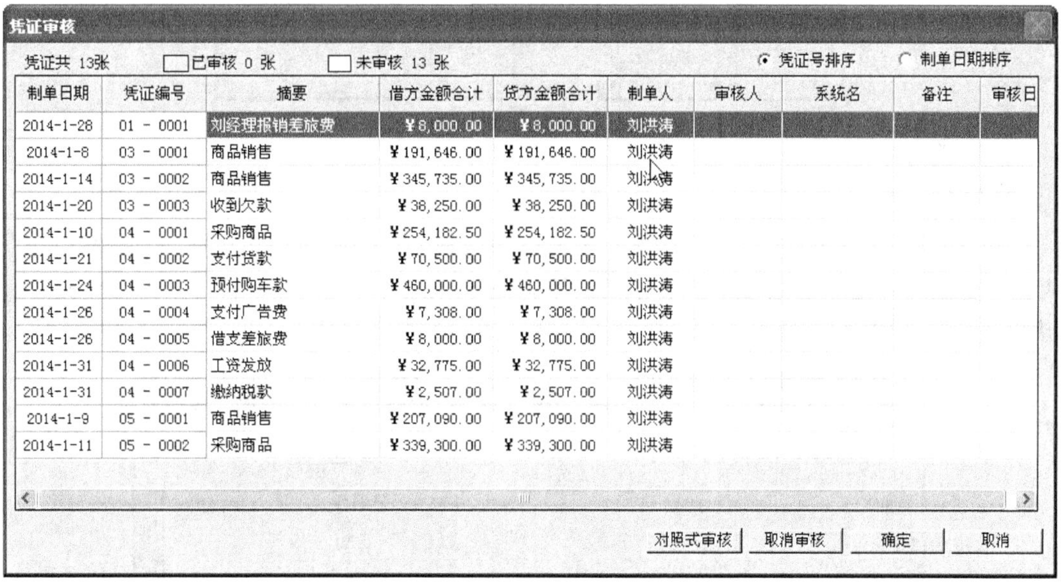

图4-19 审核凭证列表

(4)单击工具栏"审核",则当前凭证完成审核,在凭证下方显示审核姓名;如单击"取消"则取消当前凭证的审核人。

(5)成批审核或成批取消审核:单击"审核"菜单下的"成批审核"或"成批取消审核",即可完成对所有打开的凭证进行审核或取消审核。如本例中在签完第一张凭证后进行成批审核,完成后系统提示如图4-21。

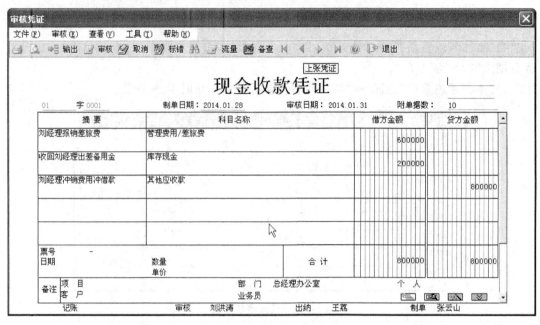

图 4-20 审核凭证窗口

图 4-21 成批审核提示

(六)记账

(1)单击系统菜单"凭证"→"记账",弹出记账向导窗口。选择记账范围,本例显示 2014 年 1 月未记账凭证 4 类共 13 张,其中已审核凭证 13 张,说明已全部审核。单击"全选"或直接输入记账范围,所有已审核凭证被选入记账范围。如图 4-22 所示。

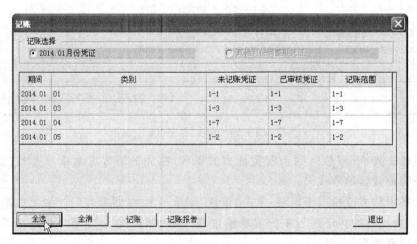

图 4-22 记账向导

(2)选好记账范围后,单击"下一步"显示记账报告,会跳出期初试算平衡表窗口。如图 4-23 所示。

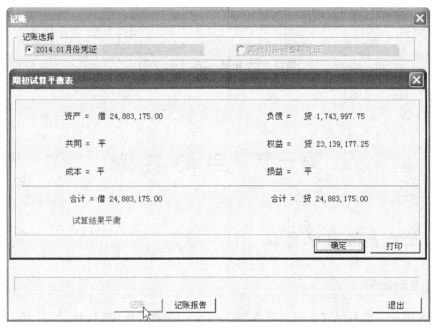

图 4-23 记账选择范围

(3)单击"确定"进入待记账状态,此时单击"记账",则系统开始汇总、过账,并将所选凭证已标记记账标志,最后完成记账。弹出"记账完毕"窗口。如图 4-24 所示。记账过程中不可返回或取消记账,因此记账应慎重并确保不意外中断。

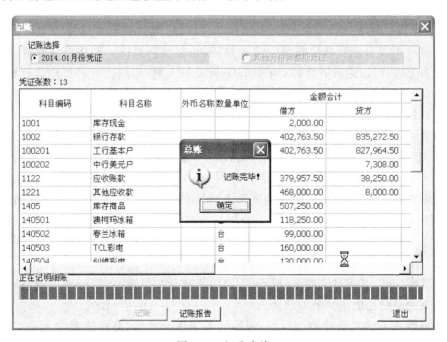

图 4-24 记账完毕

第五章

期末账务处理

第一节 自 动 转 账

一、定义自动转账凭证

(一)自动转账

自定义转账功能可以完成的转账业务主要有:"费用分配"的结转,如工资分配等;"费用分摊"的结转,如制造费用等;"税金计算"的结转,如增值税等;"提取各项费用"的结转,如提取福利费等;"部门核算"的结转;"项目核算"的结转;"个人核算"的结转;"客户核算"的结转;"供应商核算"的结转。如果客户和供应商使用本公司的应收、应付系统管理,那么在总账系统中,不能按客户、供应商辅助项进行结转,只能按科目总数进行结转。

(二)对应结转

对应结转不仅可进行两个科目一对一结转,还提供科目的一对多结转功能,对应结转的科目可为上级科目,但其下级科目的科目结构必须一致(相同明细科目),如有辅助核算,则两个科目的辅助账类也必须一一对应。本功能只结转期末余额。

转出科目与转入科目必须有相同的科目结构,但转出辅助项与转入辅助项可不相同。

辅助项可根据科目性质进行参照,若转出科目有复合账类,系统弹出辅助项录入窗口,如该科目为部门项目辅助账类,要求录入结转的项目和部门,录入完毕后,系统用逗号分隔显示在表格中。同一编号的凭证类别必须相同。

自动生成转账凭证时,如果同一凭证转入科目有多个,并且,若同一凭证的结转系数之和为1,则最后一笔结转金额为转出科目余额减当前凭证已转出的余额。

(三)销售成本结转

销售成本结转,是将月末商品(或产成品)销售数量乘以库存商品(或产成品)的平均单价计算各类商品销售成本并进行结转。

用户可输入总账科目或明细科目,但输入要求库存商品、商品销售收入和商品销售成本这三个科目具有相同结构的明细科目,即要求库存商品科目和商品销售收入科目下的所有明细科目必须都有数量核算,且这三个科目的下级必须一一对应,输入完成后,系统自动计算出所有商品的销售成本。

库存商品科目、销售收入科目、销售成本科目可以有部门、项目核算,但不能有往来核算。

当库存商品科目的期末数量余额小于商品销售收入科目的贷方数量发生额,若不希望结转后造成库存商品科目余额为负数,可选择按库存商品科目的期末数量余额结转。

(因为如果当库存商品科目的期末数量余额小于商品销售收入科目的贷方数量发生额,结转后造成库存商品科目余额为负数。)

(四)售价(计划价)销售成本结转

本功能提供按售价(计划价)结转销售成本或调整月末成本。

用鼠标单击系统主菜单"期末"下的"转账定义",再选择其下级菜单中的"售价(计划价)销售成本结转设置",屏幕显示销售成本设置窗口。

(五)汇兑损益

为了保证汇兑损益计算正确,填制某月的汇兑损益凭证时必须先将本月的所有未记账凭证先记账。汇兑损益入账科目不能是辅助账科目或有数量外币。

(六)期间损益

用于在一个会计期间终了将损益类科目的余额结转到本年利润科目中,从而及时反映企业利润的盈亏情况。主要是对于管理费用、销售费用、财务费用、主营业务收入、营业外收支等科目的结转。

损益科目结转表中将列出所有的损益科目。如果希望某损益科目参与期间损益的结转,则应在该科目所在行的本年利润科目栏填写相应的本年利润科目,若不填本年利润科目,则将不结转此损益科目的余额。

二、生成自动转账凭证

(一)生成自定义转账凭证

单击"期末"菜单的"转账生成"功能,单击"自定义转账",则屏幕显示自定义转账凭证信息。选择需要结转的转账凭证,在"是否结转"处双击打上"√",表示该转账凭证将执行结转。

(二)生成对应结转凭证

单击"期末"菜单的"转账生成"功能,单击"对应结转",显示并选择要结转的转账凭证,在"是否结转"处双击打上"√",表示该转账凭证将执行结转,或单击"全选"(全部选择)、"全消"(全部取消)选择要结转的凭证。选择完毕后,单击"确定"按钮,系统开始结转计算。

(三)生成销售成本结转凭证

单击"期末"菜单的"转账生成"功能,单击"销售成本结转",销售成本结转可按全月平均法结转销售成本。单击"全月平均销售成本结转",则屏幕显示成本科目信息。单击"确定"按钮,屏幕显示销售成本试算表。金额栏即为计算出的销售成本。输入凭证类别、摘要后,单击"确定"按钮即按计算结果生成转账凭证。

(四)生成售价(计划价)销售成本结转凭证

单击"期末"菜单的"转账生成"功能,单击"售价销售成本结转",则屏幕显示成本科目信息。单击"确定"按钮,屏幕显示销售成本试算表。金额栏即为计算出的销售成本。

(五)生成汇兑损益凭证

单击"期末"菜单的"转账生成"功能,单击"汇兑损益结转",则屏幕显示要计算汇兑损益的科目。

选择需要结转的科目,在"是否结转"处双击打上"√",表示该科目将执行结转。也可单击"全选"、"全消"按钮,全部选择、全部取消选择要结转的凭证。另外,也可通过币种下拉框选择相应的币种进行结转,为空表示对所有币种进行结转。选择完毕后,单击"确定"按钮后屏幕显示汇兑损益试算表。查看汇兑损益试算表后,单击"确定"按钮即按计算结果生成转账凭证。

(六)生成期间损益凭证

单击"期末"菜单的"转账生成"功能,单击"期间损益结转",则屏幕显示要结转期间损益的损益类科目。选择需要结转的科目,在"是否结转"处双击打上"√",表示该科目将执行结转。也可单击"全选"、"全消"按钮,全部选择、全部取消选择要结转的凭证,也可以分类结转收入类和费用类科目。选择完毕后,单击"确定"按钮即按计算结果生成转账凭证。

三、对生成的自动转账凭证进行审核、记账

(一)审核凭证

以审核人员登录系统对生成的转账凭证进行审核签字。

(二)记账

单击"凭证"菜单下的记账功能,出现记账向导界面,在"记账向导一"中选择记账范围后,单击"下一步"进入"记账向导二","记账向导二"显示记账报告,是经过合法性检验后的操作注意信息,单击"下一步"进入记账操作,单击"记账"按钮,系统自动开始记账。

第二节 出纳管理

一、录入期初未达账项

为了保证银行对账的正确性,在使用"银行对账"功能进行对账之前,必须在开始对账

的月初先将日记账、银行对账单未达账项录入系统中。

单位日记账与银行对账单的"调整前余额"应分别为启用日期该银行科目的科目余额及银行存款余额;"期初未达账项"分别为上次手工勾对截止日期到启用日期前的未达账项;"调整后余额"分别为上次手工勾对截止日期的该银行科目的科目余额及银行存款余额。若录入正确,则单位日记账与银行对账单的调整后余额应平衡。

录入的银行对账单、单位日记账的期初未达账项的发生日期不能大于等于此银行科目的启用日期。

在录入完单位日记账、银行对账单期初未达项后,不要随意调整启用日期,尤其是向前调,这样可能会造成启用日期后的期初数不能再参与对账。若某银行科目已进行过对账,在期初未达项录入中,对于已勾对或已核销的记录不能再修改。

银行对账单余额方向为借方时,借方发生表示银行存款增加,贷方发生表示银行存款减少;反之,借方发生表示银行存款减少,贷方发生表示银行存款增加。系统默认银行对账单余额方向为借方,单击"方向"按钮可调整银行对账单余额方向。已进行过银行对账勾对的银行科目不能调整银行对账单余额方向。

在执行对账功能之前,应将"银行期初"中的"调整后余额"调平(即单位日记账的调整后余额=银行对账单的调整后余额),否则,在对账后编制《银行存款余额调节表》时,会造成银行存款与单位银行账的账面余额不平。

二、银行对账单

录入银行对账单期初未达项:单击"对账单期初未达项"按钮,可录入启用日期前尚未进行两清勾对的银行对账单。单击"增加"按钮可增加一笔银行对账单,单击"删除"按钮可删除一笔银行对账单。

录入单位日记账期初未达项:单击"日记账期初未达项"按钮,录入期初未进行两清勾对的单位日记账。单击"增加"按钮可增加一笔期初未达项,单击"删除"按钮可删除一笔期初未达项。单击"过滤"按钮可按条件过滤期初单位日记账供查询。

三、银行对账

银行对账采用自动对账与手工对账相结合的方式。自动对账是计算机根据对账依据自动进行核对、勾销,对于已核对上的银行业务,系统将自动在银行存款日记账和银行对账单双方写上两清标志,并视为已达账项,对于在两清栏未写上两清符号的记录,系统则视其为未达账项。手工对账是对自动对账的补充,使用完自动对账后,可能还有一些特殊的已达账没有对出来,而被视为未达账项,为了保证对账更彻底正确,可用手工对账来进行调整。

单击"检查"按钮检查对账是否有错,如果有错误,应进行调整。

单击"对照"按钮可以根据选中的单位账或银行对账单,在对应的银行对账单或单位账中查找金额相同的记录。

四、余额调节表查询

在对银行账进行两清勾对后,便可调用此功能查询打印《银行存款余额调节表》,以检查对账是否正确。

在银行余额调节表中单击"详细"按钮,显示当前光标所在行的详细情况,并提供打印功能。

企业账面存款余额、银行账面存款余额、银行已收企业未收、银行已付企业未付、企业已收银行未收、企业已付银行未付、企业调整后存款余额、银行调整后存款余额、科目、对账截止日期与原余额调节表的数据一致。

详细勾对情况分别从明细账表及银行对账单表中取数。每组数据都按日期、结算方式、结算号、金额列示。

此余额调节表为截止到对账截止日期的余额调节表,若无对账截止日期,则为最新余额调节表。

五、查询日记账对账勾对情况

查询对账勾对情况用于查询单位日记账及银行对账单的对账结果。

六、核销银行账

核销银行账是用于将核对正确并确认无误的已达账删除,对于一般用户来说,在银行对账正确后,如果想将已达账删除并只保留未达账时,可使用本功能。

进入系统主菜单"银行对账"下的"核销银行账"功能,选择要核销的银行科目,单击"确定"按钮即可。

如果银行对账不平衡,请不要使用本功能,否则将造成以后对账错误。按 ALT+U 可以进行反核销。

第三节　对账与结账

一、对账

一般说来,只要记账凭证录入正确,计算机自动记账后各种账簿都应是正确、平衡的,但由于非法操作或计算机病毒或其他原因有时可能会造成某些数据被破坏,因而引起账账不符,为了保证账证相符、账账相符,单位财务应经常使用对账功能进行对账,至少一个月一次,一般可在月末结账前进行。选择要对账的会计期间和对账内容,选择需要与总账核对的辅助账。确定后,系统开始自动对账。在对账过程中,单击"对账"按钮可停止对账。

若对账结果为账账相符,则对账月份的对账结果处显示"正确";若对账结果为账账不符,则对账月份的对账结果处显示"错误",单击"错误"可查看引起账账不符的原因。

另外还可以单击"试算"按钮,可以对各科目类别余额进行试算平衡,显示试算平衡表。

二、结账

账务处理系统提供了"结账"功能。单位月末进行结账时条件如下:上月未结账,则本月不能记账,但可以填制、复核凭证。如本月还有未记账凭证时,则本月不能结账。已结账月份不能再填制凭证。结账只能由有结账权的人进行。若总账与明细账对账不符,则不能结账。若其他相关系统本月未结账则总账不能结账。结账只能每月进行一次。

单位月末结账操作分为四个步骤:选择结账月份;核对账簿;生成月度工作报告;完成结账。若符合结账要求,系统将进行结账,否则不予结账。

第四节 账簿查询和打印

一、科目总账查询

科目总账查询不但可以查询各总账科目的年初余额、各月发生额合计和月末余额,而且还可查询所有二至六级明细科目的年初余额、各月发生额合计和月末余额。查询总账时,标题显示为所查科目的一级科目名称+总账,如应收账款总账。联查总账对应的明细账时,明细账显示为应收账款明细账。

科目范围:可输入起止科目范围,为空时,系统认为是所有科目。科目级次:在确定科目范围后,可以按该范围内的某级科目,如将科目级次输入为1—1,则只查一级科目,如将科目级次输入为1—3,则只查一至三级科目。如果需要查所有末级科目,则选择末级科目即可。若想查询包含未记账凭证的总账,选择包含未记账凭证即可。

二、科目明细账查询

科目明细账用于平时查询各账户的明细发生情况,及按任意条件组合查询明细账。在查询过程中可以包含未记账凭证。

科目明细账查询能提供三种明细账的查询格式:普通明细账、按科目排序明细账、月份综合明细账。普通明细账是按科目查询,按发生日期排序的明细账;按科目排序明细账是按非末级科目查询,按其有发生的末级科目排序的明细账;月份综合明细账是按非末级科目查询,包含非末级科目总账数据及末级科目明细数据的综合明细账,使对各级科目的数据关系一目了然。

若在"选项"菜单中选择了"明细账查询权限控制到科目",则须在"基础设置—数据权限"中对此进行设置。若操作员不具备查询某科目明细账的权限,那么在进入明细账查询功能后,将看不到此科目的明细账。

只要有查询月份综合明细账的权限,则可查询所有科目的月份综合明细账,如果不希望某操作员查询某科目的明细账,那么,除了在"基础设置"中进行设置外,别忘了在系统管理的"权限"中取消该操作员查询月份综合明细账的权限。按科目范围查询明细账时,不能查询在科目设置中指定为现金银行科目的明细账,但可查月份综合明细账,且可以到"出纳管理"中通过现金日记账与银行日记账查询该科目的明细数据。

三、日记账查询

日记账功能主要用于查询除现金日记账、银行日记账以外的其他日记账,现金日记账、银行日记账在出纳管理中查询。如果某日的凭证已填制完毕但未登记入账,可以通过选择"包含未记账凭证"进行查询。

输入查询条件后,单击"确定"按钮,屏幕显示日记账查询结果。当屏幕显示出日记账后,用户点取账页格式下拉选择框,选择需要查询的格式,系统自动根据科目的性质列出选项供选择。双击某行或单击"凭证"按钮,可查看相应的凭证。单击"总账"按钮可查看此科目的总账。

四、现金和银行账查询

(一)现金日记账查询

企业如果想查询现金日记账,现金科目必须在"会计科目"功能下的"指定科目"中预先指定。在输入完"查询条件设置"后确定,即会显示所需要的现金日记账。

(二)银行日记账查询

银行日记账查询功能用于查询银行日记账,查询银行日记账前提条件是银行科目必须在"会计科目"功能下的"指定科目"中预先指定。在输入完"查询条件设置"后确定,即会显示所需要的银行日记账。

五、序时账查询

序时账功能用于按时间顺序排列每笔业务的明细数据。

在系统主菜单中选择系统主菜单上的"账表"下的科目账的"序时账",进入后,屏幕显示序时账查询条件窗口。也可以将查询条件保存为"我的账簿",或直接调用"我的账簿"。条件输入完毕后,单击"确定"按钮,屏幕显示序时账查询结果,可以联查凭证和科目账。

六、客户往来账的查询

客户往来辅助账包括:客户往来余额表、客户往来明细账、客户往来账两清、客户催款单、客户往来账龄分析。

客户往来余额表包括:客户科目余额表、客户三栏余额表、客户项目余额表、客户部门余额表、客户业务员余额表、客户分类余额表、客户地区分类余额表。

客户往来明细账包括:客户明细账、客户科目明细账、客户三栏明细账、客户部门明细账、客户项目明细账、客户分类明细账、客户地区分类明细账。

客户往来账两清:可以在此进行客户往来款项的清理勾对工作,以便及时了解应收款的结算情况以及未达账情况,系统提供自动与手工勾对两种方式清理客户欠款。

客户往来催款单:可以显示客户欠款情况,用于打印客户催款单,及时的清理客户借款。

客户往来账龄分析:及时了解各单位往来款余额的时间分布情况,进行科学的账龄分析,及时通过"客户往来催款单"催要货款或通过调整客户的信用额度控制客户延期付款的状况。

七、供应商往来账的查询

供应商往来辅助账包括供应商往来余额表、供应商往来明细账、供应商往来两清、供应商往来催款单、供应商往来账龄分析。

供应商往来余额表包括供应商余额表、供应商科目余额表、供应商项目余额表、供应商三栏余额表、供应商部门余额表、供应商分类余额表、供应商业务员余额表、供应商地区分类余额表。

供应商往来明细账包括供应商明细账、供应商科目明细账、供应商业务员明细账、供应商分类明细账、供应商地区分类明细账、供应商多栏明细账。

供应商往来两清,在此进行供应商往来款项的清理勾对工作,以便及时了解应收款的结算情况以及未达账情况,系统提供自动与手工勾对两种方式清理供应商欠款。

供应商往来催款单,在此生成并打印供应商往来对账单。

供应商往来账龄分析功能,可以查询单位往来款余额的时间分布情况。

八、个人往来账的查询

个人往来账包括科目余额表、个人往来明细账、个人往来清理、个人往来催款、个人往来账龄分析。

科目余额表包括部门余额表、个人余额表、三栏余额表。

个人往来明细账包括科目明细账、部门明细账、个人明细账、三栏明细账、多栏明细账。

个人往来清理功能用于对个人的借款、还款情况进行清理,能够及时地了解个人借款、还款情况,清理个人借款。

个人往来催款用于打印个人催款单,及时地清理个人借款。

个人往来账龄分析通过账龄区间的设置,由系统科学统计个人往来款余额的时间分布情况,由此进行账龄分析,及时清理个人借款。

九、部门账的查询

部门账包括部门总账、部门明细账、部门收支分析。

部门总账包括部门科目总账、部门总账、部门三栏总账。

部门明细账包括科目明细账、部门明细账、三栏明细账、多栏明细账。

部门收支分析,为了加强对各部门收支情况的管理,系统提供部门收支分析功能,可对所有部门核算科目的发生额及余额按部门进行分析。

十、项目账的查询

项目账簿包括项目总账、项目明细账、项目统计表。

项目总账包括科目总账、项目总账、三栏总账、分类总账、部门项目总账。

项目明细账包括科目明细账、项目明细账、三栏明细账、分类明细账、分类多栏账、部门项目明细账、项目多栏账。

项目统计表可统计所有项目的发生额及余额情况。

第五节 上机实验(一)——银行对账

一、实验目的

账务处理系统在期末需要对银行存款进行银行对账操作,通过核对银行对账单与银行账,完成银行存款余额调节表的编制,并核销已达账项。

二、实验内容

1. 期初未达账项录入;
2. 银行对账单录入;
3. 银行对账处理;
4. 银行存款余额调节表编制;
5. 查询日记账或对账单勾对操作;
6. 核销银行账。

三、实验资料

银行对账资料

1. 银行对账期初余额

宏远公司银行对账的启用日期同账务子系统,为 2014 年 1 月 1 日;工行基本户企业日记账调整前余额为 6 199 500 元;银行对账单调整前余额为 6 199 500 元;无未达账项。

2. 银行对账单

2014 年 1 月份工行基本户对账单。(见表 5-1)

表 5-1 工行基本户对账单

日期	结算方式	票号	借方金额	贷方金额
2014-1-08	转账支票	0012345	191 646.00	
2014-1-12	转账支票	1012345		207 090.00
2014-1-15	转账支票	9012345	172 867.50	
2014-1-20	转账支票	0012350	382 050.00	
2014-1-26	转账支票	1012346		705 000.00
2014-1-29	转账支票	1012347		460 000.00

四、实验指导

1. 录入期初未达账项

单击系统主菜单中"银行对账"下的"银行对账期初"。输入银行科目后单击"确定"按钮,屏幕显示银行期初录入窗口。在启用日期处录入该银行账户的启用日期。录入单位日记账及银行对账单的调整前余额。录入银行对账单及单位日记账期初未达账项,系统将根据调整前余额及期初未达账项自动计算出银行对账单与单位日记账的调整后余额。若录入正确,则单位日记账与银行对账单的调整后余额应平衡。如图 5-1 所示。

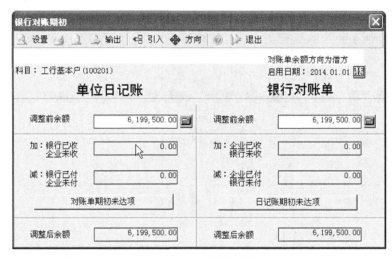

图 5-1 银行对账初始化

2. 录入银行对账单

单击"对账单期初未达项"按钮,可录入启用日期前尚未进行两清勾对的银行对账单。单击"增加"按钮可增加一笔银行对账单,单击"删除"按钮可删除一笔银行对账单。如图 5-2 所示。

银行对账单

科目:工行基本户(100201)

日期	结算方式	票号	借方金额	贷方金额	余额
2014.01.08	202	0012345	191,646.00		6,391,146.00
2014.01.12	202	1012345		207,090.00	6,184,056.00
2014.01.15	202	9012345	172,867.50		6,356,923.50
2014.01.20	202	0012350	382,050.00		6,738,973.50
2014.01.26	202	1012346		705,000.00	6,033,973.50
2014.01.29	202	1012347		460,000.00	5,573,973.50

图 5-2 录入银行对账单

3. 银行对账处理

单击"银行对账"菜单,选择要对账的银行科目(账户),选择要对账的月份范围,终止月份大于等于起始月份。若选择"显示已达账"选项则显示已两清勾对的单位日记账和银行对账单。单击"确认"按钮,屏幕显示对账界面,单击"对账"按钮,进行自动银行对账,并显示动态进度条,表示对账进行的程度及状态。如果已进行过自动对账,可直接进行手工调整。如图5-3所示。

科目:100201(工行基本户)												
单位日记账								银行对账单				
票据日期	结算方式	票号	方向	金额	两清	凭证号数	摘要	日期	结算方式	票号	方向	金额	两清
2014.01.08	202	0012345	借	191,646.00	Y	03-0001	商品销售	2014.01.08	202	0012345	借	191,646.00
2014.01.10	202	1012345	贷	254,182.50		04-0001	采购商品	2014.01.12	202	1012345	贷	207,090.00
2014.01.15	202	9012345	借	172,867.50		03-0002	商品销售	2014.01.15	202	9012345	借	172,867.50
2014.01.20	202	0012350	借	38,250.00	Y	03-0003	收到欠款	2014.01.20	202	0012350	借	382,050.00
2014.01.21	202	1012346	贷	70,500.00	Y	04-0002	支付货款	2014.01.26	202	1012346	贷	705,000.00
2014.01.24	202	1012347	贷	460,000.00	Y	04-0003	预付购车款	2014.01.29	202	1012347	贷	460,000.00
2014.01.26	201	3000001	贷	8,000.00		04-0005	借支差旅费					
2014.01.31		1012348	贷	32,775.00		04-0006	工资发放					
2014.01.31	202	1012349	贷	2,507.00		04-0007	缴纳税款					
	202	3012347	贷	460,000.00		04-0008	直接购入资产					

图 5-3 银行对账

4. 输出银行存款余额调节表

在对银行账进行两清勾对后,便可调用此功能查询打印《银行存款余额调节表》,以检查对账是否正确。进入此项操作,屏幕显示所有银行科目的账面余额及调整余额。如图5-4所示。

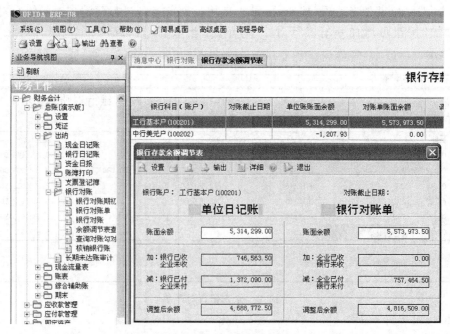

图 5-4 银行存款余额调节表

如要查看某科目的调节表,则将光标移到该科目上,然后单击"查看"按钮或双击该行,则可查看该银行账户的银行存款余额调节表。

5. 查询日记账或对账单勾对情况

进入"银行对账"下的"查询对账勾对情况"功能。

屏幕注意输入查询条件;输入要查找的银行科目,然后选择查询方式。输入查询条件后,单击"确定"按钮,屏幕显示查询结果。

6. 核销银行账

进入系统主菜单"银行对账"下的"核销银行账"功能,选择要核销的银行科目,单击"确定"按钮即可。

第六节 上机实验(二)——期末转账与结账

一、实验目的

掌握定义自动转账,对应结转,销售成本结转,售价(计划价)销售成本结转,汇兑损益,定义期间损益;熟悉生成自定义转账凭证,对应结转凭证,销售成本结转凭证,售价(计划价)销售成本结转凭证,汇兑损益凭证,期间损益凭证;掌握对账和结账。

二、实验内容

1. 定义自动转账;
2. 定义对应结转;
3. 定义销售成本结转;
4. 定义售价(计划价)销售成本结转;
5. 定义汇兑损益;
6. 定义期间损益;
7. 生成自定义转账凭证;
8. 生成对应结转凭证;
9. 生成销售成本结转凭证;
10. 生成售价(计划价)销售成本结转凭证;
11. 生成汇兑损益凭证;
12. 生成期间损益凭证;
13. 对账;
14. 结账。

三、实验资料

2014年1月,期末应处理的经济业务:

(1) 1月31日,按月利率5‰计提本月短期借款利息。

(2)1月31日,计算本月汇兑损益并记入财务费用,月末汇率为6.02。

(3)1月31日,按全月加权平均法结转本月销售成本。

(4)1月31日,结转本月各项收入至本年利润。

(5)1月31日,结转本月各项费用支出至本年利润。

(6)1月31日,按本月利润的33%计提并预交所得税。

(7)1月31日,将所得税结转至本年利润。

四、实验指导

启动总账系统,以03操作员"张云山"登录,会计年度"2014",业务日期为2014年1月,同时保证系统日期大于或等于业务日期。

(一)转账定义

1.设置自定义转账——定义计提利息的转账凭证

每月末根据"短期借款"月末余额的5‰计提利息费用,转账分录为:

  借:财务费用   金额公式:JG()

    贷:应付利息   金额公式:QM(2001,月)*0.005

【操作步骤】

(1)单击"系统菜单"→"期末"→"转账定义"→"自定义转账",打开自定义转账设置窗口。

(2)单击工具栏"增加"按钮,弹出转账凭证目录信息对话框,输入转账序号"0001"、转账说明"计提利息",选择凭证类别"转账凭证",单击"确定"按钮,返回转账分录设置窗口。

(3)第一行摘要系统已经默认为"转账说明"的内容,输入科目编码"6603"、方向"借"、金额公式"JG()"。

(4)第二行摘要系统已经默认为"转账说明"的内容,输入科目编码"2231"、方向"贷"、金额公式"QM(2001,月)*0.005"。

(5)保存本张自动转账凭证的设置,如图5-5所示。

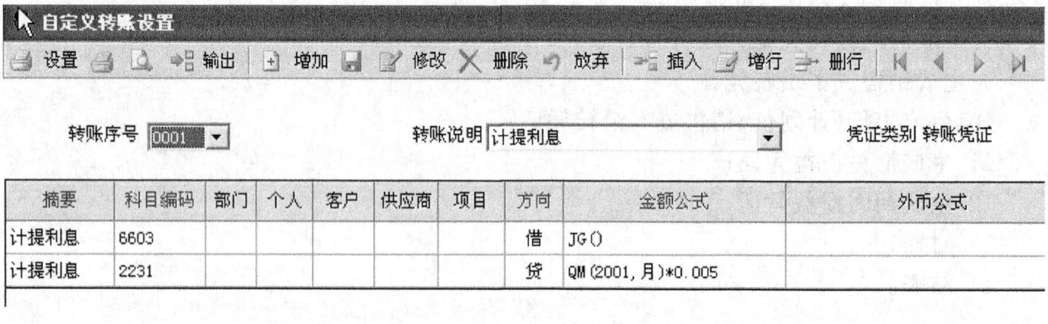

图5-5 计提利息转账凭证的设置

2.设置自定义转账——定义计算预交所得税

每月末根据"本年利润"科目本月发生净额的33%预提所得税,转账分录为:

借:所得税　　　　　　　　　　　金额公式:JE(4103,月)＊0.33
　　贷:应交税费——应交所得税　　金额公式:JG()

【操作步骤】

(1)单击"系统菜单"→"期末"→"转账定义"→"自定义转账",打开自定义转账设置窗口。

(2)单击工具栏"增加"按钮,弹出转账凭证目录信息对话框,输入转账序号"0002"、转账说明"计算预交所得税",选择凭证类别"转账凭证",单击"确定"按钮,返回转账分录设置窗口。

(3)第一行摘要系统已经默认为"转账说明"的内容,输入科目编码"6801"、方向"借"、金额公式"JE(4103,月)＊0.33"。

(4)第二行摘要系统已经默认为"转账说明"的内容,输入科目编码"222106"、方向"贷"、金额公式"JG()"。

(5)保存本张自动转账凭证的设置,如图5-6所示。

图5-6　计算预交所得税转账凭证的设置

3.设置销售成本结转

每月末根据"主营业务收入"科目贷方发生数量和"库存商品"科目中的平均单位成本计算本月应结转的已销产品成本。具体计算方法是:已销产品成本＝"商品销售收入"科目贷方数量×"库存商品"结存余额/"库存商品"结存数量。转账分录为:

借:商品销售成本
　　贷:库存商品

【操作步骤】

(1)单击"系统菜单"→"期末"→"转账定义"→"销售成本结转",打开销售成本结转设置窗口。

(2)选择凭证类别"转账凭证"。

(3)选择库存商品科目"1405—库存商品",它既是本凭证的贷方科目,又是发出商品单位成本计算的数据源。

(4)选择商品销售收入科目"6001—主营业务收入",它的贷方数量即是本期销售数量,用以计算发出商品的成本。

(5)选择商品销售成本科目"6401—主营业务成本",它是本凭证的借方科目。

(6)单击"确定"按钮保存本张自动转账凭证的设置,如图5-7所示。

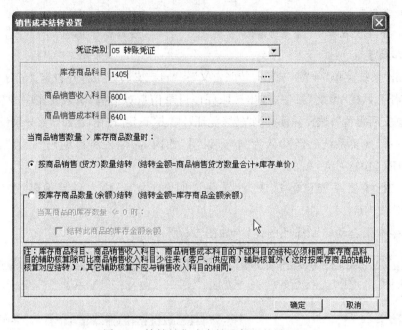

图 5-7 结转销售成本转账凭证的设置

4. 设置汇兑损益结转

每月末根据外币核算科目的账面本位币余额和应按期末汇率计算的本位币余额之差额作为期末汇兑损益。

【操作步骤】

(1) 单击"系统菜单"→"期末"→"转账定义"→"汇兑损益结转",打开汇兑损益结转设置窗口。

(2) 选择凭证类别"转账凭证"。

(3) 选择财务费用科目"6603——财务费用",本期汇兑损益将转入该科目。

(4) 表内选择需要计算期末汇兑损益的外币科目,进行外币核算的资产负债科目应选入,外币资本科目一般不选。

(5) 单击"确定"按钮保存本张自动转账凭证的设置,如图 5-8 所示。

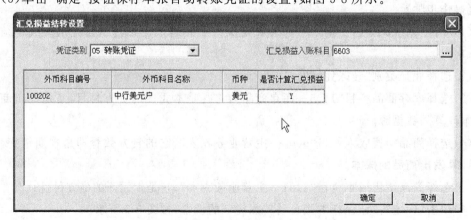

图 5-8 结转汇兑损益转账凭证的设置

5.设置期间损益结转

每月末所有本年期间损益科目余额结转到"本年利润"科目。

收入结转分录：

  借：主营业务收入等所有收入类科目　　金额：各科科目贷方余额

   贷：本年利润　　　　　　　　　　　　金额：对方合计

成本费用结转分录：

  借：本年利润　　　　　　　　　　　　　金额：对方合计

   贷：主营业务成本等所有支出类科目　　金额：各该科目借方余额

【操作步骤】

(1)单击"系统菜单"→"期末"→"转账定义"→"期间损益结转"，打开期间损益结转设置窗口。

(2)选择凭证类别"转账凭证"。

(3)选择本年利润科目"4103—本年利润"，本期损益将转入该科目。

(4)表内显示所有期末损益科目，系统默认每一行的"本年利润额科目编码"为"4103"。但是"6901—以前年度损益"一行的"本年利润科目编码"为空，因为其发生额并不转入"4103 本年利润"，也无需进行自动结转。

(5)单击"确定"按钮保存本张自动转账凭证的设置，如图5-9所示。

图5-9　结转期间损益转账凭证的设置

(二)转账生成

1.期末转账的先决条件

(1)其他系统已经完成凭证转账(如工资费用分摊、固定资产折旧、购销发票入账和存货成本结转等),并已做好月结处理。

(2)所有已输入凭证均已审核记账。

2.转账生成

在定义完转账凭证后,每月月末只需执行本功能即可快速生成转账凭证,在此生成的转账凭证将自动追加到未记账凭证中去。

单击系统主菜单"期末"下的"转账生成";选择要进行的转账工作(如:自定义转账、对应结转等)、要进行结转的月份和需要结转的凭证;选择完毕后,单击"确定"按钮,屏幕显示将要生成的转账凭证;单击"首页"、"上页"、"下页"、"末页"可翻页查看将要生成的转账凭证;若凭证类别、制单日期和附单据数与实际情况略有出入,可直接在当前凭证上进行修改;当确定系统显示的凭证是希望生成的转账凭证时,单击"保存"按钮将当前凭证追加到未记账凭证中。

【操作步骤】

(1)单击"系统菜单"→"期末"→"转账生成",打开生成窗口,选择结转月份"2014.01"。如图 5-10 所示。

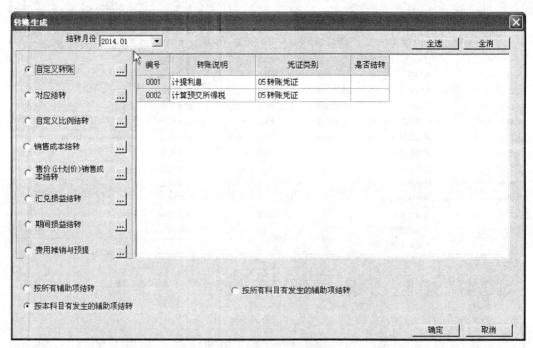

图 5-10　生成转账凭证

(2)选择"自定义转账",表内显示两行已经定义的转账设置,双击某行即选择此行准备生成相应转账凭证,可同时选择多行;单击"确定"按钮即可生成凭证,并弹出"凭证填制"窗口进一步修改和确认。如图 5-11 所示。

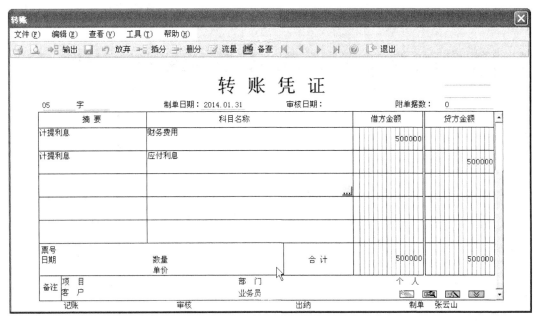

图 5-11 计提利息转账凭证

(3)选择"销售成本结转",表内已显示已经定义好的销售成本结转设置,如图 5-12 所示。单击"确定"按钮即可生成凭证,并弹出"凭证填制"窗口进一步修改和确认。如图 5-13 所示。

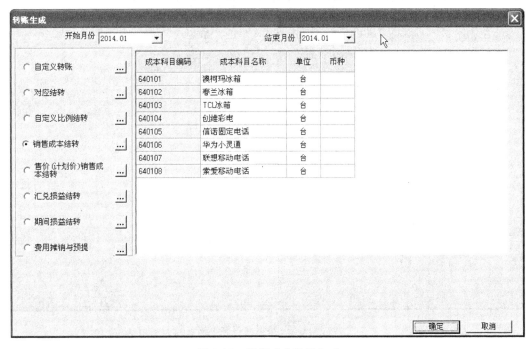

图 5-12 销售成本转账生成

(4)选择"汇兑损益结转",表内已显示已经定义好的汇兑损益结转设置,如图 5-14 所示。单击"确定"按钮即可生成凭证,并弹出"凭证填制"窗口进一步修改和确认。如图 5-15 所示。

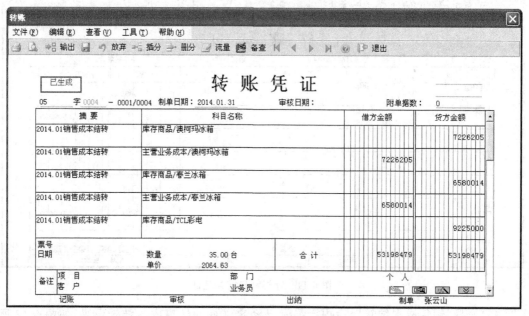

图 5-13　销售成本结转凭证

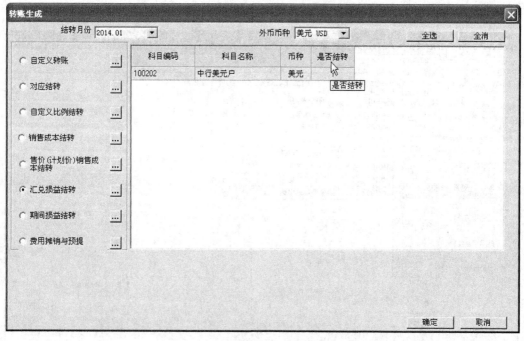

图 5-14　汇兑损益转账生成

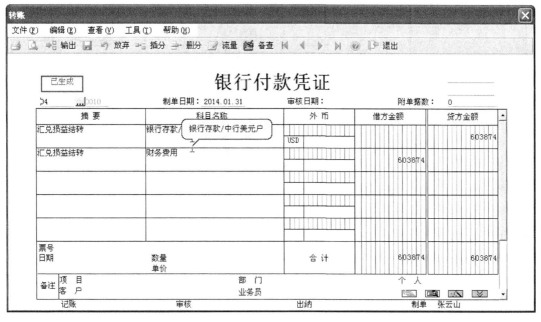

图 5-15 汇兑损益凭证

(5)更换操作员"01—刘洪涛"将所有未记账凭证审核、记账。如图 5-16 所示。

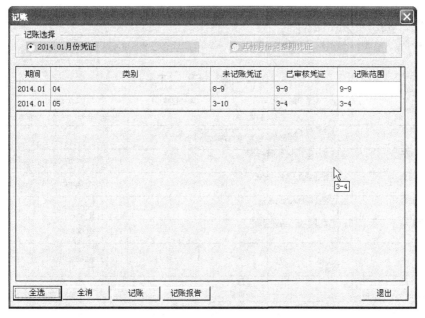

图 5-16 凭证记账

(6)重新以"03—张云山"操作员进入企业门户,打开"转账生成"窗口,选择"期间损益结转",在"类型"选择框内选择"收入",表内已显示已经定义好的期间损益——收入结转设置,如图 5-17 所示。单击"确定"按钮即可生成凭证,并弹出"凭证填制"窗口进一步修改和确认。如图 5-18 所示。

图 5-17　期间损益——收入转账生成

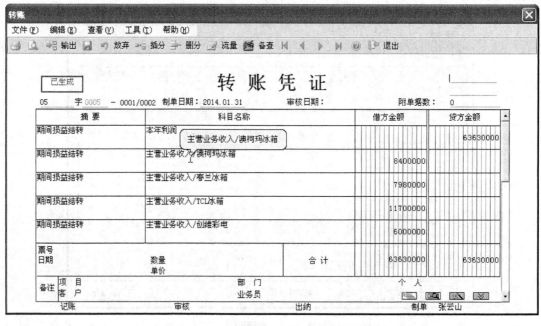

图 5-18　期间损益——收入转账凭证

（7）选择"期间损益结转"，在"类型"选择框内选择"支出"，表内已显示已经定义好的期间损益——支出结转设置，如图 5-19 所示。单击"确定"按钮即可生成凭证，并弹出"凭证填制"窗口进一步修改和确认。如图 5-20 所示。

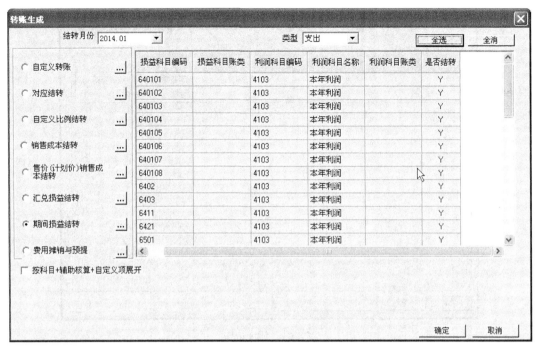

图 5-19 期间损益——支出转账生成

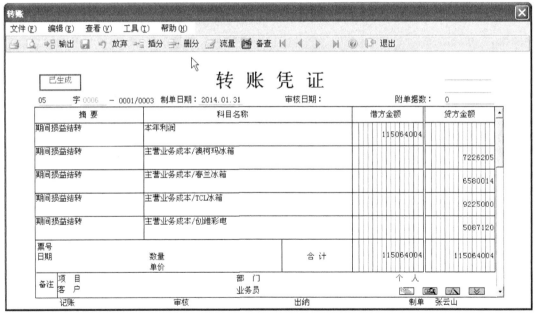

图 5-20 期间损益——支出转账凭证

（8）更换操作员"01—刘洪涛"将所有未记账凭证审核、记账。如图 5-21 所示。

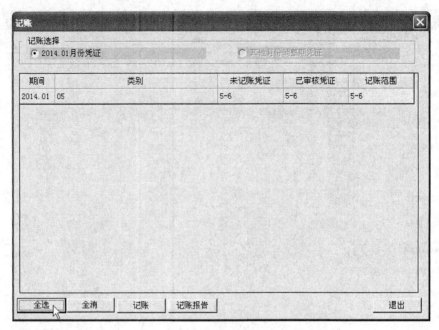

图 5-21 凭证记账

第六章

会计报表管理系统实验

第一节 会计报表系统概述

一、会计报表系统的主要功能

会计报表的主要模块有文件管理、报表格式管理、报表数据处理、图表管理及报表输出。

(1)文件管理:对报表文件的创建、读取、保存和备份进行管理。用友 UFO 对报表文件提供了典型的磁盘文件管理功能,其他一些会计报表软件(如金蝶软件和新中大软件)还提供了报表文件目录窗口及相关功能,形成一个直观的会计报表日常工作平台。

(2)报表格式管理:对报表的行数和列数、行高和列宽、网格线、单元属性、单元风格、组合单元进行设置,并定义报表公式。

(3)报表数据处理:数据录入与采集、报表数据计算、数据处理分析、报表汇总等。

(4)图表管理:根据报表数据定义、生成并输出图表。

(5)报表输出:对已编制的报表显示、打印或转换输出。

二、会计报表系统的基本概念

(一)报表文件

用友 UFO 的会计报表存在于独立的磁盘文件中,它们都有一个默认的后缀名为".REP",如"资产负债表.REP"。报表文件是会计报表在计算机文件系统中独立存储的最小单元,所有报表信息都是随着其所属的报表文件进行保存和读取的。用友 UFO 的报表文件可以由使用者存放在任何可用的存储位置。

(二)表页

表页是由若干行和若干列组成的一个二维表。它是报表文件的基本组成部分,每个报表文件可以包含若干张表页,这些表页具有相同的格式和计算公式,但它们的数据则可因设置不同的关键字的值而不同。例如:创建"资产负债表"的报表文件,为它增加12张表页,它们具有相同的资产负债表格式和指标计算公式,但每个表页以月份作为关键字,使得每张表页采集不同月份的数据进行计算,从而得到全年每个月的资产负债表。一个表文件最多可有99 999张表页。

(三)单元及单元属性

报表中由行和列确定的方格称为单元,用来填制各种数据,是组成报表的最小单元。单元名由所在行、列标识。行号用数字表示,列标由字母A—U表示。如C10表示第3列第10行相交的那个单元。在表达式中,完整的单元表识是""报表名"—><单元名称>@表页号",如""资产负债表"—>C10@1"表示资产负债表第一张表页的C列第10行所在的单元。

单元属性主要指:单元类型、对齐方式、字体、颜色等。

单元类型有数值单元、字符单元、表样单元。

(1)数值单元:该单元是报表的数据,在数据状态下输入。数值单元必须是数字,可以直接输入,也可以由单元公式生成。建立一个新表时,所有单元类型默认为数值型。

(2)字符单元:该单元也是报表的数据,在数据状态下输入。输入字符单元的内容可以是汉字、字母、数字及各种键盘可输入的符号组成的一串字符,一个单元中最多可输入63个字符或31个汉字,字符单元的内容可以直接输入也可以由单元公式生成。

(3)表样单元:该单元是报表的格式,是要格式状态下输入的所有文字、符号或数字。表样单元对所有表页都有效。表样单元在格式状态下输入和修改,而在数据状态下不允许修改。一个单元中最多可输入63个字符或31个汉字。

(四)组合单元

组合单元由相邻的两个或更多的单元组成,这些单元必须是同一种单元类型,组合单元的名称可以用区域名称或区域中的某一个单元的名称来表示。

(五)区域

区域由一张表页上的一组单元组成的矩形块。最大的区域是一个表页的所有单元,最小的区域可只包含一个单元。表述一个区域时,在开始单元与结束单元之间用冒号连接。如C4:H8。

(六)关键字

关键字是游离于单元之外的特殊数据单元,它可以唯一标识一个表页,用于在大量表页中快速选择表页。每个报表可以定义多个关键字。关键字一般包括:

(1)单位名称:字符型(最大30个字符),为报表编制单位名称。

(2)单位编号:字符型(最长10个字符),为报表单位编号。

(3)年:数字型,反映该报表表页的年度。

(4)季:数字型,反映该报表表页的季度。

(5)月:数字型,反映该报表表页的月份。

(6)日:反映该报表表页的日期。

(七)格式状态和数据状态

UFO系统将报表分为两种状态来处理:格式状态和数据状态。报表格式设计工作和报表数据处理工作是在不同的状态下进行的。实现状态切换的是"格式/数据"按钮,单击这个按钮可以在格式状态和数据状态之间切换。

格式状态:在格式状态下设计报表的格式,如表尺寸、行高列宽、单元属性、单元风格、组合单元、关键字、定义可变区等。报表的三类公式:单元公式(计算公式)、审核公式、舍位平衡公式也在格式状态下定义。在格式状态下所做的操作对本报表所有的表页都发生作用。在格式状态下不能进行数据的录入、计算等操作。在格式状态下时,所看到的是报表的格式,报表的数据全部隐藏。

数据状态:在数据状态下管理报表的数据,如输入数据、增加或删除表页、审核、舍位平衡、做图形、汇总、合并报表等。在数据状态下不能修改报表的格式。在数据状态下时,看到的是报表的全部内容,包括格式和数据。

第二节　编制会计报表的基本方法

一、编制一张报表的流程

(一)创建报表文件

单击"文件"菜单中的"新建"命令或单击新建图标,建立一个空的报表,并进入格式状态。这时可以在这张报表上开始设计报表格式,在保存文件时用自己的文件名给这张报表命名。

(二)设计报表的格式

报表的格式在格式状态下设计,格式对报表的每一张表页都有效。在 UFO 系统菜单栏的"格式"菜单中提供了所有格式定义功能,包括以下操作:

(1)设置表尺寸:即设定报表的行数和列数。一张表页最多允许 255 列、9 999 行。
(2)定义行高和列宽。
(3)画表格线。
(4)设置单元属性:把固定内容的单元如"项目"、"行次"、"期初数"、"期末数"等定为表样单元;把需要输入数字的单元定为数值单元;把需要输入字符的单元定为字符单元。
(5)设置单元风格:设置单元的字形、字体、字号、颜色、图案、折行显示等。
(6)定义组合单元:即把几个单元作为一个使用。
(7)设置可变区:即确定可变区在表页上的位置和大小。
(8)设置关键字:确定关键字在表页上的位置,如单位名称、年、月等。

设计好报表的格式之后,可以输入表样单元的内容,如报表名称、表头标题栏、项目标题、行次等在各表页之间相同的内容均应设为表样单元。如果需要一个标准的财务报表如资产负债表等,可以利用 UFO 提供的财务报表模板,或采用套用格式,再进行一些必要的修改,生成一个符合用户要求格式的财务报表。

(三)定义各类公式

UFO有三类公式:计算公式(单元公式)、审核公式、舍位平衡公式。公式的定义在格式状态下进行。

计算公式:定义了报表数据之间的运算关系,在报表数值单元中键入"="就可以直接定义计算公式,也可以单击"数据"菜单的"编辑公式"菜单项定义。

审核公式:用于审核报表内或报表之间的勾稽关系是否正确,审核公式需要单击"数据"菜单的"审核公式"菜单项定义。

舍位平衡公式:用于报表数据进行进位或小数取整时调整数据,避免破坏原数据平衡,舍位平衡公式需要单击"数据"菜单的"舍位平衡公式"菜单项定义。

(四)报表数据处理

报表格式和报表中的各类公式定义好之后,就可以录入数据并进行处理了。报表数据处理在数据状态下进行,包括以下操作:

(1)根据需要追加或插入表页。

(2)初始化账套和会计年度:设定报表取数来自哪一会计账套(核算单位)和会计年度,即指定报表数据源。

(3)如果报表中定义了关键字,则录入每张表页上关键字的值。例如录入关键字"月份"的值:给第一页录入"1月",给第二页录入"2月",给第三页录入"3月"等等。

(4)在数值单元或字符单元中录入某一表页特有的数据。

(5)如果报表中有可变区,可变区初始只有一行或一列,需要追加可变行或可变列,并在可变行或可变列中录入数据。

随着数据的录入,当前表页的单元公式将自动运算并显示结果。如果报表有审核公式和舍位平衡公式,则执行审核和舍位。也可以根据需要进行报表汇总和合并报表。

(五)报表图形处理

选取报表数据后可以制作各种图形,如直方图、圆饼图、折线图、面积图、立体图。

(六)打印或输出报表

可控制打印方向,横向或纵向打印,可控制行列打印顺序,设置页眉和页脚,设置财务报表的页首和页尾,可缩放打印,还可利用打印预览观看打印效果。

二、报表公式及函数应用

(一)单元公式的格式

UFO允许在每个数值型、字符型的单元内,写入代表一定运算关系的公式,用来建立表内各单元之间、报表与报表之间或报表系统与其他系统之间的运算关系,描述这些运算关系的表达式,我们称之为计算公式。

单元公式的格式为:

<算术表达式>[FOR <页面筛选条件>[;<可变区筛选条件>]][RELATION

<页面关联条件>[,<页面关联条件>]]

筛选条件:是对计算公式的一种辅助约束,具体说就是对报表表页和可变区的判断。固定区筛选条件控制符合条件的表页参与计算公式的计算,不符合条件的表页不参与计算公式的计算;可变区筛选条件控制符合条件的可变行或可变列参与计算公式的计算,不符合条件的可变行或可变列不参与计算公式的计算。

关联条件:UFO报表中的数据有着特殊的经济含义,因此报表数据不是孤立存在的,一张报表中不同表页的数据或多个报表中的数据可能存在着这样或那样的经济关系或勾稽关系,要根据这种对应关系找到相关联的数据进行引用,就需要定义关联条件。关联条件即描述表页间的对应关系,可以利用关联条件来引用本表其他页的数据。

(二)提取报表系统数据的公式

1. 表页内部的计算公式

表页内部的计算公式,是指数据存放位置和数据来源位置,都没有超出本表本页范围的计算公式。

2. 表页与表页间的计算公式

有些报表指标是根据本表其他表页有关单元的数值计算的。这就需要用到表页与表页间的计算公式。用以下格式可以方便的取得本表其他页的数据:

<目标区域>=<数据源区域>@<页号>

如下面单元公式令各页 B2 单元均取当前表第一页 C5 单元的值。

B2=C5@1

3. 报表与报表之间的计算公式

有时需要在进行报表与报表间进行取数,根据其他表的指标数据计算当前报表的指标值。其格式如下:

<目标区域>="<数据源表名>"-><数据源区域>@<页号>

如令当前表页 D5 的值等于表"利润表"第 4 页 D5 的值:

D5="利润表"->D5@4

(三)取数函数及提取其他系统数据的公式

上面介绍了报表内部及报表间的计算公式的设置方法。但是报表中的许多数据不是来自报表系统,有许多数据来自总账系统的凭证、账簿和其他业务系统的数据。通常报表系统提供了丰富的取数函数,这些函数架起了报表系统和账务处理、工资、固定资产、进销存等系统之间数据传递的桥梁。用户利用账务函数设计报表指标的计算公式,以自动计算并生成每期的会计报表。

(1)取数函数的种类。

在用友最新版的 U8 管理软件中,UFO 提供了可以从各个产品模块中提取数据的函数共 170 个,其中账务函数 23 个如下(前导字符为 s 的是数量函数,为 w 的是外币函数,其余为标准金额函数):

期初额函数:QC、sQC、wQC。

期末额函数:QM、sQM、wQM。

发生额函数:FS、sFS、wFS。

累计发生额函数:LFS、sLFS、wLFS。

条件发生额函数:TFS、sTFS、wTFS。

对方科目发生额函数:DFS、sDFS、wDFS。

净额函数:JE、sJE、wJE。

汇率函数:HL。

现金流量函数:XJLL。

(2)账务函数的格式。

以期末余额函数为例,UFO 8.5 账务函数的格式形如:

QM(<科目编码>,<会计期间>,[<方向>],[<账套号>],[<会计年度>],[<编码 1>],[<编码 2>],[截止日期],"y/n")

函数名称、格式、参数等约定请参见具体版本的产品手册或帮助文件。值得一提的是,有些软件的函数参数允许带通配符,以简化函数的书写。用友 UFO 不支持通配符,但某些参数支持根据前导字符汇总计算的功能,如若将科目代码"1001"、"1002"和"1009"视为一类科目汇总计算,可以将科目代码指定为"100"。

(3)含有取数函数的计算公式的输入方法。

在单元公式中,可以使用函数向导,在账务函数对话框的指导下输入,也可以直接输入。注意在公式编辑栏直接输入计算公式时,"科目"、"部门"、"姓名"、"单位"、"项目"、"方向"都必须用双引号括起,而会计期中的年、季、月不能用双引号括起。

三、审核公式

在经常使用的各类财经报表中的每个数据都有明确的经济含义,并且各个数据之间一般地都有一定的勾稽关系。如在一个报表中,小计等于各分项之和;而合计又等于各个小计之和等等。在实际工作中,为了确保报表数据的准确性,我们经常用这种报表之间或报表之内的勾稽关系对报表进行勾稽关系检查。这种检查称为数据的审核。

(一)审核公式的格式

在没有筛选条件和关联条件的情况下,审核公式的格式是:

[<算术表达式> <关系表达式> <算术表达式>,]*<算术表达式> <关系表达式> <算术表达式> MESSAGE"<提示信息>"

如在资产负债表中,"资产总计"的年初数和期末数与"负债及所有者权益总计"的年初数和期末数的平衡关系检验可用下列审核公式:

B39=F39　MESSAGE"年初数不平衡!"

C39=G39　MESSAGE"期末数不平衡!"

(二)定义和验证报表审核关系

在报表格式设计状态下,用鼠标选取菜单"数据"→"编辑公式"→"审核公式…"命令,调出"定义审核关系"对话框。在"编辑框"中输入审核公式。

在数据处理状态中,当报表数据录入完毕后,应对报表进行审核,以检查报表各项数据勾稽关系的准确性。方法是：进入数据处理状态。用鼠标选取菜单"数据"→"审核"命令。系统按照审核公式逐条审核表内的关系，当报表数据不符合勾稽关系时，屏幕上出现提示信息，记录该提示信息后按任意键继续审核其余的公式。按照记录的提示信息修改报表数据，重新进行审核，直到不出现任何提示信息，表示该报表各项勾稽关系正确。

四、舍位平衡公式

报表数据在进行进位时，如以"元"为单位的报表在上报时可能会转换为以"千元"或"万元"为单位的报表，原来满足的数据平衡关系可能被破坏，因此需要进行调整，使之符合指定的平衡公式。如：原始报表数据平衡关系为：50.23+5.24=55.47。

若舍掉一位数，即除以 10 后数据平衡关系成为：5.02+0.52=5.55。

原来的平衡关系被破坏，应调整为：5.02+0.53=5.55。

报表经舍位之后，重新调整平衡关系的公式称为舍位平衡公式。其中，进行进位的操作叫作舍位，舍位后调整平衡关系的操作叫作平衡调整公式。

(一)舍位平衡公式的格式

以下是舍位平衡公式的标准格式：
REPORT "<舍位表文件名>" RANGE <区域>［，<区域>］* WEI <位数>
［FORMULA <平衡公式>［，<平衡公式>］］*［FOR <页面筛选条件>］］

注意：平衡公式中涉及的数据应完全包含在参数<区域>所确定的范围之内，否则平衡公式无意义。

(二)定义和操作舍位平衡

在报表格式设计状态下，用鼠标选取菜单"数据"→"编辑公式"→"舍位公式…"，调出"舍位平衡公式"对话框，在各编辑框中输入如下各项：舍位表名、舍位范围、舍位位数、平衡公式。舍位平衡公式编辑完毕，检查无误后选择"完成"，系统将保存此次舍位平衡公式的设置。

当报表编辑完毕，需要对报表进行舍位平衡操作时，先进入数据处理状态。用鼠标选取菜单"数据"→"舍位平衡"命令。系统按照所定义的舍位关系对指定区域的数据进行舍位，并按照平衡公式对舍位后的数据进行平衡调整，将舍位平衡后的数据存入指定的新表或其他表中，此为舍位表。打开舍位平衡公式指定的舍位表，可以看到调整后的报表。

第三节 上机实验(一)——编制资产负债表

一、实验目的

掌握资产负债表的格式与公式设计，编制资产负债表。

二、实验内容

1. 创建资产负债表文件；
2. 报表格式设计；
3. 单元公式设计及取数函数的应用；
4. 关键字应用和表页管理；
5. 报表计算、审核和输出。

三、实验资料

宏远家电经营有限公司 2014 年 1 月 31 日结账时的所有账套资料。

四、实验步骤

(一)创建资产负债表文件

新建一个报表文件,命名为"资产负债表",保存在常用的工作文件夹中。

(二)设计资产负债表的格式

为快速设计资产负债表格式,可以调用报表模板来产生表的一般格式,即选择一个与所需格式最接近的资产负债表模板,覆盖新创建的空白报表,得到一张由用友公司事先定义、具有资产负债表一般格式的报表。在此基础上按照目前会计制度的要求对其进一步设置。得到如表 6-1 所示的资产负债表格式。

表 6-1 资产负债表

编制单位:宏远家电经营有限公司　　年　月　日

会企 01 表

单位:元

资产	年初数	期末数	负债及所有者权益	年初数	期末数
流动资产:			流动负债:		
货币资金			短期借款		
交易性金融资产			交易性金融负债		
应收票据			应付票据		
应收账款			应付账款		
预付账款			预收账款		
应收股利			应付职工薪酬		
应收利息			应付税费		
其他应收款			应付利息		
存货			应付股利		
其中:消耗性生物资产			其他应付款		
待摊费用			预提费用		

续表

资产	年初数	期末数	负债及所有者权益	年初数	期末数
一年内到期的非流动资产			预计负债		
其他流动资产			一年内到期的非流动负债		
流动资产合计			其他流动负债		
非流动资产：			流动负债合计		
可供出售金融资产			非流动负债：		
持有至到期投资			长期借款		
长期应收款			应付债券		
长期股权投资			长期应付款		
投资性房地产			专项应付款		
固定资产			递延所得税负债		
在建工程			其他非流动负债		
工程物资			非流动负债合计		
固定资产清理			负债合计		
生产性生物资产			所有者权益：		
油气资产			实收资本（或股本）		
无形资产			资本公积		
开发支出			减：库存股		
商誉			盈余公积		
长期待摊费用			未分配利润		
递延所得税资产			所有者权益合计		
其他非流动资产					
非流动资产合计					
资产总计			负债及所有者权益合计		

（三）设置资产负债表指标项目的计算公式

资产负债表指标主要根据账户余额计算编制。其中大部分指标根据唯一的一个总账账户的余额填列，如"固定资产"项目，直接根据"固定资产（1601）"账户的余额进行填列，其年初数和期末数可分别用下列公式计算：

年初数： QC("1601",全年)
期末数： QM("1601",月)

其他一些特殊指标需要根据具体情况设置计算公式：

（1）"货币资金"：应根据"现金（1001）"、"银行存款（1002）"、"其他货币资金（1012）"的余额之和填列：

年初数： QC("1001",全年)+QC("1002",全年)+QC("1012",全年)
期末数： QM("1001",月)+QM("1002",月)+QM("1012",月)

(2)"存货"项目与"货币资金"项目情况类似,不过属于存货类的会计科目更多,除存货资产类科目以外,包括成本类的"生产成本"和"制造费用"等科目的余额。

(3)"应收账款"、"预收账款"、"应付账款"、"预付账款"项目:根据会计制度要求,这些项目必须根据往来明细科目"应收账款(1122)"、"预收账款(2203)"、"应付账款(2202)"、"预付账款(1123)"余额的方向分别汇总填列,"应收账款"项目同时还要扣除"坏账准备(1231)"的贷方余额。

"应收账款"年初数: QC("1122",全年,"借")+QC("2203",全年,"借")−QC("1231",全年)

"应收账款"期末数: QM("1122",月,"借")+QM("2203",月,"借")−QM("1231",月)

"预收账款"年初数: QC("1122",全年,"贷")+QC("2203",全年,"贷")

"预收账款"期末数: QM("1122",月,"贷")+QM("2203",月,"贷")

"应付账款"年初数: QC("2202",全年,"贷")+QC("1123",全年,"贷")

"应付账款"期末数: QM("2202",月,"贷")+QM("1123",月,"贷")

"预付账款"年初数: QC("2202",全年,"借")+QC("1123",全年,"借")

"预付账款"期末数: QM("2202",月,"借")+QM("1123",月,"借")

(4)"未分配利润"项目的期末数:根据"利润分配——未分配利润(410415)"、"本年利润(4103)"和各损益科目余额计算填列。公式如下:

QM("4103",月)+QM("4104",月)+QM("6001",月)+QM("6051",月)
+QM("6111",月)+QM("6301",月)−QM("6401",月)−QM("6402",月)
−QM("6403",月)−QM("6601",月)−QM("6602",月)−QM("6711",月)
−QM("6801",月)

(四)设置关键字并计算报表

(1)设置或取消关键字:在格式状态下,设置"年"、"月"、"日"三个关键字,由于"编制单位"及其内容已经在表样格式中设置,则此处无需设置"单位名称"关键字。如套用格式中存在此关键字,则应取消。

(2)关键字水平位置的调整:"年"、"月"、"日"三个关键字的显示位置通过"关键字偏移"进行调整,使它们美观地显示在合理位置。

(3)关键字录入及报表重算:切换到数据状态,录入关键字:2014年1月31日。确定后系统提示"是否重算当前表页",单击"是",即按照给定关键字的年月计算各单元的结果。

(4)计算报表:在数据状态下,除上述关键字变化后提示计算以外,用户也可以随时用"数据"菜单下的"整表重算"或"表页重算"计算报表和当前表页。

(五)审核资产负债表

(1)设置审核公式,校验"资产负债表"的平衡关系。在格式状态,单击"格式"菜单下的"公式设置"→"审核公式",输入审核公式:

B39=F39   MESSAGE"资产总额与负债及所有者权益总额的年初数不平衡!"

C39=G39   MESSAGE"资产总额与负债及所有者权益总额的期末数不平衡!"

(2)报表审核:在数据状态下,单击"数据"菜单的"审核",状态栏出现审核结果信息。

五、实验指导

以"01-刘洪涛"的身份,日期为 2014 年 1 月 31 日注册进入企业门户。

(一)创建资产负债表文件

(1)单击"业务工作"→"UFO 报表",进入 UFO 报表窗口,如图 6-1 所示。

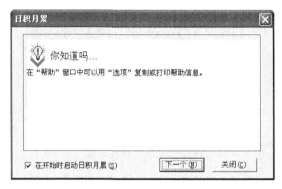

图 6-1 UFO 报表初始化

(2)单击"关闭"按钮,新建一个空白表,命名为"资产负债表",保存在常用的工作文件夹。如图 6-2 所示。

图 6-2 新建空白表格——资产负债表

(二)设计资产负债表的格式

(1)在"格式"状态下,单击"格式"菜单下的"报表模板"命令,系统弹出"报表模板"对话框,选择行业"2007 年新会计制度科目",财务报表为"资产负债表"。如图 6-3 所示。

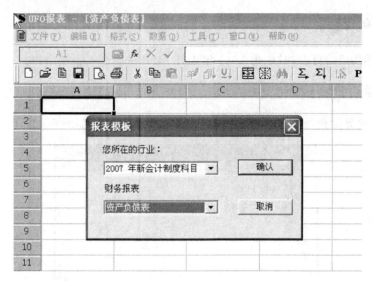

图 6-3 报表模板设置

(2)单击"确认"按钮,出现"模板格式将覆盖本表格式!是否继续?"对话框,单击"确定"按钮,出现格式状态下的资产负债表。如图 6-4 所示。

图 6-4 资产负债表

(三)设置资产负债表指标项目的计算公式

(1)定义"固定资产(1601)"公式,直接根据其账户的余额进行填列,其年初数和期末数可分别用下列公式计算:年初数:QC("1601",全年);期末数:QM("1601",月)。如图 6-5 所示。

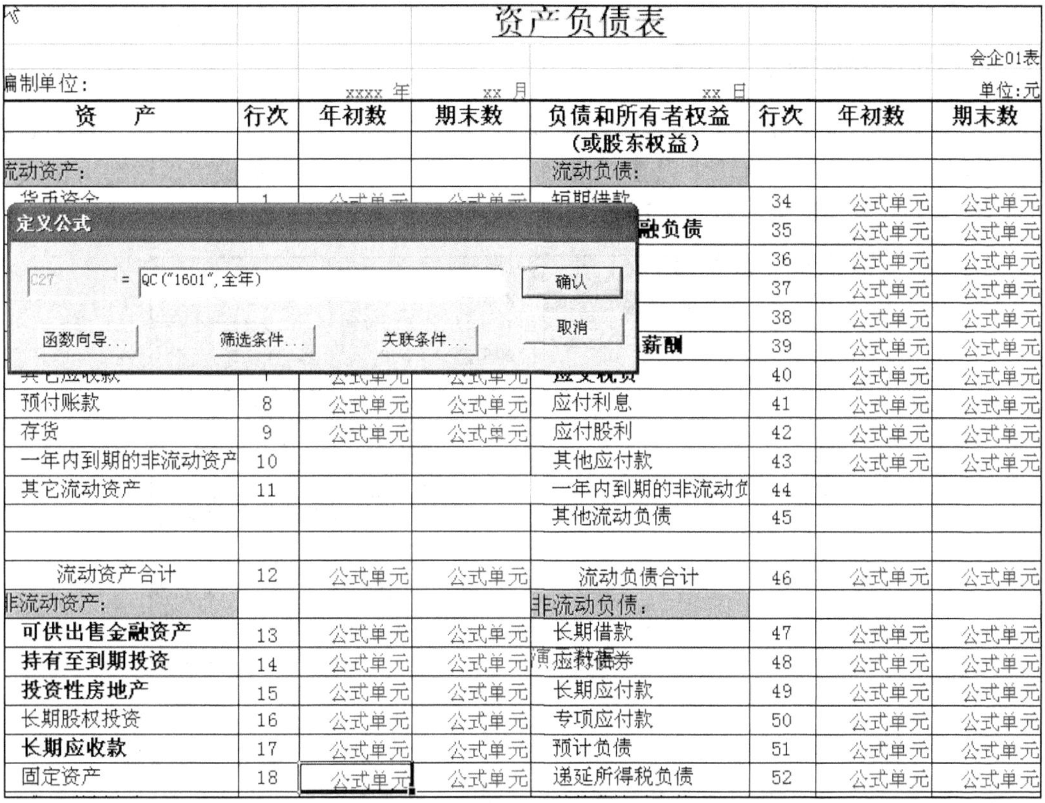

图 6-5 定义固定资产公式

(2)定义"货币资金":应根据"现金(1001)"、"银行存款(1002)"、"其他货币资金(1012)"的余额之和填列:年初数:QC("1001",全年)+QC("1002",全年)+QC("1012",全年);期末数:QM("1001",月)+QM("1002",月)+QM("1012",月)。如图 6-6 所示。

图 6-6 定义货币资金公式

(3)按照上述步骤,可依次定义"应收账款"、"预收账款"、"应付账款"、"预付账款"、"未分配利润"等账户公式。

(四)设置关键字并计算报表

(1)设置或取消关键字:在格式状态下,设置"年"、"月"、"日"三个关键字,由于"编制单位"及其内容已经在表样格式中设置,则此处无需设置"单位名称"关键字。如套用格式中存在此关键字,则应取消。如图6-7所示。

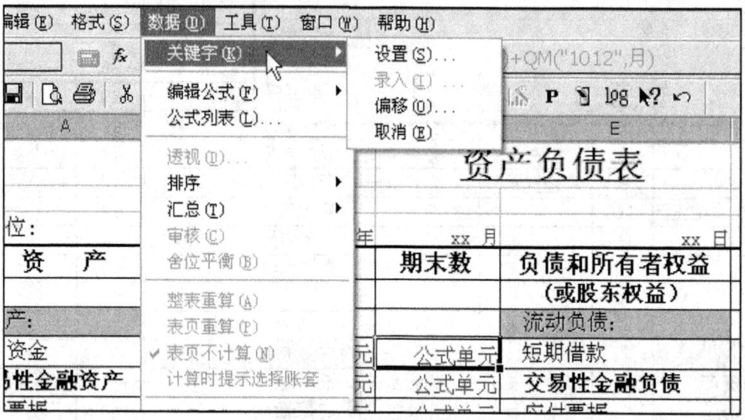

图6-7 设置关键字

(2)关键字水平位置的调整:"年"、"月"、"日"三个关键字的显示位置通过"关键字偏移"进行调整,使它们美观地显示在合理位置。如图6-8所示。

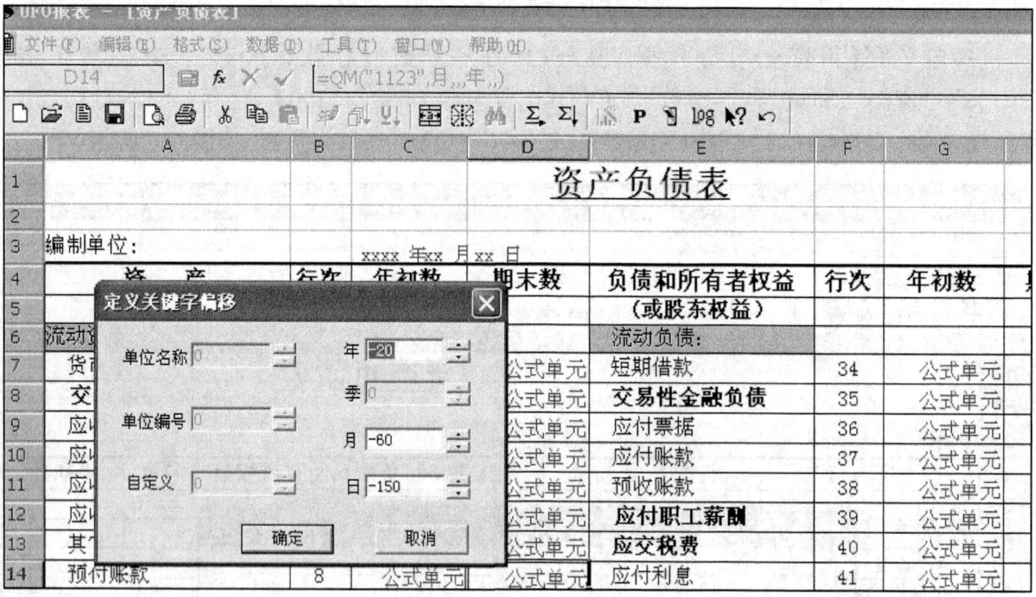

图6-8 调整关键字

(3)关键字录入及报表重算:在格式状态下,录入关键字:宏远家电经营有限公司。切换到数据状态,录入关键字:2014年1月31日。如图6-9所示。

图 6-9 录入关键字

(4) 确定后系统提示"是否重算当前表页",单击"是",即按照给定关键字的年月计算各单元的结果。如图 6-10 所示。

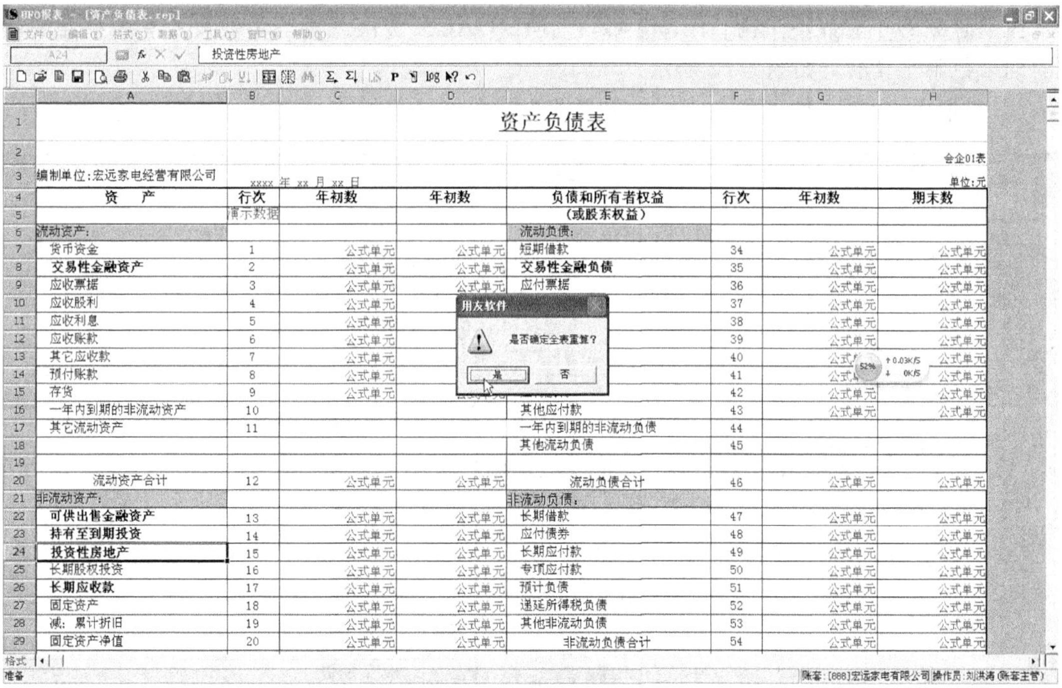

图 6-10 整表重算

(5) 计算报表:在数据状态下,除上述关键字变化后提示计算以外,用户也可以随时用"数据"菜单下的"整表重算"或"表页重算"计算报表和当前表页。如图 6-11 所示。

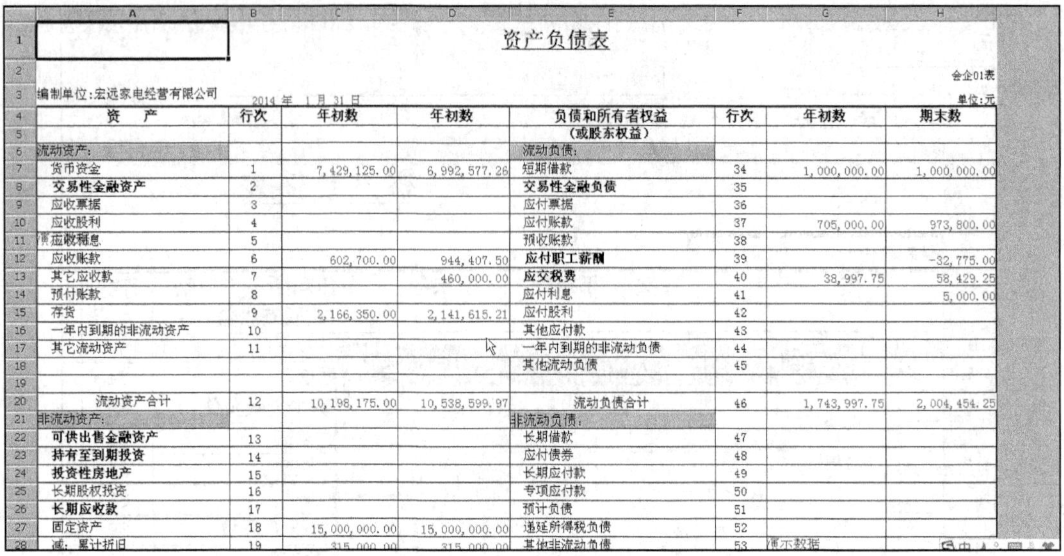

资　产	行次	年初数	年初数	负债和所有者权益（或股东权益）	行次	年初数	期末数
流动资产:				流动负债:			
货币资金	1	7,429,125.00	6,992,577.26	短期借款	34	1,000,000.00	1,000,000.00
交易性金融资产	2			**交易性金融负债**	35		
应收票据	3			应付票据	36		
应收股利	4			应付账款	37	705,000.00	973,800.00
应收利息	5			预收账款	38		
应收账款	6	602,700.00	944,407.50	**应付职工薪酬**	39		-32,775.00
其它应收款	7		460,000.00	**应交税费**	40	38,997.75	58,429.25
预付账款	8			应付利息	41		5,000.00
存货	9	2,166,350.00	2,141,615.21	应付股利	42		
一年内到期的非流动资产	10			其他应付款	43		
其它流动资产	11			一年内到期的非流动负债	44		
				其他流动负债	45		
流动资产合计	12	10,198,175.00	10,538,599.97	流动负债合计	46	1,743,997.75	2,004,454.25
非流动资产:				非流动负债:			
可供出售金融资产	13			长期借款	47		
持有至到期投资	14			应付债券	48		
投资性房地产	15			长期应付款	49		
长期股权投资	16			专项应付款	50		
长期应收款	17			预计负债	51		
固定资产	18	15,000,000.00	15,000,000.00	递延所得税负债	52		
减：累计折旧	19	315,000.00	315,000.00	其他非流动负债	53		

图 6-11　资产负债表

(五)审核资产负债表

(1)设置审核公式,校验"资产负债表"的平衡关系。在格式状态,单击"格式"菜单下的"公式设置"→"审核公式",输入审核公式:B39＝F39　MESSAGE″资产总额与负债及所有者权益总额的年初数不平衡!″;C39＝G39　MESSAGE″资产总额与负债及所有者权益总额的期末数不平衡!″。如图 6-12 所示。

(2)报表审核:在数据状态下,单击"数据"菜单的"审核",状态栏出现审核结果信息。

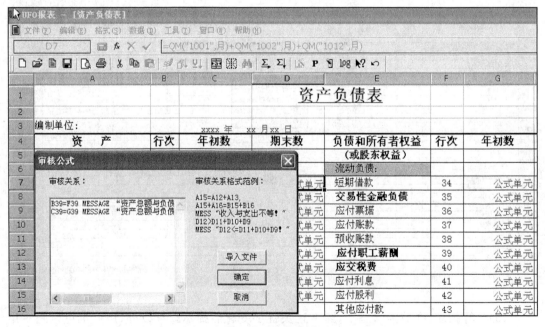

图 6-12　审核公式

第四节　上机实验(二)——编制利润表

一、实验目的

掌握利润表的格式与公式设计,编制利润表。

二、实验内容

1. 创建利润表文件;
2. 报表格式设计;
3. 单元公式设计及取数函数的应用;
4. 关键字应用和表页管理;
5. 报表计算和输出。

三、实验资料

宏远家电经营有限公司 2014 年 1 月 31 日结账时的所有账套资料。

四、实验步骤

(一)创建利润表文件

新建一个报表文件,命名为"利润表",保存在常用的工作文件夹中。

(二)设计利润表

为快速设计利润表格式,可以调用报表模板来产生表的一般格式,即选择一个与所需格式最接近的利润表或损益表模板,覆盖新创建的空白报表。按表 6-2 所示格式设计利润表格式。

表 6-2　利润表

会企 02 表

编制单位:　　　　　　　　　　　　　　　　　　　　　　　　　　　　　单位:元

项目	本月数	本年累计数
一、营业收入		
减:营业成本		
营业税金及附加		
销售费用		

续表

项目	本月数	本年累计数
管理费用		
财务费用		
资产减值损失		
加:公允价值变动净收益		
投资净收益		
二、营业利润		
加:营业外收入		
减:营业外支出		
其中:非流动资产处置净损失		
三、利润总额		
减:所得税		
四、净利润		
五、每股收益		
(一)基本每股收益		
(二)稀释每股收益		

1. 各项目本月数计算公式

(1)"营业收入"本月数,根据两个科目"主营业务收入(6001)"和"其他业务收入(6051)"的记录计算填列:

JE("6001",月)+DFS("6001","4103",月,借)+

JE("6051",月)+DFS("6051","4103",月,借)

(2)"营业成本"本月数,根据两个科目"主营业务成本(6401)"和"其他业务成本(6402)"的记录计算填列:

JE("6401",月)+DFS("6401","4103",月,贷)+

JE("6402",月)+DFS("6402","4103",月,贷)

(3)"营业税金及附加"本月数,根据"营业税金及附加(6403)"记录计算填列:

JE("6403",月)+DFS("6403","4103",月,贷)

(4)"销售费用"本月数,根据"销售费用(6601)"科目记录计算填列:

JE("6601",月)+DFS("6601","4103",月,贷)

(5)"管理费用"本月数,根据"管理费用(6602)"科目记录计算填列:

JE("6602",月)+DFS("6602","4103",月,贷)

(6)"财务费用"本月数,根据"财务费用(6603)"科目记录计算填列:

JE("6603",月)+DFS("6603","4103",月,贷)-DFS("6603","4103",月,借)

(7)"投资净收益"本月数,根据"投资收益(6111)"科目记录计算填列:
JE("6111",月)+DFS("6111","4103",月,借)−DFS("6111","4103",月,贷)

(8)"营业外收入"本月数,根据"营业外收入(6301)"科目记录计算填列:
JE("6301",月)+DFS("6301","4103",月,借)

(9)"营业外支出"本月数,根据"营业外支出(6711)"科目记录计算填列:
JE("6711",月)+DFS("6711","4103",月,贷)

(10)"所得税"本月数,根据"所得税(6801)"科目记录计算填列:
JE("6801",月)+DFS("6801","4103",月,贷)

2.各项目本年累计数的计算

采取对本年内前续各月表页的本月数累加的方法计算本年累计数。即在"利润表"表文件之中为每个月设置一张表页,各月依次计算并保存,某月的"本年累计数"一栏根据上月表页的"本年累计数"加上本月表页的"本月数"计算填列,如下例:

"营业收入"本年累计数:B5+SELECT(C5,月@=月+1)

"营业成本"本年累计数:B6+SELECT(C6,月@=月+1)

上述"B5"即本表页的主营业务收入本月数所在单元,"SELECT(C5,月@=月+1)"即上月表页主营业务收入本年累计数所在单元;"B6"即本表页的主营业务成本本月数所在单元,"SELECT(C6,月@=月+1)"即上月表页主营业务成本本年累计数所在单元。

其他各项目以此类推。

3.向表内单元取数的各单元计算公式

"营业利润"、"利润总额"、"净利润"等项目,根据表内有关单元求代数和即可。

(三)设置关键字并计算报表

(1)设置或取消关键字:在格式状态下,设置"年"、"月"两个关键字,由于"编制单位"及其内容已经在表样格式中设置,则此处无需设置"单位名称"关键字。如套用格式中存在此关键字,则应取消。

(2)关键字水平位置的调整:"年"、"月"两个关键字的显示位置通过"关键字偏移"进行调整,使它们美观地显示在合理位置。

(3)关键字录入及报表重算:切换到数据状态,录入关键字:2014年1月。确定后系统提示"是否重算当前表页",单击"是",即按照给定关键字的年月计算各单元的结果。

(4)计算报表:在数据状态下,除上述关键字变化后提示计算以外,用户也可以随时用"数据"菜单下的"整表重算"或"表页重算"计算报表和当前表页。

五、实验指导

以"01-刘洪涛"的身份,日期为2014年1月31日注册进入企业门户。

(一)创建利润表表文件

(1)单击"业务工作"→"UFO报表",进入UFO报表窗口,如图6-13所示。

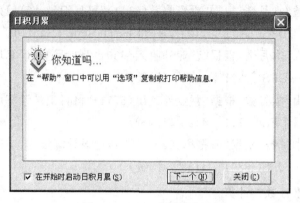

图 6-13　UFO 报表初始化

(2)单击"关闭"按钮,新建一个空白表,命名为"利润表",保存在常用的工作文件夹中。如图 6-14 所示。

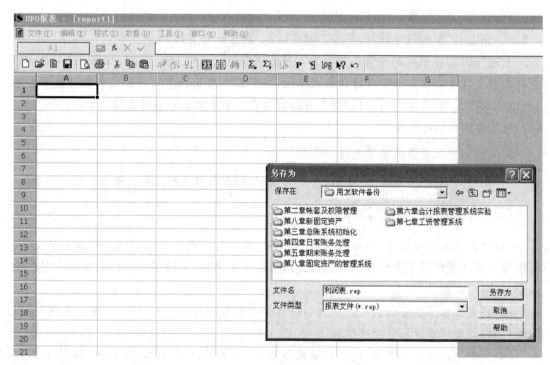

图 6-14　保存利润表

(二)设计利润表的格式

(1)在"格式"状态下,单击"格式"菜单下的"报表模板"命令,系统弹出"报表模板"对话框,选择行业"2007 年新会计制度科目",财务报表为"利润表"。如图 6-15 所示。

(2)单击"确认"按钮,出现"模板格式将覆盖本表格式!是否继续?"对话框,单击"确定"按钮,出现格式状态下的利润表。如图 6-16 所示。

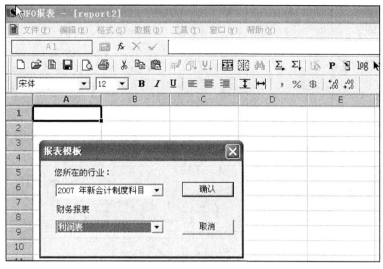

图 6-15 报表模板设置

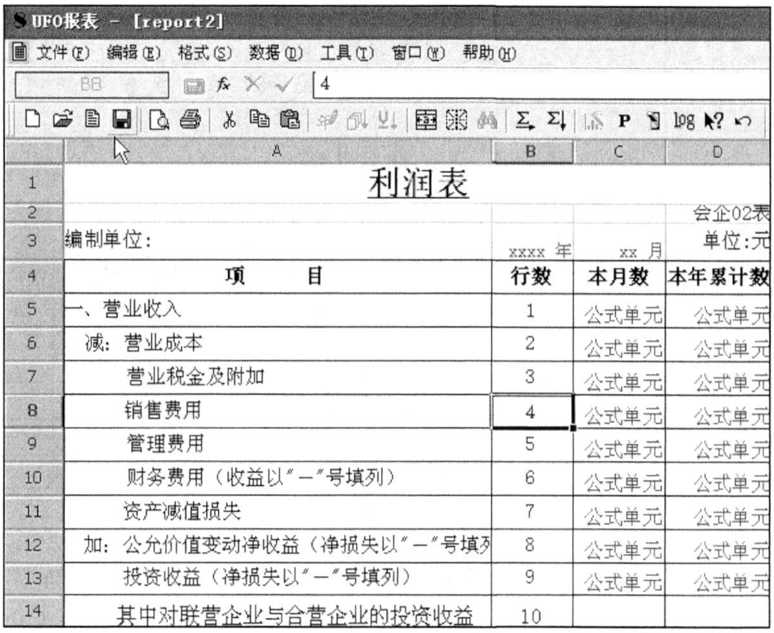

图 6-16 利润表

(三)设置利润表指标项目各单元的计算公式

(1)在"格式"状态下,定义"营业收入"本月数,根据两个科目"主营业务收入(6001)"和"其他业务收入(6051)"的记录计算填列。本月数:JE("6001",月)+DFS("6001","4103",月,借)+JE("6051",月)+DFS("6051","4103",月,借)。如图 6-17 所示。

(2)在"格式"状态下,定义"营业成本"本月数,根据两个科目"主营业务成本(6401)"和"其他业务成本(6402)"的记录计算填列。本月数:JE("6401",月)+DFS("6401","4103",月,贷)+JE("6402",月)+DFS("6402","4103",月,贷)。如图 6-18 所示。

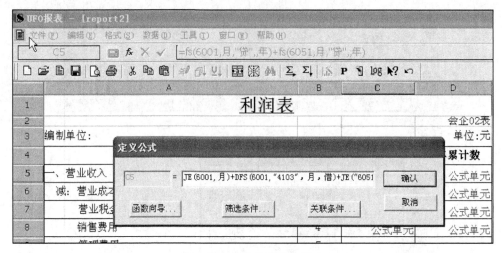

图 6-17 定义营业收入公式

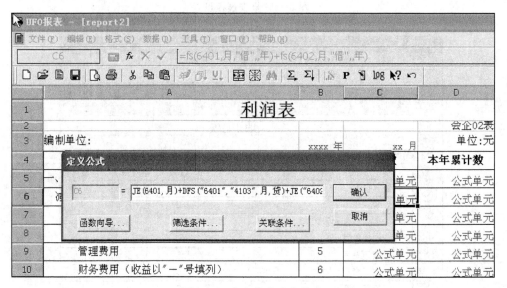

图 6-18 定义营业成本公式

(3)按照上述步骤,可依次定义"营业税金及附加"、"销售费用"、"管理费用"、"财务费用"、"营业外收入"等账户公式。

(4)各项目本年累计数的计算:采取对本年内前续各月表页的本月数累加的方法计算本年累计数。即在"利润表"表文件之中为每个月设置一张表页,各月依次计算并保存,某月的"本年累计数"一栏根据上月表页的"本年累计数"加上本月表页的"本月数"计算填列,如下例:

"营业收入"本年累计数: B5+SELECT(C5,月@=月+1)

"营业成本"本年累计数: B6+SELECT(C6,月@=月+1)

上述"B5"即本表页的主营业务收入本月数所在单元,"SELECT(C5,月@=月+1)"即上月表页主营业务收入本年累计数所在单元;"B6"即本表页的主营业务成本本月数所在单元,"SELECT(C6,月@=月+1)"即上月表页主营业务成本本年累计数所在单元。

其他各项目依此类推。

(5)向表内单元取数的各单元计算公式:"营业利润"、"利润总额"、"净利润"等项目,根据表内有关单元求代数和即可。

(四)设置关键字并计算报表

1.设置或取消关键字

在格式状态下,设置"年"、"月"两个关键字,由于"编制单位"及其内容已经在表样格式中设置,则此处无需设置"单位名称"关键字。如套用格式中存在此关键字,则应取消。如图6-19所示。

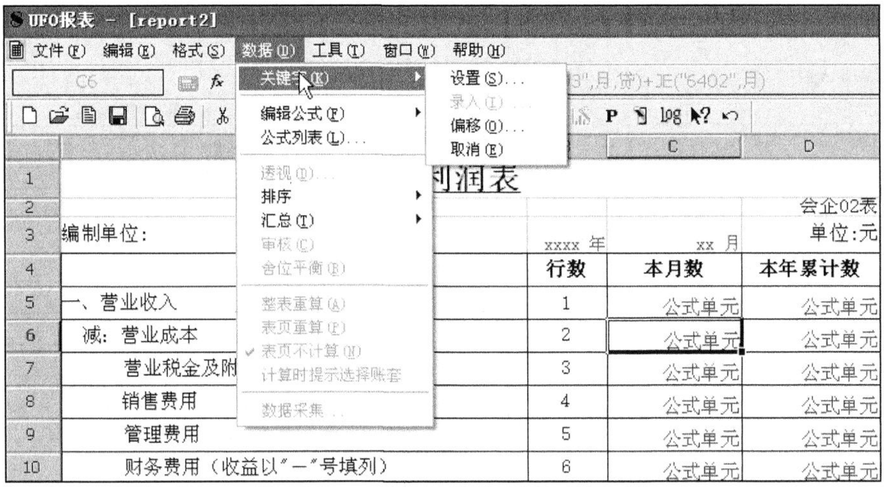

图 6-19　关键字设置

2.关键字水平位置的调整

"年"、"月"两个关键字的显示位置通过"关键字偏移"进行调整,使它们美观地显示在合理位置。如图6-20所示。

图 6-20　关键字偏移

3. 关键字录入及报表重算

切换到数据状态,录入关键字:2014 年 1 月。确定后系统提示"是否重算当前表页",单击"是",即按照给定关键字的年月计算各单元的结果。如图 6-21 所示。

利润表

会企02表

编制单位:宏远家电经营有限公司　　2014 年 1 月　　　　　　　　　　单位:元

项　目	行数	本月数	本年累计数
一、营业收入	1	636,300.00	636300.00
减:营业成本	2	531,984.79	531984.79
营业税金及附加	3		
销售费用	4	7,308.00	7308.00
管理费用	5	6,000.00	6000.00
财务费用（收益以"-"号填列）	6	11,038.74	11038.74
资产减值损失	7		
加:公允价值变动净收益（净损失以"-"号填列）	8		
投资收益（净损失以"-"号填列）	9		
其中对联营企业与合营企业的投资收益	10		
二、营业利润（亏损以"-"号填列）	11	79968.47	79968.47
营业外收入	12		
减:营业外支出	13		
其中:非流动资产处置净损失（净收益以"-"号填列）	14		
三、利润总额（亏损总额以"-"号填列）	15	79968.47	79968.47
减:所得税	16		
四、净利润（净亏损以"-"号填列）	17	79968.47	79968.47
五、每股收益:			
基本每股收益			
稀释每股收益			

图 6-21　利润表

4. 计算报表

在数据状态下,除上述关键字变化后提示计算以外,用户也可以随时用"数据"菜单下的"整表重算"或"表页重算"计算报表和当前表页。

第七章 工资管理系统

第一节 工资管理系统初始设置

一、工资管理系统的启用

在首次使用工资系统之前,必须先启用工资系统。操作方法是:以系统管理员(可账套主管)身份注册企业门户,单击"基础信息"→"基本信息"→"系统启用",勾选工资系统,系统提示设置启用日期,最后单击"确定",则工资系统已经启用。

二、建立工资账套、设置工资系统参数

在首次运行工资管理系统之时,系统会提示建立工资账套,自动进入工资建账向导状态。该向导会提示用户完成四个方面账套参数设置的工作,包括参数设置、扣税设置、扣零设置和人员编码长度的设置。

1.参数设置

(1)选择本账套处理的工资类别个数。

工资类别有"单个"和"多个"两个选项,如果本单位对所有人员工资实行统一管理,而且所有人员的工资项目、计算公式相同时,选择"单个"工资类别;当本单位每月多次发放工资以及不同的职工其工资项目、计算公式不同,但需对工资实行统一核算时,应选择"多个"工资类别。

(2)选择本账套工资的核算币种。

系统提供币别参照可供选择,若选择账套本位币以外的其他币别,则还须在工资类别参数中设置汇率。

2.扣税设置

核算单位应为职工代扣代缴个人所得税,若勾选"是否从工资中代扣个人所得税",是指需要在工资计算中自动进行扣税处理。

3.扣零设置

扣零设置是指系统在计算工资时将依据扣零类型进行扣零计算,每次发放工资时将零头扣下,积累取整。一旦选择了"扣零处理",系统会自动在固定工资项中增加"本月扣零"和"上月扣零"两个项目。

扣零至元是指工资发放时不发 10 元以下的元、角、分。

扣零至角是指工资发放时不发 1 元以下的角、分。

扣零至分是指工资发放时不发 1 角以下的分。

4. 人员编码

人员编码是指单位人员编码的长度。以数字作为人员编码,可根据需要自由定义人员编码长度,但总长不得超过 10 个字符。

三、建立工资类别

工资类别是指一套工资账中,根据不同情况而设置的工资数据管理类别。如某企业中将正式职工和临时职工分设为两个工资类别,两个类别同时对应一套账务。如果企业中所有人员的工资统一管理,而人员的工资项目、工资计算公式全部相同,则可选择建立单个工资类别的处理模式;如果企业按周或一月多次发放工资,或者是有多种不同类别的人员,工资发放项目不尽相同,计算公式亦不相同,但需要进行统一工资核算管理,则应选择建立多个工资类别的处理模式。

四、部门目录设置

所有人员都应有所属部门,因此设置部门档案是按部门核算人员工资的基础。部门信息是企业的共享数据,可以进入"企业门户"的"基本信息"下的"基础档案"里设置,也可以在各个子系统中设置。

特别提示:

(1)在工资管理系统中设置部门信息,必须是在没有打开"工资类别"的前提下进行。

(2)已使用的部门不能删除。

(3)已被使用的部门不能增加下级部门。

五、人员类别设置

人员类别是指按某种特定的分类方式将企业职工分成若干类型,不同类别的人员工资水平可能不同,从而有助于实现工资的多级化管理。如将员工分成经理、中层干部、普通员工等类别。人员类别的设置还与工资费用的分配、分摊有关,工资费用按不同人员类别进行汇总和分配,合理设置人员类别,便于按人员类别进行工资的汇总计算,为企业提供不同人员类别的工资信息。如将车间人员划分为生产工人和车间管理人员,对于生产工人的工资需要记入"生产成本"科目,而车间管理人员的工资记入"制造费用"科目。

六、定义工资项目

工资数据最终是通过各个工资项目来体现。工资项目设置即定义工资项目的名称、类型、宽度,可根据需要自由设置工资项目。

工资项目分两大类,一类是系统提供的固定的工资项目,这是任何工资账中都必须具有的。主要包括"应发合计"、"扣款合计"、"实发合计";若在建立工资账套时设置了"扣零处理",则系统在工资项目中自动增加"本月扣零"和"上月扣零"两个项目;若选择了"扣税处理",则系统在工资项目中自动增加"代扣税"项目;若在建立工资账套时勾选了"是否核算计件工资",则系统在工资项目中自动增加"计件工资"项目,这些固定的项目不能删除或重命名。

另一类是变动的工资项目,可根据实际情况定义或参照增加,如"基本工资"、"加班工资"、"奖金"等。

对于多类别工资管理而言,必须是在关闭所有工资类别后,才能新增工资项目。在此设置的工资项目是针对所有工资类别将要使用到的全部工资项目;对于单工资类别的工资账套而言,就是此工资账套所使用的全部工资项目。

特别提示:

(1)对于多类别工资管理而言,必须是在关闭所有工资类别后,才能新增工资项目。在这种情况下设置的工资项目是针对所有工资类别将要使用到的全部工资项目,然后在打开某个工资类别的情况下,同样在"工资项目设置"功能下将属于本工资类别的工资项目参照输入即可。对于单工资类别的工资账套而言,就是此工资账套所使用的全部工资项目。

(2)工资项目名称必须唯一。

(3)工资项目一经使用,数据类型不允许修改。

七、代发银行设置

代发银行名称设置是指所有工资类别所涉及的代发工资银行名称。当企业发放工资采用银行代发形式时,需要确定银行名称及账号长度。账号长度的设定可以采用系统默认的11位,也可以自行设定,设定后不能修改。可根据需要设置多个代发工资银行。例如:同一工资类别中的人员由于在不同的工作地点,需在不同的银行代发工资,或者不同的工资类别由不同的银行代发工资。

八、员工档案设置

人员档案的设置用于登记工资发放人员的姓名、职工编号、所在部门、人员类别等信息,此外,员工的增减变动也必须先在本功能中处理。

特别提示:

人员档案设置只有在打开某个工资类别的情况下才可以进行。

九、设置计算公式

为了提高数据输入速度,确保工资计算的自动化和准确性,设置计算公式的目的在于杜绝手工计算过程中可能存在的错误。人员档案建好之后,就可以重新返回"工资项目设置"窗口,单击"公式设置"页签,定义各工资项目的计算公式以及工资项目之间的运算关系。定义计算公式可通过选择工资项目,运算符,关系符以及函数等组合完成,也可以直接在公式编辑框中输入。

特别提示:

(1)在多工资类别的情况下,输入公式必须是在打开了相应的工资类别的情况下才可进行,否则打开"工资项目设置"功能后,"公式设置"页签不会显示。

(2)输入公式时,输入状态必须是半角并且标点符号是实心而不是空心的状态。

第二节　工资管理系统日常业务

经过以上一系列初始化工作之后，便可进入日常业务处理阶段。这阶段的主要工作包括人员的增减，部分工资附加信息的变更，职工工资款项数据录入，工资分钱清单，扣缴个人所得税，生成银行代发工资数据，工资表以及工资统计分析报表的查询和打印等等。其中人员增减处理和部分工资附加信息的变更可通过"人员档案"设置模块进行（调用其中的修改功能即可），这里不作介绍。本节着重介绍职工工资款项数据录入，工资分钱清单，个人所得税计算和银行代发工资等内容。

一、工资数据输入和工资变动处理

工资数据按其稳定性可以分为基本不变工资数据和每月都变化的变动工资数据。基本不变工资数据是指在较长时间内相对稳定不变的数据，如"基本工资"等；变动工资数据是指每个月都不同的工资数据，如奖金、加班工资等。对于基本不变的工资数据，只要第一次使用工资系统时输入就可以了，一般来说可在较长一段时间内保持不变；对于每月不同的变动工资数据，则需要每月进行调整。

二、工资分钱清单

目前大部分单位的工资都通过银行代发，不再发放现金。但在个别地区或由于种种原因仍然有部分单位采用传统的现金发放模式，在这样的情况下，在工资发放日，财务人员需要准确统计发放工资所需的各种面值的货币数量，就需要用到"工资分钱清单"功能，包括部门分钱清单和人员分钱清单以及工资发放取款单。部门分钱清单列示发放某一个部门的工资所需要的各种面值的纸币数量；人员分钱清单列示发放每个员工的工资所需的各类面值的纸币数量；工资发放取款单列示发放本单位工资所需的各类发放本单位工资所需的纸币数量。

三、个人所得税计算与申报

税法规定，凡支付个人应纳税所得的单位或个人都是个人所得税的扣缴义务人。因此，单位在向职工支付工资薪金时，应由办税人员依法计算并代扣代缴个人所得税。个人所得税的计算政策性强，过程比较复杂，为了方便各单位依法履行扣缴义务，目前国内开发的工资管理系统基本上都具备个人所得税的计算功能，只要适当地设置了个人所得税的相关参数，所有的扣税计算工作都由计算机自动完成。

四、银行代发

银行代发即由银行代为发放企业职工个人工资。目前许多单位发放工资时都采用工资信用卡方式。这种做法既减轻了财务部门发放工资工作的繁重，有效地避免了财务部门到银行提取大笔款项所承担的风险，又提高了对员工个人工资的保密程度。

采用由银行代发工资的单位,每期工资核算之后需将每个职工的发放数据按照银行要求的文件格式提交给开户银行,这就是所说的"生成银行代发工资数据"。作为银行代发工资的前提条件之一,用户必须在工资系统中按照银行要求设定相应的文件格式,以便使工资系统产生的数据符合银行的要求。

五、工资统计、查询

(一)工资账表

为了便于工资发放、统计及对部门、人员类别的工资数据进行分析、比较,本系统提供了各种工资表和工资分析表。

1.工资表

工资表主要用于本月工资发放和统计。本系统主要提供了如下工资表:工资发放签名表、工资发放条、工资卡、部门工资汇总表、人员类别汇总表、条件汇总表、条件明细表、条件统计表等。

其中,工资发放签名表:即工资发放清单或工资发放签名表,一个职工一行,用于领取工资的职工签字确认;工资发放条:为发放工资时交职工的工资项目清单;部门工资汇总表:按单位(或各部门)工资进行汇总所形成的清单;人员类别工资汇总表:按人员类别进行工资汇总所形成的清单;工资卡:即工资台账,按每人一张设立卡片,工资卡片反映了每个员工各月的各项工资情况。

2.工资分析表

工资分析表是以工资数据为基础,对部门、人员类别的工资数据进行分析和比较,产生和各种分析表,供决策人员使用。本系统主要提供了如下工资分析表:工资项目分析表、工资增长分析、员工工资汇总表、按月分类统计表、部门分类统计表、按项目分类统计表、员工工资项目统计表、分部门各月工资构成分析表、部门工资项目构成分析表等。

(二)凭证查询

在工资管理系统生成的记账凭证,经过保存之后即可传输到总账系统,一般来说不能修改,只能在工资系统中,通过"凭证查询"功能来删除或者冲销。

六、工资分摊

工资分摊是指对当月发生的工资费用进行工资总额的计算、分配及各种经费的计提,并自动生成转账凭证,传递到总账系统进行统一的账务处理。工资费用是企事业单位的重要支出,合理分配工资费用是正确计算相关资产成本和当期损益的前提条件,是各单位财务人员期末账项调整的重要内容。

月末,财会部门根据工资费用分配表,将工资费用根据职工提供服务的受益对象,计入相关资产成本或当期损益。在本工资管理系统中,可以灵活设置各项费用计提基数并计提应付福利费、工会经费、职工教育经费、住房公积金等费用,对它们进行分配,并编制会计分录。

七、月末处理

月末处理主要包括月末结转本月数据和年末结转本年数据。

(一)月末结转

月末结转是将当月数据经过处理后结转至下月。每月工资数据处理完毕后均需进行月末结转。由于在工资项目中,有的项目是变动的,即每月的数据均不相同,在每月末处理完本月工资后结转至下月前,均需将其数据清为零,而后输入下月的数据,此类项目即为清零项目。

特别提示:
(1)月末结转只有在会计年度的1月至11月进行。
(2)月末结转只有在当月工资数据处理完毕后才可进行。
(3)若为处理多个工资类别,则应打开工资类别,分别进行月末结转。
(4)若本月工资数据未汇总,系统将不允许进行月末结转。
(5)进行月末结转后,当月数据将不再允许变动。
(6)月末处理功能只有主管人员才能执行。

(二)反结账

在工资管理系统结账后,如果发现本月工资处理有错误或还有一些业务及其他事项需要在已结账月进行账务处理,此时需要使用反结账功能,取消已结账标记。

(三)年末结账

年末结转即将本年的工资数据结转到下年,是将经过处理后的工资数据结转至本年。新年度账应在进行数据结转前建立,与通常的月末结转不同,当业务日期为12月的时候调用"月末结转"功能时,此项功能将不可用,此时需要进行结转上年数据的操作,方法是以账套主管的身份注册到"系统管理"中,通过选择"年度账"下的"结转上年数据"进行上年数据结转。

第三节 上机实验——工资核算

一、实验目的

通过实训,了解工资管理系统的核算流程,掌握工资管理系统的启用、工资账套的建立、工资管理系统的初始化、日常业务处理、工资分摊及期末业务的处理。

二、实验内容

1. 工资管理系统的启用、工资账套的建立;

2.工资管理系统初始化设置；

3.工资管理系统日常业务处理；

4.工资分摊和月末处理。

三、实验资料

(一)系统参数

工资类别个数：单个；

不核算计件工资；

核算币种为人民币(RMB)；

代扣个人所得税；

不进行扣零处理；

人员编码长度：4位；

启用日期：2014年1月。

(二)基础信息

1.银行信息

编码：00013；名称：工行韶山路支行营业部；账号长度：定长11位。

2.部门设置

第三章"部门档案设置"共享数据。

3.人员类别

人员类别：分为1001管理人员和1002经营人员。

4.人员档案

人员档案设置见表7-1，注意：各职工均为中方人员，计税，不核算计件工资。

表 7-1 人员档案

人员编号	人员姓名	部门	人员类别	工资存折账号
1001	刘宏远	总经理办公室	管理人员	20070100001
1002	刘洪涛	财务部	管理人员	20070100002
1003	王荔	财务部	管理人员	20070100003
1004	张云山	财务部	管理人员	20070100004
2001	李强	供应部	经营人员	20070100005
2002	钱泰龙	供应部	经营人员	20070100006
3001	秦安安	销售部	经营人员	20070100007
3002	陈连江	销售部	经营人员	20070100008

5.工资项目

工资项目设置见表7-2。

表 7-2　工资项目

项目名称	类型	长度	小数位数	增减项
基本工资	数字	8	2	增项
奖励工资	数字	8	2	增项
交通补贴	数字	8	2	增项
应发合计	数字	10	2	增项
住房公积金	数字	8	2	减项
计税基数	数字	8	2	其他
代扣税	数字	8	2	减项
扣款合计	数字	10	2	减项
实发合计	数字	10	2	增项

6. 工资项目及其公式

交通补贴公式：　　　　iff(人员类别="管理人员",800,500)
住房公积金公式：　　　(基本工资+奖励工资+交通补贴)×0.08
计税基数公式：　　　　基本工资+奖励工资+交通补贴-住房公积金

7. 个人所得税

所得税项目:工资。
对应工资项目:计税基数。
免征额:3 500 元。

(三) 1 月初职工工资数据

表 7-3　月初职工工资数据

姓名	基本工资	奖励工资
刘宏远	6 000	2 400
刘洪涛	3 200	1 000
王荔	2 000	600
张云山	2 400	600
李强	3 000	1 200
钱泰龙	2 400	800
秦安安	3 000	1 200
陈连江	2 400	800

(四) 工资及相关费用分摊

分摊计提月份:2014 年 1 月。
核算部门:所有部门。
计算公式：　　　　　　应付工资总额=应发合计

应付福利费＝应发合计×14％

工会经费＝应发合计×2％

职工教育经费＝应发合计×1.5％

住房公积＝公积金×100％

分摊分录如表 7-4 所示。

表 7-4　工资及相关费用分录

部门		工资总额		应付福利费		工会及职工教育经费		公积金	
		借方科目	贷方科目	借方科目	贷方科目	借方科目	贷方科目	借方科目	贷方科目
总经办	管理人员	660201	2211	660201	2211	660201	2211	660201	2211
财务部		660201	2211	660201	2211	660201	2211	660201	2211
供应部	经营人员	6601	2211	6601	2211	6601	2211	6601	2211
销售部		6601	2211	6601	2211	6601	2211	6601	2211

四、实验指导

引入本书第四章实验完成后的账套数据，以"03－张云山"的身份，日期为 2014 年 1 月 1 日注册进入企业门户。

(一) 建立工资账套

在首次运行工资管理系统之时，系统会提示建立工资账套，自动进入工资建账向导状态。该向导会提示用户完成四个方面账套参数设置的工作，包括参数设置、扣税设置、扣零设置和人员编码长度的设置。如图 7-1 所示。

(1) 在图 7-1 中，单击"单个"工资类别，选择"人民币"，不计算计件工资，然后单击"下一步"，进入图 7-2 所示界面。

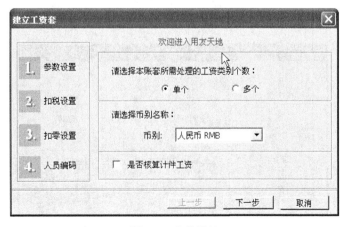

图 7-1　参数设置

(2)在图 7-2 中,在"是否从工资中代扣个人所得税"前的方框内"√",单击"下一步",进入图 7-3 所示界面。

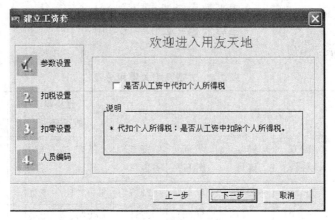

图 7-2　扣税设置

(3)在图 7-3 中,将"扣零设置"前面的方框置空,单击"下一步",进入图 7-4 所示界面。

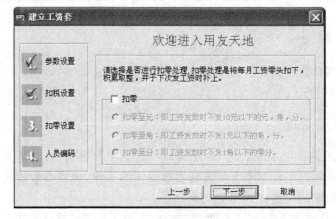

图 7-3　扣零设置

(4)在图 7-4 中,选择人员编码长度为 4 位,然后单击"完成"按钮,系统提示"未建立工资类别",单击"确定",进入"工资管理"窗口。

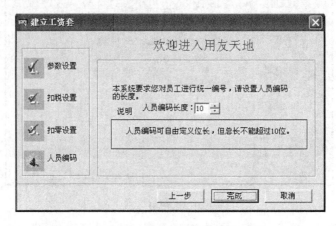

图 7-4　人员编码长度选择

(二)基础信息设置

1.银行信息设置

【操作步骤】

(1)在菜单区选择"设置"→"增加银行档案",进入银行名称设置界面,如图7-5所示。

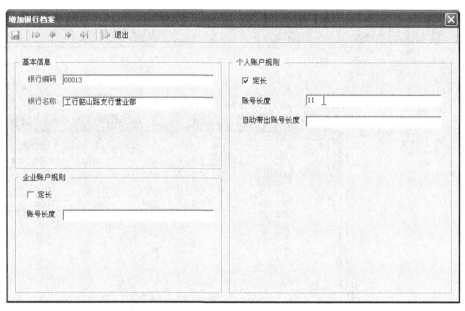

图7-5 银行名称设置

(2)单击"增加"按钮,在银行名称处输入"工行韶山路支行营业部",银行账号长度为11位,按Enter键即可保存。

2.部门设置

【操作步骤】

可参照第三章中"部门设置"的相关内容。

3.人员类别设置

【操作步骤】

(1)在菜单区选择"设置"→"人员类别设置",进入人员类别设置窗口,如图7-6所示。

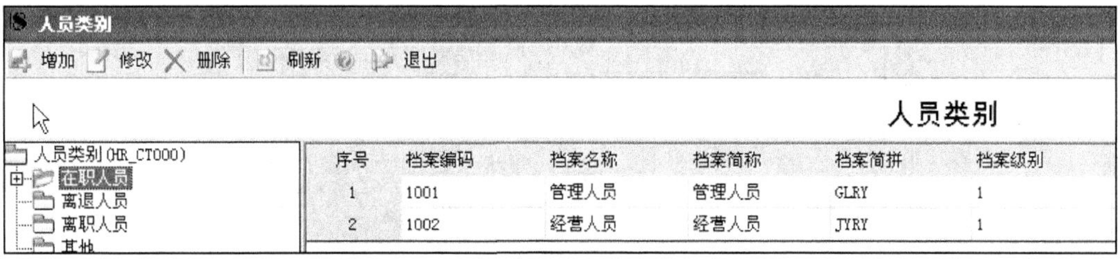

图7-6 设置人员类别

(2)首次进入此窗口,只能看到"90A-无类别",在"在职"下面增加"1001管理人员"和"1002经营人员",这样,两个人员类别就建好了,完成设置后单击"返回"按钮,返回系统主界面。

4. 建立人员档案

【操作步骤】

（1）在菜单区选择"设置"→"人员档案"，进入到"人员档案设置"窗口，如图 7-7 所示。

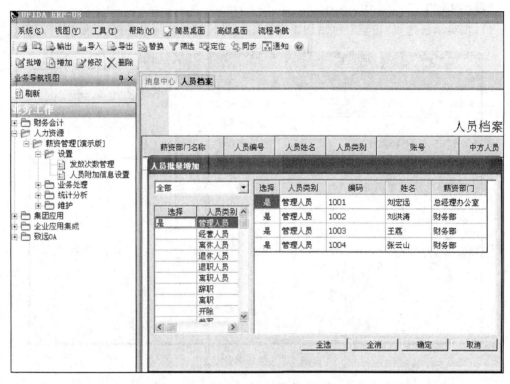

图 7-7 人员档案

（2）单击工具栏中的"增加"按钮即可进入人员档案输入界面，如图 7-8 所示。输入人员

图 7-8 人员档案设置

编号"1001",输入或参照输入人员姓名"刘宏远",选择部门名称"总经理办公室",人员类别"管理人员",在"计税"和"中方人员"的方框前打"√",选择银行名称"工行韶山路支行营业部",输入银行账号"2070100001"。

(3)所有项目输入完毕且无误后单击"确认"按钮可保存当前人员的档案信息,并进入下一个员工的档案信息设置状态。如不想继续增加,可单击"取消"按钮。

5.工资项目设置

【操作步骤】

(1)单击菜单区"设置"→"工资项目设置",进入工资项目设置界面,如图7-9所示。

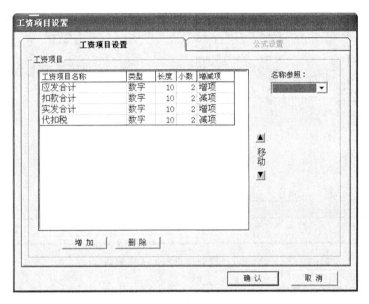

图 7-9　工资项目设置

(2)单击"增加",在工资项目列表末增加一空行,如图7-10所示,可设置工资项目。

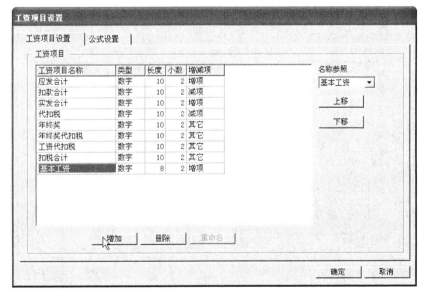

图 7-10　增加工资项目

(3)直接输入工资项目"基本工资"或在"名称参照"中选择工资项目名称,并设置工资项目的类型为数字型,长度为 8 位,小数位数 2 位,增减项为"增项",然后单击"增加"按钮,进入下一个工资项目的设置状态。全部输入完毕后,单击"确认"按钮保存并退出工资项目设置,返回系统主界面。

(4)单击界面上的向上、向下移动箭头,按照实验资料中所给出的顺序调整工资项目的排列顺序,如图 7-11 所示。

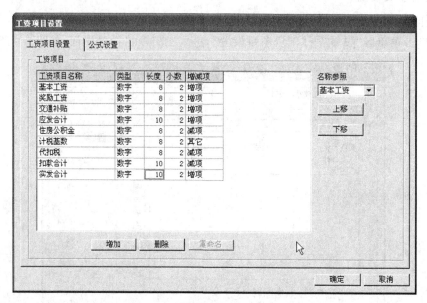

图 7-11 按顺序排列的工资项目

6. 工资项目计算公式设置

(1)单击菜单区"设置"→"工资项目设置",进入工资项目设置界面,单击"公式设置"页签,如图 7-12 所示。

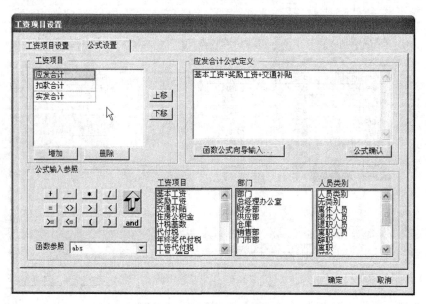

图 7-12 工资计算公式设置

(2)在屏幕左上方工资项目窗口单击"增加"按钮,从工资项目下拉框中选择"交通补贴",在交通补贴公式定义窗口输入公式"iff(人员类别=″管理人员″,800,500)",或单击"函数公式向导输入"按钮由系统引导输入公式,如图7-13所示,输入完毕后单击"公式确认"按钮。若计算公式正确,单击后系统不出现提示信息,或公式表达有误,则系统提示相应出错信息。

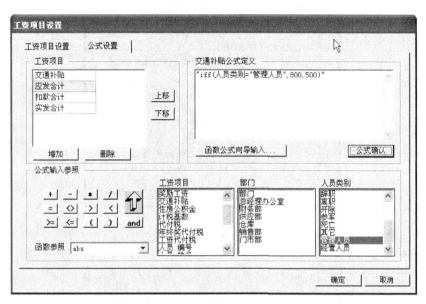

图7-13 公式输入

(3)按照上述步骤,可依次定义其他公式,全部公式定义完后,单击"确认"按钮,返回系统主界面。

(三)日常业务处理

1. 月初职工数据录入

【操作步骤】

单击"业务处理"菜单下的"工资变动",如图7-14所示,输入每个人的工资数据,定义了计算公式的工资项目如"交通补贴"、"住房公积金"、"计税基数"、"应发合计"等则不必输入,单击界面上的"计算"按钮,系统就会根据定义好的公式自动计算。

选择	人员编号	姓名	部门	人员类别	基本工资	奖励工资	交补	应发合计	住房公积金	计税基数	代扣税	扣款合计	实发合计
	1001	刘宏远	总经理办公	管理人员	6,000.00	2,400.00	800.00	9,200.00	736.00	8,464.00	917.80	1,653.80	7,546
	1002	刘洪涛	财务部	管理人员	3,200.00	1,000.00	800.00	5,000.00	400.00	4,600.00	265.00	665.00	4,335
	1003	王慕	财务部	管理人员	2,000.00	600.00	800.00	3,400.00	272.00	3,128.00	87.80	359.80	3,040
	1004	张云山	财务部	管理人员	2,400.00	600.00	800.00	3,800.00	304.00	3,496.00	124.60	428.60	3,371
	2001	李强	供应部	经营人员	3,000.00	1,200.00	500.00	4,700.00	376.00	4,324.00	223.6		
	2002	钱泰龙	供应部	经营人员	2,400.00	800.00	500.00	3,700.00	296.00	3,404.00	115.40	411.40	3,288
	3001	秦安安	销售部	经营人员	3,000.00	1,200.00	500.00	4,700.00	376.00	4,324.00	223.60	599.60	4,100
	3002	陈洼江	销售部	经营人员	2,400.00	800.00	500.00	3,700.00	296.00	3,404.00	115.40	411.40	3,288
合计					24,400.00	8,600.00	5,200.00	38,200.00	3,056.00	35,144.00	2,073.20	5,129.20	33,070

图7-14 工资变动

2.个人所得税计算

【操作步骤】

(1)单击"选项"→"扣税设置",在"对应工资项目"框内,选择"计税基数"项,如图 7-15 所示。

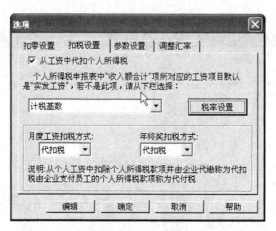

图 7-15　扣税设置

(2)单击"税率"按钮,进入"个人所得税申报表——税率表",如图 7-16 所示,按修改后的个人所得税法,将个人所得税的扣除基数 2 000 元修改为 3 500 元。

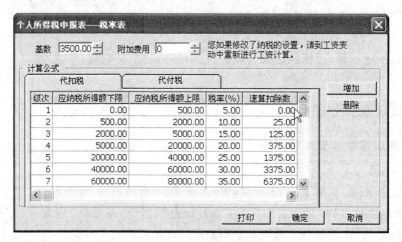

图 7-16　个人所得税税率表

(3)单击"业务处理"菜单下的"扣缴所得税"菜单,系统会弹出"个人所得税申报模版"窗口,让用户设置申报表项目,如图 7-17 所示。

(4)单击"打开"按钮,系统询问:"调整税率表后,个人所得税需重新计算。是否重新计算个人所得税?",选择"是",系统显示重新计算后的个人所得税扣缴申报表,如图 7-18 所示。

(5)再次单击"业务处理"菜单下的"工资变动",单击界面上的"计算"按钮,系统会重新计算工资。如图 7-19 所示。

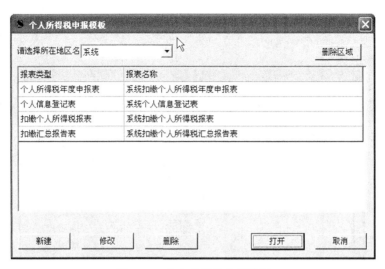

图 7-17 个人所得税申报模版

姓名	证件号码	所得项目	所属期间	所属期间	收入额	减费用额	应纳税所...	税率	速算扣除数	应纳税额	已扣缴税款
刘宏远		工资	20140101	20141231			4964.00	15	125.00	619.60	619.60
刘洪涛		工资	20140101	20141231			1100.00	10	25.00	85.00	85.00
王磊		工资	20140101	20141231			0.00	0	0.00	0.00	0.00
张云山		工资	20140101	20141231			0.00	0	0.00	0.00	0.00
李强		工资	20140101	20141231			824.00	10	25.00	57.40	57.40
钱泰龙		工资	20140101	20141231			0.00	0	0.00	0.00	0.00
秦安安		工资	20140101	20141231			824.00	10	25.00	57.40	57.40
陈连江		工资	20140101	20141231			0.00	0	0.00	0.00	0.00
合计							7712.00		200.00	819.40	819.40

系统扣缴个人所得税年度申报表
2014年1月 -- 2014年1月

图 7-18 个人所得税年度报表

工资变动

选择	人员编号	姓名	部门	人员类别	基本工资	奖励工资	交通补贴	应发合计	住房公积金	计税基数	代扣税
	1001	刘宏远	总经理办公室	管理人员	6,000.00	2,400.00	800.00	9,200.00	736.00	8,464.00	619.60
	1002	刘洪涛	财务部	管理人员	3,200.00	1,000.00	800.00	5,000.00	400.00	4,600.00	85.00
	1003	王磊	财务部	管理人员	2,000.00	600.00	800.00	3,400.00	272.00	3,128.00	
	1004	张云山	财务部	管理人员	2,400.00	600.00	800.00	3,800.00	304.00	3,496.00	
	2001	李强	供应部	经营人员	3,000.00	1,200.00	500.00	4,700.00	376.00	4,324.00	57.40
	2002	钱泰龙	供应部	经营人员	2,400.00	800.00	500.00	3,700.00	296.00	3,404.00	
	3001	秦安安	销售部	经营人员	3,000.00	1,200.00	500.00	4,700.00	376.00	4,324.00	57.40
	3002	陈连江	销售部	经营人员	2,400.00	800.00	500.00	3,700.00	296.00	3,404.00	
合计					24,400.00	8,600.00	5,200.00	38,200.00	3,056.00	35,144.00	819.40

图 7-19 工资变动

(四)期末业务处理

1. 期末工资分摊

应付工资总额的分摊:

(1)单击菜单区"业务处理"→"工资分摊",进入工资分摊窗口,如图 7-20 所示。

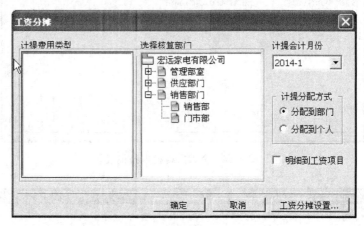

图 7-20　工资分摊

(2)单击屏幕右下方的"工资分摊设置"按钮,进入"分摊类型设置"对话框,如图 7-21 所示。可新增、修改、查看、删除类型名称和分摊比率。

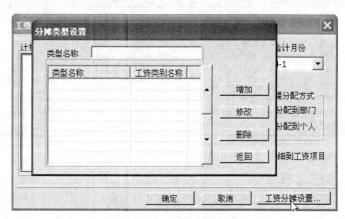

图 7-21　分摊类型设置

(3)单击"增加"按钮,系统会弹出"分摊计提比例设置"对话框,如图 7-22 所示。

(4)输入计提类型名称:应付工资总额,分摊计提比例:100%。单击"下一步"按钮,进入"分摊构成设置"窗口,如图 7-23 所示。第一行人员类别选择"管理人员",部门选择总经理办公室和财务部,项目选择"应发合计",借方科目选择"660201 管理费用",贷方科目选择"2211 应付职工薪酬";第二行人员类别选择"经营人员",部门选择供应部、仓库、销售部、门市部,项目选择"应发合计",借方科目选择"6601 销售费用",贷方科目选择"2211 应付职工薪酬";单击"完成"按钮,再单击"返回"按钮,返回工资分摊界面,完成对应付工资总额分摊类型的设置。

应付福利费、工会经费、职工教育经费、住房公积金的分摊操作步骤同应付工资总额分摊的操作步骤,在此不再赘述。

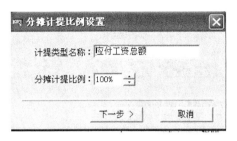

图 7-22 应付工资总额的分摊计提比例设置

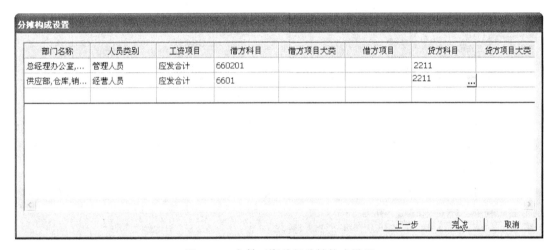

图 7-23 应付工资总额分摊构成设置

2．编制会计分录

(1)单击菜单区"业务处理"→"工资分摊",在工资分摊界面的所有计提费用类型包括"应付工资总额"、"应付福利费"、"工会经费"、"职工教育经费"、"住房公积金"前的方框内打"√",如图 7-24 所示,选择所有部门,表示所有部门都参与核算,勾选"分配到部门"和"明细到工资项目"。

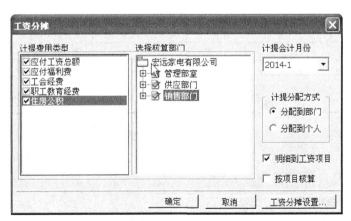

图 7-24 选择计提费用类型和核算部门

(2)单击"确定"按钮,进入到应付工资总额一览表,如图 7-25 所示,在"合并科目相同、辅助项相同的分录"前打"√",类型选择"应付工资总额",进行应付工资总额的分摊制单。

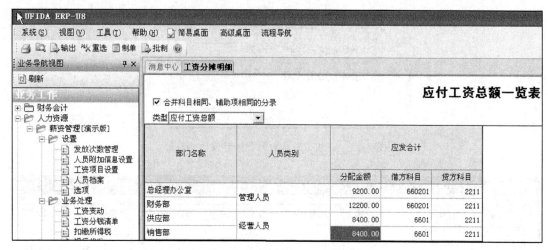

图 7-25 应付工资总额一览表

(3)单击"制单"按钮,进行分摊应付工资总额的记账凭证编制界面,选择凭证类型"转账凭证",制单日期 2014 年 1 月 31 日,单击"保存"按钮或按 F6 键系统在凭证左上方显示"已生成"红色戳记。

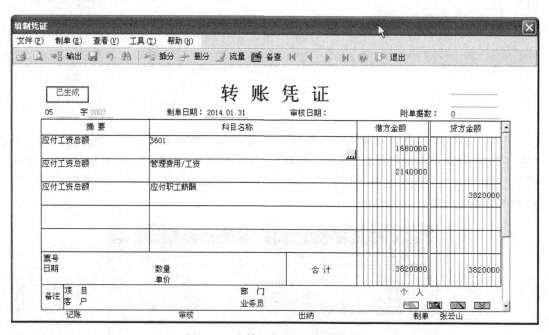

图 7-26 应付工资总额的分摊制单

(4)应付福利费、工会经费、职工教育经费、住房公积金的制单步骤同应付工资总额制单,在此不再赘述。

(5)凭证审核与记账。

在工资管理系统中,单击保存所生成的凭证,系统在凭证左上方显示"已生成"红色戳记。经保存后的记账凭证已传输到总账系统,在总账系统里审核和记账。如图 7-27 所示。

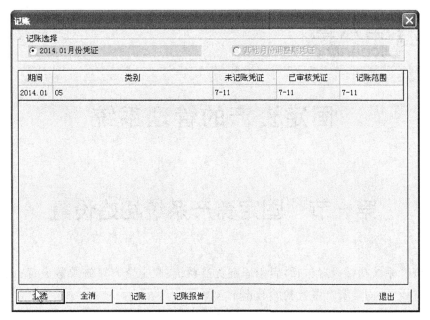

图 7-27 凭证记账——工资系统

第八章 固定资产的管理系统

第一节 固定资产系统初始设置

固定资产系统初始设置包括:启用固定资产系统、固定资产系统参数设置、固定资产系统基础信息设置、固定资产系统初始数据录入等。

一、启用固定资产系统

第一次使用固定资产系统时,系统会自动打开"固定资产初始化向导"窗口,进入系统初始化阶段。初次启动固定资产系统时必须设置业务控制参数,其他参数可以在系统"选项"中进行补充。通过这些参数的设置,便建立了固定资产账套。

二、固定资产系统参数设置

固定资产系统业务控制参数包括:约定与说明、启用月份、折旧信息、编码方式及账务接口等。

(一)约定及说明

其内容是固定资产账套的基本信息和资产管理的基本原则,需要使用者认真检查、确认。

(二)启用月份

如果需要向账务处理系统传递凭证,则固定资产系统的启用月份不得在账务处理系统的启用月份之前。在启用月份确定后,该月前的所有固定资产都将作为期初数据进行处理。

(三)折旧信息

折旧信息设置的目的是根据使用单位性质确定账套计提折旧的性质。系统提供了五种折旧方法:不提折旧、平均年限法、工作量法、年数总和法、双倍余额递减法,单位根据自身需要确定计提折旧的主要方法。折旧汇总分配周期是指企业在实际计提折旧时的时间间隔。企业可根据所处行业和自身情况确定将折旧归集成本和费用的周期。

(四)编码方式

首先设置资产类别的编码方式:资产类别是根据单位管理和核算的需要给资产所做的分类,系统推荐采用国家规定的4级6位(2112)方式,也可以根据需要自己分类。

其次设置固定资产编码方式:固定资产编码是资产的管理者固定资产所编的编号,可以在输入卡片时手工输入,也可以选用自动编码的形式自动生成。自动编码中序号的长度可自由设定为1～5位。

(五)账务接口

这个部分的设置涉及固定资产管理系统和账务处理系统对账的设置。对账的含义是将固定资产的原值总额和累计折旧总额与账务系统的固定资产一级科目余额和累计折旧一级科目余额进行核对,看看数值是否相等。如果不想与账务系统对账,可不进行选择,表示不对账。

如果选择"与账务系统进行对账",需要确定固定资产系统和账务系统中哪一会计科目对账。一般情况下固定资产对账科目应选择账务系统中"固定资产"一级科目,累计折旧对账科目应选择账务系统中"累计折旧"一级科目。

如果选中"在对账不平情况下允许固定资产月末结账",表示当固定资产系统与账务系统的固定资产金额、累计折旧金额不相等时允许月末结账。

完成上述设置后,屏幕将显示前面五项设置的内容,需要认真检查一下,检查正确,正式启用固定资产系统。

三、固定资产系统基础信息设置

固定资产系统基础信息设置的内容包括:部门档案、资产类别、部门对应折旧科目、增加方式、使用状况等项目。

(一)部门档案设置

部门档案在账务处理系统已经设置,此处可以共享。如果还没有设置,可以在固定资产系统选择【部门档案】设置部门。

(二)资产类别设置

在定义固定资产类别时,可以设置固定资产的类别编码、类别名称、使用年限、净残值率、计提属性、折旧方法、卡片样式等,定义了这些共性之后,在输入某项固定资产卡片时,系统自动将这些公共的项目复制到该项固定资产卡片中。

(三)部门对应折旧科目设置

资产计提折旧后必须把折旧归入成本或费用。当按部门归集折旧费用时,一般情况下,某一部门内的固定资产的折旧费用将归集到一个比较固定的科目,所以部门对应折旧科目设置就是给部门选择一个折旧科目。

(四)增减方式设置

增减方式包括增加方式和减少方式两类。其中增加方式主要有：直接购入、投资者投入、接受捐赠、盘盈、在建工程转入、融资租入等；减少的方式主要有：出售、盘亏、投资转出、捐赠转出、报废、毁损、融资租出等。企业还可以根据实际情况设置其他增减方式。通过设置增加方式，使企业在发生固定资产增减业务时，系统根据不同的增减方式，自动生成记账凭证，根据不同的增减方式，设置对应的入账科目。

(五)使用状况设置

主要的使用状况有使用中、未使用、不需用等。其中使用中固定资产又分为在用、季节性停用、经营性出租、大修理停用等。在设置时，根据不同类别的固定资产的不同使用状况决定是否要计提折旧。

(六)折旧方法设置

折旧方法设置是系统自动计算折旧的基础，系统提供常用的六种折旧方法：不提折旧、平均年限法(一)、平均年限法(二)、工作量法、年数总和法、双倍余额递减法，并列出了它们相应的折旧计算公式。

四、固定资产系统初始数据录入

固定资产系统的初始数据通过原始卡片录入。原始卡片是指固定资产系统开始使用时企业已有的记录固定资产情况的卡片。在使用固定资产系统进行核算前，必须将原始卡片资料录入系统。

在输入原始卡片时，系统会提供资产类别参照。因为一个资产类别对应一种卡片样式，选择所属的资产类别后，才可进入相应的卡片输入。

在原始卡片输入操作中，资产编号和类别编号一般由系统根据前面的设置自动生成，固定资产名称需要人工输入，部门名称、增加方式和使用状况是参照输入，使用年限、净残值率、折旧方法及币种都是系统默认值，可以修改。此外，还要设置相关折旧信息。在输入完卡片的主要内容后，可输入其他附加资料，从而完善固定资产的日常管理。

第二节 固定资产系统日常业务处理

固定资产的日常业务处理包括固定资产增加核算、固定资产减少核算、固定资产变动核算、固定资产折旧处理、固定资产凭证处理和固定资产账表输出等。

一、固定资产增加核算

系统提供的固定资产增加形式有：直接购入、投资者投入、接受捐赠、盘盈固定资产、在建工程转入、融资租入等。实际发生固定资产增加业务时，应根据不同的业务内容增加不同的固定资产卡片信息。

二、固定资产减少核算

固定资产在使用过程中,由于出售、报废、毁损、盘亏等原因退出企业,称为固定资产减少。系统提供的固定资产减少方法有两种:一种是,如果减少的资产较少或者没有共同点,则可以通过输入资产编号或卡片号,将资产选到资产减少表中;另一种是,如果减少的资产较多且具有共性时,则可以通过输入查询条件,将符合该条件的所有资产选出来进行批量减少。

三、固定资产变动核算

固定资产变动是指固定资产卡片中部分项目的变动,如固定资产原值的增减、使用部门转移、使用状况变动、使用年限调整、折旧方法的调整等。在固定资产子系统中,固定资产卡片上的调整项目均可通过各种变动单输入,并进行数据处理。

固定资产变动核算包括:原值增减、部门转移、使用状况变动、使用年限调整、折旧方法调整等。

四、固定资产折旧处理

固定资产系统中通过"计提本月折旧"向导自动计提折旧。企业每期计提折旧时,系统根据录入的资料自动计算每期折旧,并自动生成折旧分配表,生成计提折旧的记账凭证,将本期的折旧费用自动登账。

五、固定资产凭证处理

固定资产系统和总账系统之间存在着数据的自动传递,该传递是通过制作记账凭证传送到账务处理系统中来实现。固定资产系统需要生成并传递的凭证情况包括:资产增加、资产减少、原值变动、累计折旧调整、折旧分配等。固定资产系统制作记账凭证可以选择"立即制单"或"批量制单"。

在固定资产系统中制作的传递到总账系统的凭证,如要修改和删除,只能在本系统中完成,账务处理系统无权删除和修改本系统生成的凭证。

六、固定资产账表输出

固定资产系统提供账表管理功能,可以及时掌握资产的统计、汇总和其他各方面的信息。固定资产系统提供了四类账表:分析报表、统计表、账簿和折旧表。

第三节 固定资产系统月末处理

固定资产系统在生成凭证后,自动将本系统的会计凭证传递到账务处理系统,在账务处理系统进行出纳签字、凭证审核、凭证记账工作。系统生成的凭证在总账系统记账后,固定资产系统才可以进行月末对账、结账工作。

一、对账

固定资产系统对账是指固定资产系统中固定资产的价值和账务系统中固定资产科目的数值核对,固定资产系统中累计折旧的余额和账务系统中累计折旧科目的余额核对。只有在系统初始设置时选择了与总账对账,对账功能才可以进行。

通过执行固定资产系统的月末对账功能,系统在月末结账时自动对账一次,给出对账结果,并根据初始化和选项中的判断确定不平的情况下是否可以结账。

二、月末结账

月末结账完成后,系统会提示可操作日期已转入下一期间的日期,只有以下一期的日期登录,才可对账套进行编辑。反过来,本期不结账,将不能处理下期的数据。

第四节 上机实验——固定资产处理

一、实验目的

1. 掌握固定资产初始化的基本操作;
2. 掌握固定资产日常业务处理的基本操作;
3. 掌握固定资产期末业务处理的基本操作。

二、实验内容

1. 建立固定资产账套,设置业务控制参数;
2. 固定资产系统基础设置;
3. 固定资产卡片项目定义、卡片样式定义和原始卡片的录入;
4. 固定资产增加、固定资产减少和固定资产变动处理;
5. 固定资产凭证处理和账表输出;
6. 固定资产月末对账和月末结账。

三、实验资料

(一)系统参数(见表8-1)

表8-1 系统参数设置

系统参数	参数设置
启用月份	2014-01

续表

系统参数	参数设置
折旧信息	计提折旧 折旧方法：平均年限法（一） 折旧汇总分配周期：1个月 当"月初已计提折旧月数＝可使用月份－1"时，将剩余折旧全部提足
编码方式	资产类别编码方式：2212 固定资产编码方式：按"类别编码＋部门编码＋序号"自动编码 卡片序号长度：3
财务接口	与财务系统进行对账 对账科目： 　　固定资产对账科目：1601 固定资产 　　累计折旧对账科目：1602 累计折旧
补充参数	业务发生后立即制单 月末结账前一定要完成制单登账业务 固定资产默认入账科目：1601 累计折旧默认入账科目：1602

（二）基础信息

（1）资产类别，如表 8-2 所示。

表 8-2　固定参数设置

编码	类别名称	净残值率	单位	计提属性
01	房屋及建筑物	5％		正常计提
0101	房屋	5％	间	正常计提
0102	建筑物	5％	幢	正常计提
02	交通运输设备	5％		正常计提
0201	经营用设备	5％	辆	正常计提
0202	非经营用设备	5％	辆	正常计提

（2）部门对应折旧科目，如表 8-3 所示。

表 8-3　部门及对应折旧科目

部门	对应折旧科目
总经理办公室	管理费用——折旧
财务部	管理费用——折旧
供应部	销售费用
销售部	销售费用

(3)增减方式及对应科目,如表8-4所示。

表8-4　增减方式及对应科目

增减方式	对应入账科目
增加方式	
直接购入	100201
减少方式	
毁损	1606固定资产清理

(4)使用状况:使用默认值。

(三)原始卡片

如表8-5所示,各资产使用状况均为"在用"。

表8-5　固定资产原始卡片

固定资产名称	类别编号	所属部门	增加方式	使用年限	开始使用日期	原值	累计折旧
综合楼	0101	总经办	直接购入	50	2012.12.1	10 000 000	190 000
仓库	0101	供应部	直接购入	50	2012.12.1	4 000 000	77 500
面包车	0202	总经办	直接购入	20	2012.12.1	250 000	11 875
小轿车	0202	总经办	直接购入	20	2012.12.1	400 000	19 000
货车	0201	供应部	直接购入	20	2012.12.1	300 000	14 250
双排座	0201	销售部	直接购入	20	2012.12.1	50 000	2 375
合计						15 000 000	315 000

(四)固定资产系统日常业务处理资料

(1)2014年1月24日,购买轿车一辆,价款460 000元(含税),净残值率5%,预计使用年限15年。通过工行转账支票支付,转账支票号3012347。

(2)2014年1月31日,计提本月折旧。

四、实验指导

(一)启用固定资产系统

(1)执行"开始"→"程序"→"U8管理软件"→"企业门户",打开"企业门户"对话框。

(2)输入:服务器名称;操作员"张云山"或用户编码"03";用户密码。选择账套"[888]宏远家电有限公司";会计年度"2014"及操作日期。

(3)执行"财务会计"→"固定资产"命令,便打开"固定资产系统"对话框,弹出"这是第一次打开此账套,还未进行过初始化,是否进行初始化?"提示信息,单击"是"按钮,接着打开"固定资产初始化向导"对话框,如图8-1所示。

第八章 固定资产的管理系统

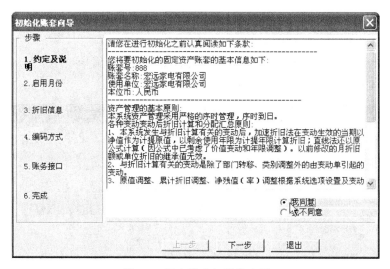

图 8-1 固定资产初始化向导

(二)固定资产参数设置

1. 约定及说明

选择"我同意",单击"下一步"按钮。

2. 启用月份

选择"2014.01",单击"下一步"按钮。

3. 折旧信息

(1)选中"本账套计提折旧"。
(2)主要折旧方法选择"平均年限法(一)"。
(3)折旧汇总分配周期选择"1个月"。
(4)选中"当(月初已计提月份=可使用月份-1)时将剩余折旧全部提足(工作量法除外)",单击"下一步",如图 8-2 所示。

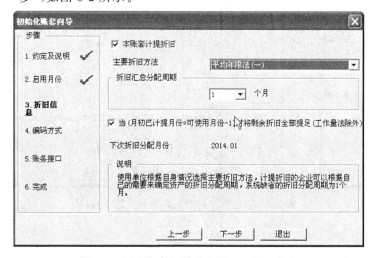

图 8-2 固定资产初始化向导——折旧信息

4. 编码方式

(1)资产类别的编码方式中编码长度选择"2212"。

(2)固定资产编码方式选择自动编码中"类别编号＋部门编号＋序号"。

(3)序号长度选择"3",单击"下一步"按钮,如图 8-3 所示。

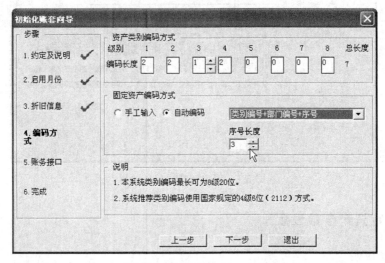

图 8-3　固定资产初始化向导——编码方式

5. 账务接口

(1)选中"与账务系统进行对账"。

(2)对账科目:固定资产对账科目选择"1601,固定资产";累计折旧对账科目选择"1602,累计折旧"。

(3)选中"在对账不平情况下允许固定资产月末结账",单击"下一步"按钮,如图 8-4 所示。

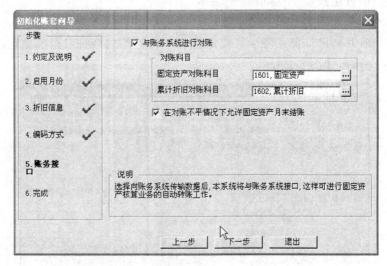

图 8-4　固定资产初始化向导——账务接口

6. 完成

单击"完成",弹出"已成功初始化本固定资产账套"提示信息。

7.系统选项

(1)执行"设置"→"选项"命令,打开"选项"对话框。

(2)单击"与账务系统接口"选项卡,选中"业务发生后立即制单"和"月末结账前一定要完成制单登账业务"。

(3)固定资产缺省入账科目选择"1601,固定资产";累计折旧缺省入账科目选择"1602,累计折旧"。单击"确定"按钮,如图8-5所示。

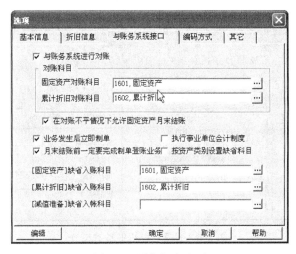

图 8-5　固定资产选项

(三)固定资产基础信息设置

1.设置固定资产类别

(1)执行"设置"→"资产类别"命令,打开"类别编码表"窗口。

(2)单击"增加"按钮,固定资产的类别编码为"01";输入:类别名称"房屋及建筑物",净残值率"5%";选择计提属性"正常计提",折旧方法"平均年限法(一)",卡片样式"通用样式",单击"保存"按钮。如图8-6所示。

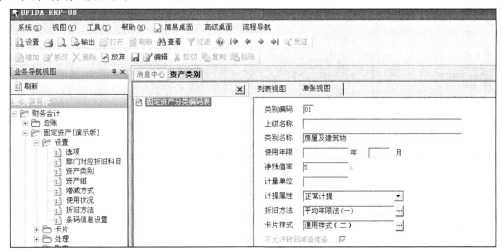

图 8-6　资产类别设置

(3)同理,依此方法完成其他类别名称的设置。

2.设置部门对应折旧科目

(1)执行"设置"→"部门对应折旧科目设置",打开"部门编码表"窗口。

(2)选择部门"总经理办公室",单击"修改"按钮。

(3)选择折旧科目"660205 管理费用－折旧",单击"保存"按钮。如图 8-7 所示。

(4)依此方法继续录入其他部门对应的折旧科目。

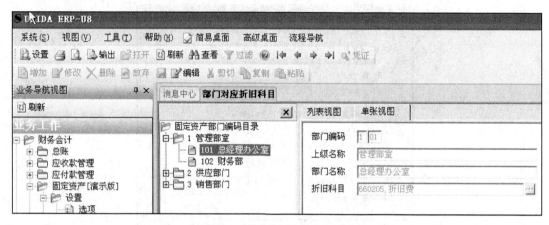

图 8-7　部门对应折旧科目设置

3.设置固定资产的增减方式

(1)执行"设置"→"增减方式",打开"增减方式"窗口。

(2)单击增加方式"直接购入",单击"修改"按钮,输入对应入账科目"100201,工行基本户",再单击"保存"按钮。如图 8-8 所示。

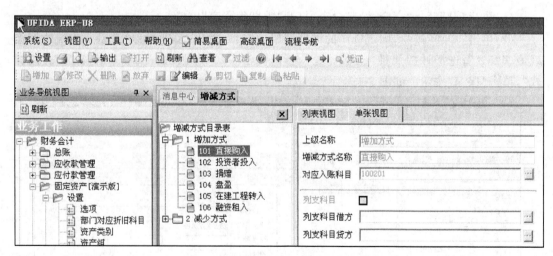

图 8-8　固定资产——增加方式设置

(3)同理,照此继续设置减少方式"毁损",对应的入账科目"1606,固定资产清理"。如图 8-9 所示。

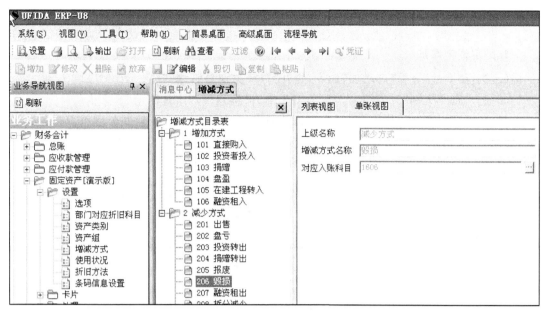

图 8-9　固定资产——减少方式设置

4. 设置固定资产的使用状况

(1)执行“设置”→“使用状况”，打开“使用状况”窗口。

(2)使用状况设置为默认值。

(四)固定资产初始数据录入

(1)执行“卡片”→“录入原始卡片”命令，进入“资产类别参照”窗口。

(2)选择固定资产分类编码表中的“0101 房屋”，打开“固定资产卡片录入”窗口。

(3)输入固定资产名称“综合楼”，双击部门名称选择“总经理办公室”，双击增加方式选择“直接购入”，双击使用状况选择“在用”，输入开始使用日期“2012.12.1”，输入原值“10000000”，累计折旧“190000”，可使用年限“50 年”，其他信息自动算出。

(4)单击“保存”按钮，系统提示“数据成功保存”。如图 8-10 所示。

(5)同理，照此继续录入其他固定资产卡片。

固定资产卡片

卡片编号	00001			日期	2014-01-31
固定资产编号	0101101001	固定资产名称	综合楼		
类别编号	0101	类别名称	房屋	资产组名称	
规格型号		使用部门	总经理办公室		
增加方式	直接购入	存放地点			
使用状况	在用	使用年限(月)	600	折旧方法	平均年限法(一)
开始使用日期	2012-12-01	已计提月份	13	币种	人民币
原值	10000000.00	净残值率	5%	净残值	500000.00
累计折旧	206000.00	月折旧率	0.0016	本月计提折旧额	16000.00
净值	9794000.00	对应折旧科目	660205,折旧费	项目	
录入人	张云山			录入日期	2014-01-31

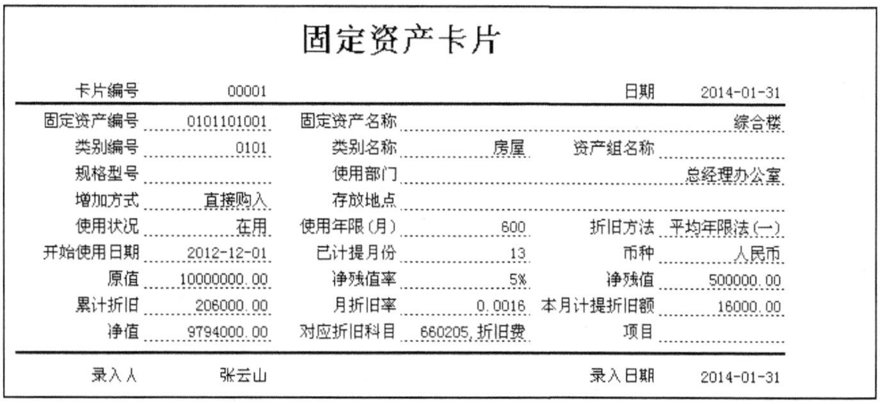

图 8-10　原始卡片录入

(五)固定资产系统日常处理

1.固定资产增加

(1)执行"卡片"→"资产增加"命令,打开"资产类别参照"窗口。

(2)进入资产类别"0202非经营用设备",打开"固定资产卡片新增"对话框。

(3)在固定资产名称栏输入"轿车";双击使用部门,选择"总经理办公室";双击增加方式,选择"直接购入";双击使用状况,选择"在用";双击净残值率,选择"5%";输入原值460 000元,可使用年限"15年"及开始使用日期"2014.01.24"。如图8-11所示。

图8-11 固定资产增加

(4)单击"保存"按钮,进入"填制凭证"窗口。

(5)选择凭证类型"银行付款凭证",修改制单日期、附单据数,输入转账支票号"3012347",单击"保存"按钮。如图8-12所示。

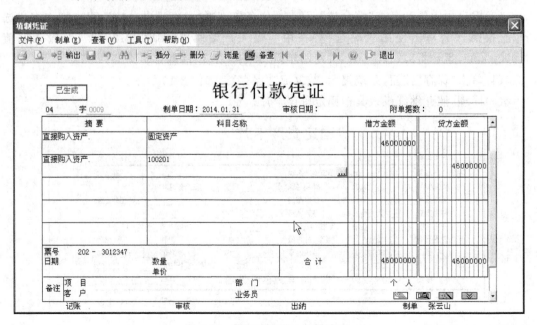

图8-12 凭证——购入固定资产

2. 固定资产计提折旧

(1)执行"处理"→"计提本月折旧"命令,系统提示"计提折旧后是否要查看折旧清单?"。

(2)单击"否"按钮,系统提示"本操作将计提本月折旧,并花费一定时间,是否继续?",单击"是"按钮。如图 8-13 所示。

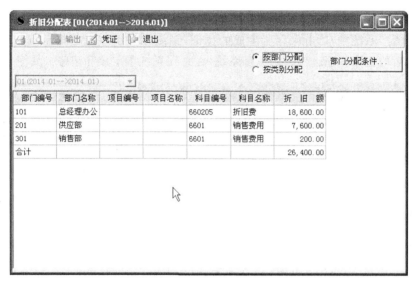

图 8-13　折旧分配表

(3)系统计提折旧完成后进入"折旧分配表"窗口,单击"退出"按钮,进入"填制凭证"窗口,选择"转账凭证",修改其他项目,单击"保存"按钮。如图 8-14 所示。

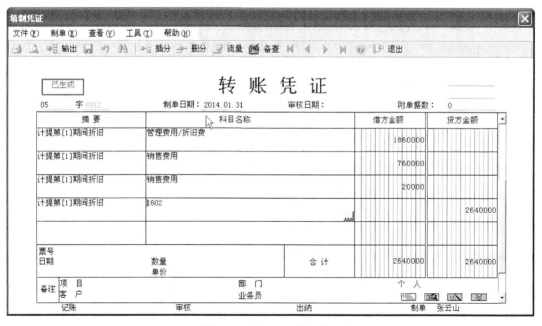

图 8-14　凭证——计提折旧

3.固定资产减少

(1)执行"卡片"→"资产减少"命令,打开"资产减少"窗口。

(2)选择卡片编号,单击"增加"按钮。

(3)选择减少日期和减少方式,单击"确定"按钮,进入"填制凭证"窗口。

(4)选择凭证类型"转账凭证",修改其他项目,单击"保存"按钮。

4.凭证审核和记账

在固定资产系统中,单击保存所生成的凭证,系统在凭证左上方显示"已生成"红色戳记。经保存后的记账凭证已传输到总账系统,在总账系统里审核和记账。如图8-15所示。

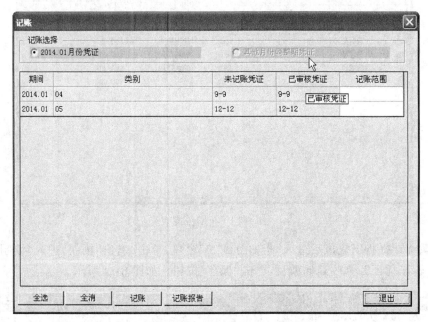

图8-15 凭证记账——固定资产

(六)固定资产系统月末处理

1.月末对账

(1)执行"处理"→"对账"命令,弹出"与账务系统对账结果"对话框。

(2)查看对账结果,单击"确定"。如图8-16所示。

图8-16 固定资产对账

2.月末结账

(1)执行"处理"→"月末结账",打开"月末结账"对话框,如图 8-17 所示。

(2)单击"开始结账"按钮,弹出"月末结账成功完成!"对话框。

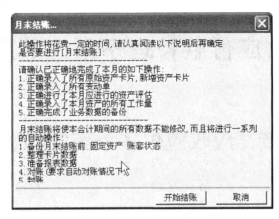

图 8-17　固定资产月末结转

第九章 应收应付款管理子系统的应用

第一节 应收应付子系统的初始设置

一、应收应付子系统概述

用友 U8 应收应付管理子系统用于核算和管理与客户或供应商之间的往来业务,使采购与销售系统、应收应付管理子系统和总账系统有机地联系起来,有效加强款项的催收,减少坏账,降低经营风险,提高资金的利用效率。

(一)应收款子系统

应收款子系统是指处理企业因销售商品或提供劳务而发生的与客户单位之间的往来业务核算的系统。应收款子系统通过录入发票、收款单等,对企业的各种应收款项进行核算和综合管理,及时提供应收账款余额等分析报表,按规定的方法和比例计提坏账准备,处理无法收回的坏账,设置报警级别,评价客户的偿债能力和信用等级。

(二)应付款子系统

应付款子系统是指处理企业因赊购商品或劳务而发生的与供应商之间的往来业务核算的系统。应付款子系统通过录入应付单据、付款单等,对企业的各种应付款项进行核销、转账、制单等处理,反映和监督采购业务中资金的支出和应付情况,跟踪应付款的到期日以尽可能享受优惠折扣,合理地进行资金的调配,按时偿还应付款项。

二、应收应付子系统的初始设置

应收应付管理系统的初始化设置包括系统参数设置、初始设置和录入期初余额。这些基础设置是用户利用应收应付管理系统进行应收款项和应付款项管理和核算的基础。

(一)应收款系统初始化设置

1.账套参数设置

启动用友 U8.5,选择"财务会计"中的"应收款管理",即进入了"应收款管理"窗口。再单击"设置"目录下的"选项",系统弹出"账套参数设置"对话框。单击"编辑"按钮,进入修改状态,选择完各个账套参数后,单击"确认"按钮,系统即保存所选的操作,单击"取消"按钮即取消所做的选择。

2. 初始设置

初始设置的作用是建立应收款管理的基础数据,确定使用哪些单据处理应收业务,确定需要进行账龄管理的账龄区间。有了这些功能,用户可以选择使用自己定义的单据类型、使应收业务管理更符合用户的需要。

(1)设置科目。

由于本系统业务类型较固定,生成的凭证类型也较固定,因此为了简化凭证生成操作,可以在此处将各业务类型凭证中的常用科目预先设置好。系统将依据制单规则在生成凭证时自动带入。

科目所核算的币种必须与所输入的币种一致,科目必须是最明细科目,结算科目不能是已经在科目档案中指定为应收款管理系统或者应付款管理系统的受控科目。对于现结的发票、收付款单,系统依据单据上的结算方式查找对应的结算科目,系统制单时自动带出。

(2)坏账准备设置。

坏账初始设置是指用户定义本系统内计提坏账准备比率和设置坏账准备期初余额的功能,它的作用是系统根据用户的应收账款进行计提坏账准备。用户应于期末针对不包含应收票据的应收款项计提坏账准备,其基本方法是销售收入百分比法、应收余额百分比法、账龄分析法等。在此设置计提坏账准备的方法和计提的有关参数。

(3)设置账龄区间。

账龄区间设置指用户定义应收账款或收款时间间隔的功能,它的作用是便于用户根据自己定义的账款时间间隔,进行应收账款或收款的账龄查询和账龄分析,清楚了解在一定期间内所发生的应收款、收款情况。

(4)设置报警级别。

通过对报警级别的设置,将客户按照客户欠款余额与其授信额度的比例分为不同的类型,以便掌握各个客户的信用情况。

(5)设置单据类型。

单据类型设置指用户将自己的往来业务与单据类型建立对应关系,达到快速处理业务以及进行分类汇总、查询、分析的效果。系统提供了发票和应收单两大类型的单据。如果同时使用销售系统,则发票类型单据名称包括销售专用发票、普通发票、销售调拨单和销售日报。如果单独使用应收系统,则单据名称不包括后两种。发票是系统默认类型,不能修改删除。

应收单记录销售业务之外的应收款情况。可以将应收单划分为不同的类型,以区分应收货款之外的其他应收款。例如,可以将应收单分为应收代垫费用款、应收利息款、应收罚款、其他应收款等。应收单的对应科目由用户定义。

3. 录入期初余额

初次使用本系统时,用户可将正式启用账套前的所有应收业务数据录入到系统中,作为期初建账的数据,系统即可对其进行管理。进入第二年度处理时,系统自动将上年度未处理完的单据转成为下一年度的期初余额。在下一年度的第一个会计期间里,可以进行期初余额的调整。期初余额录入完成后,单击菜单栏中的"对账",系统弹出"期初对账"窗口,检验期初本系统的应收款余额与总账系统对应科目的期初余额是否一致,若不一致,则需检查修改,直至两者相符。

(二)应付款系统初始化设置

应付款系统初始设置的作用是建立应付管理的基础数据,确定使用哪些单据(单据模板)处理应付业务,确定需要进行账龄管理的账龄区间,确定凭证科目。用户据此进行业务的处理、统计、分析、制单。应付管理系统的初始化设置包括系统参数设置、初始设置和录入期初余额。

1. 账套参数设置

启动用友 U8.5,选择"财务会计"中的"应付款管理",即进入了"应付款管理"窗口。再单击"设置"目录下的"选项",系统弹出"账套参数设置"对话框。单击"编辑"按钮,进入修改状态,选择完各个账套参数后,单击"确认"按钮,系统即保存所选的操作,单击"取消"按钮即取消所作的选择。其各项含义和设置方法参见应收款系统的设置方法。

2. 初始设置

初始设置指用户在应用应付款管理系统之前进行的初始设置,它包括凭证科目的设置、账龄区间设置、报警级别的设置、单据类型的设置。其各项含义和设置方法参见应收款系统的设置方法。

3. 录入期初余额

录入期初余额,是指账套启用会计期间前,未结算完的发票和应付单、预付款单据、未结算完的应付票据。期初余额录入完成后,单击菜单栏中的"对账",系统弹出"期初对账"窗口,查看数据是否平衡。若不平衡,则需检查修改,直至平衡。

第二节 应收应付款子系统日常业务处理

一、应收款系统日常业务处理

应收款管理系统经常性的应收业务处理工作称为日常处理。主要完成企业日常的应收/收款业务录入、应收/收款业务核销、应收并账、汇兑损益以及坏账的处理,及时记录应收、收款业务的发生,为查询和分析往来业务提供完整、正确的资料,加强对往来款项的监督管理,提高工作效率。

1. 应收单据处理

应收单据处理指用户进行单据录入和单据审核入账的工作。通过单据录入,单据管理可记录各种应收业务单据的内容,查阅各种应收业务单据,完成应收业务管理的日常工作。

如果用户同时使用应收款管理系统和销售管理系统,则发票和代垫费用产生的应收单据由销售系统录入,在本系统可以对这些单据进行审核、弃审、查询、核销、制单等功能。此时,在本系统需要录入的单据仅限于应收单。如果用户没有使用销售系统,则各类发票和应收单均应在本系统录入。

2. 收款单据处理

收款单据处理主要是对结算单据(收款单、付款单即红字收款单)进行管理,包括收款单、付款单的录入、审核。

应收系统的收款单用来记录企业所收到的客户款项,款项性质包括应收款、预收款、其他费用等。其中应收款、预收款性质的收款单将与发票、应收单、付款单进行核销勾对。应收系统付款单用来记录发生销售退货时,企业开具的退付给客户的款项。该付款单可与应收、预收性质的收款单、红字应收单、红字发票进行核销。

3. 核销处理

单据结算指用户日常进行的收款核销应收款的工作。单据核销的作用是解决收回客商款项核销该客商应收款的处理,建立收款与应收款的核销记录,监督应收款及时核销,加强往来款项的管理。

系统提供手工核销和自动核销两种核销方式。手工核销指由用户手工确定收款单核销与它们对应的应收单的工作。通过本功能可以根据查询条件选择需要核销的单据,然后手工核销,加强了往来款项核销的灵活性。自动核销指用户确定收款单核销与它们对应的应收单的工作。通过本功能可以根据查询条件选择需要核销的单据,然后系统自动核销,加强了往来款项核销的效率性。

4. 票据管理

用户可以在此对银行承兑汇票和商业承兑汇票进行管理。当用户收到银行承兑汇票、商业承兑汇票时,将该汇票录入应收款管理系统的票据管理中。单击"确认"按钮,则系统保存当前票据,生成一张收款单,可以在"收款单据录入"中进行查询,并可以与应收单据进行核销勾对,冲减客户应收账款。而在票据管理中,可以对该票据进行计息、贴现、转出、结算、背书查询等处理。只有当应收票据科目设置为带有客户往来辅助核算科目时,才可以进行票据登记簿管理。

5. 转账

转账功能用来帮助用户清理往来账。应收款系统的转账处理方式主要有四种:

应收冲应付:用某客户的应收账款,冲抵某供应商的应付款项。

应收冲应收:指将一家客户的应收款转到另一家客户中。通过本功能将应收款业务在客商之间进行转入、转出,实现应收业务的调整,解决应收款业务在不同客商间入错户或合并户问题。

预收冲应收:处理客户的预收款和该客户应收欠款的转账核销业务。

红票对冲:用某客户的红字发票与其蓝字发票进行冲抵。

6. 坏账处理

坏账处理指系统提供的计提应收坏账准备处理、坏账发生后的处理、坏账收回后的处理等功能。坏账处理的作用是系统自动计提应收款的坏账准备,当坏账发生时即可进行坏账核销,当被核销坏账又收回时,即可进行相应处理。

7. 制单处理

制单即生成凭证,并将凭证传递至总账记账。系统在各个业务处理的过程中都提供了实时制单的功能；除此之外，系统提供了一个统一制单的平台，可以在此快速、成批生成凭证，并可依据规则进行合并制单等处理。

二、应付款系统日常业务处理

应付款管理系统的日常业务主要完成企业日常的应付/付款业务录入、应付/付款业务核销、应付并账、汇兑损益等的处理，及时记录应付、付款业务的发生，为查询和分析往来业务提供完整、正确的资料，加强对往来款项的核算与追踪。

1. 应付单据处理

应付单据处理主要是对应付单据（采购发票、应付单）进行管理，包括应付单据的录入、审核。

如果同时使用应付款管理系统和采购系统，则发票由采购系统录入，在本系统可以对这些单据进行审核、弃审、查询、核销、制单等功能。由采购系统录入的发票在应付系统不能修改、删除，只能到采购系统中进行修改。此时，在本系统需要录入的单据仅限于应付单。如果没有使用采购系统，则各类发票和应付单均应在本系统录入，操作与应付单相同。

2. 付款单据处理

付款单据处理主要是对结算单据（付款单、收款单即红字付款单）进行管理，包括付款单、收款单的录入、审核。应付款管理系统的付款单用来记录企业所支付的款项。应付款管理系统的收款单用来记录发生采购退货时，企业所收到的供应商退款。

3. 核销处理

核销处理指用户日常进行的付款核销应付款的工作。单据核销的作用是处理付款核销应付款，建立付款与应付款的核销记录，监督应付款及时核销，加强往来款项的管理。

系统提供手工核销和自动核销两种核销方式。手工核销指用户手工确定系统内付款与应付款的对应关系，选择进行核销。通过本功能可以根据查询条件选择需要核销的单据，然后手工核销，加强了往来款项核销的灵活性。自动核销指系统自动确定系统内付款与应付款的对应关系，选择进行核销。通过本功能可以根据查询条件选择需要核销的单据，然后系统自动核销。

4. 票据管理

票据管理指对银行承兑汇票和商业承兑汇票进行管理，包括：记录票据详细信息、记录票据处理情况。当用户支付给供应商承兑汇票时，将该汇票录入应付系统的票据管理中。系统自动在付款单据录入中增加一结算方式为承兑汇票的付款单，可以在"付款单据录入"中进行查询，并可以与应付单据进行核销勾对。而在票据管理中，用户可以对该票据进行计息、结算、转出等处理。

如果要进行票据科目的管理，必须将应付票据科目设置为应付受控科目。

5. 转账处理

转账功能用来帮助用户清理应付账款。应付款系统的转账处理方式主要有四种：

应付冲应付：是指将某一供应商的应付账款转入另一供应商账中。通过本功能将应付款业务在供应商之间进行转入、转出，实现应付业务的调整，解决应付款业务在不同供应商间入错户或合并户问题。

预付冲应付:可将预付供应商款项和所欠供应商的货款进行转账核销处理。
应付冲应收:是用对某供应商的应付账款,冲抵对某客户的应收账款。
红票对冲:指将同一供应商的红票和其蓝字发票进行冲销。

6.制单处理

制单即生成凭证,并将凭证传递至总账记账。系统对不同的单据类型或不同的业务处理提供实时制单的功能;除此之外,系统提供了一个统一制单的平台,可以在此快速、成批生成凭证,并可依据规则进行合并制单等处理。

制单时,若要使用存货核算系统的控制科目,则需要在总账系统选项中选择可以使用存货核算系统控制科目选项。制单日期系统默认为当前业务日期。制单日期应大于等于所选的单据的最大日期,且小于当前业务日期。如果同时使用了总账系统,用户所输入的制单日期应该满足总账制单日期要求;即大于同月同凭证类别的日期。此外,一张原始单据制单后,将不能再次制单。

三、应收应付款子系统的单据与账表输出

(一)单据查询

应收应付子系统均提供对应收应付单据、收款和付款结算单据、记账凭证的查询功能,以便用户进行各类单据、详细核销信息、报警信息、凭证等内容的查询和打印。

在查询列表中,系统提供自定义显示栏目、排序等功能,用户通过单据列表操作来制作符合要求的单据的列表。若启用客户、部门数据权限控制时,则用户在查询单据时只能查询有权限的单据。

(二)账表管理

1.业务账表

系统提供业务总账、业务余额表、业务明细表和对账单的查询。

通过账表查询,可以及时地了解一定期间内期初应收应付款结存汇总情况、款项发生与结算的汇总情况、累计情况及期末结存汇总情况;还可以了解各客户或供应商往来款项的明细情况、累计情况及期末结存情况,能及时发现问题,加强对往来款项的监督管理。

2.统计分析

统计分析指系统提供的对应收应付业务进行的账龄分析。通过统计分析,可以按用户定义的账龄区间,进行一定期间内账龄分析,了解各往来单位往来款的周转天数、周转率,了解各个账龄区间内账款的发生和结算情况,及时发现问题,加强对往来款项的动态管理。

3.科目账表查询

科目账表查询主要用来实现对科目明细账、科目余额表不同层次、不同角度的查询。

四、期末结账

期末处理指用户进行的期末结账工作。如果当月业务已全部处理完毕,就需要执行月末结账功能,只有月末结账后,才可以开始下月工作。

注意：

(1)如果这个月的前一个月没有结账,则本月不能结账。一次只能选择一个月进行结账。

(2)应收款管理系统与销售管理系统集成使用,应在销售管理系统结账后,才能对应收款系统进行结账处理。

(3)应付款管理系统与采购管理系统集成使用,应在采购管理系统结账后,才能对应付款系统进行结账处理。

(4)当选项中设置审核日期为单据日期时,本月的单据在结账前应该全部审核。

(5)当选项中设置审核日期为业务日期时,截止到本月末还有未审核单据,照样可以进行月结处理。

(6)如果本月的结算单还有未审核的,不能结账。

(7)当选项中设置月结时必须将当月单据以及处理业务全部制单,则月结时若检查当月有未制单的记录时不能进行月结处理。当选项中设置月结时不用检查是否全部制单,则无论当月有无未制单的记录,均可以进行月结处理。

第三节　上机实验——应收应付款管理子系统初始设置

一、实验目的

准确启用应收子系统和应付子系统,并对两个子系统的系统初始参数及相关基础信息进行准确无误的设置,设置完毕后输入必要的期初数据,并对初始数据进行对账。

二、实验内容

1.设置应收子系统参数；
2.设置应收子系统基础信息；
3.录入应收子系统初始数据并检验其正确性；
4.设置应付子系统参数；
5.设置应付子系统基础信息；
6.录入应付子系统初始数据并检验其正确性。

三、实验资料

(一)应收款子系统初始资料

1.系统参数

应收账款核销方式:按单据核销;坏账处理方式:应收账款全额百分比法;控制科目依据:按客户;销售科目依据:按存贷;受控科目制单方式:明细到客户,显示现金折扣;核算代垫费用的单据类型:其他应收单;录入发票时,显示提示信息,显示折扣信息。

2.初始设置(基础信息)

(1)基本科目:见表9-1。

表9-1 基本科目设置

科目类型	设置值	科目类型	设置值
应收科目(本币)	1122	销售税金科目	22210104

(2)结算方式科目:见表9-2。

表9-2 结算科目设置

结算方式	科目
现金结算	1001
现金支票	100201
转账支票	100201

(3)产品科目:见表9-3。

表9-3 产品相关科目

存货编码	存货名称	销售收入科目	应交增值税科目	销售退回科目
01	澳柯玛冰	600101	22210104	600101
02	春兰冰箱	600102	22210104	600102
03	TCL彩电	600103	22210104	600103
04	创维彩电	600104	22210104	600104
05	信诺电话	600105	22210104	600105
06	华为小灵	600106	22210104	600106
07	联想移动	600107	22210104	600107
08	索爱移动	600108	22210104	600108

(4)坏账准备。

提取比率:0.5%;坏账准备科目:1141;坏账准备期初金额:0;对方科目660299:管理费用——其他。

(5)账龄区间:见表9-4。

表9-4 账龄区间

序号	总天数
01	30
02	60
03	90
04	90天以上

(6) 报警级别:见表 9-5。

表 9-5 报警级别设置

序号	总比率	级别名称
01	30	A
02	50	B
03	100	C
04		D

3. 期初数据

应收子系统期初余额由下列 3 张未结算发票(表 9-6)形成,销售类型为"普通销售",发票类型"销售专用发票",责任部门为"销售部",业务员"秦安安"。(本步骤需使用存货档案,如尚未建立存货档案设置,则应收系统的初始发票可待存货系统初始化完成后再行设置。)

表 9-6 初始未结算销售发票

发票号	开票日期	客户	货物名称	数量	无税单价	价税合计
0000000001	2013-12-20	华阳宾馆	信诺电话	61.00	120.00	8 564.40
			华为小灵通	36.00	200.00	8 424.00
			联想移动电话	30.00	2 400.00	84 240.00
			索爱移动电话	30.00	3 400.00	119 340.00
			信诺电话	1.00	69.74	81.60
			合计			220 650.00
0000000002	2014-01-09	远大商店	TCL 彩电	30.00	3 900.00	136 890.00
			创维彩电	20.00	3 000.00	70 200.00
			合计			207 090.00
0000000003	2014-01-11	华阳宾馆	信诺电话	30.00	120.00	4 212.00
			华为小灵通	10.00	225.00	2 632.50
			联想移动电话	30.00	2 450.00	85 995.00
			索爱移动电话	20.00	3 420.00	80 028.00
			合计			172 867.50

(二)应付款子系统初始资料

1. 系统参数

应付账款核销方式:按单据核销;控制科目依据:按供应商;采购科目依据:按存货;制单方式:明细到供应商;汇兑损益方式:月末处理;显示现金折扣。

2. 基础信息

(1)基本科目:见表 9-7。

表 9-7　基本科目设置

科目类型	设置值	科目类型	设置值
应付科目	2202	采购税金科目	22210101
采购科目	1401		

(2)结算方式科目:同应收管理子系统。
(3)账龄区间设置:同应收管理子系统。
(4)报警级别设置:同应收管理子系统。

3.期初余额

应付子系统期初余额由未结算采购发票(表 9-8)形成,采购类型为"普通采购",发票类型"采购专用发票",责任部门为"供应部",业务员"钱泰龙"。(本步骤需使用存货档案,如尚未建立存货档案设置,则应付系统的初始发票可待存货系统初始化完成后再行设置。)

表 9-8　初始未结算采购发票

发票号	开票日期	供应商	货物名称	数量	无税单价	价税合计
0000000001	2014-1-11	新兴家电	TCL 彩电	50.00	3 200.00	187 200.00
			创维彩电	50.00	2 600.00	152 100.00
			合计			339 300.00

四、实验指导

(一)启用应收应付管理子系统

(1)引入本书第八章实验完成后的账套数据,以"01—刘洪涛"账套主管的身份,日期为 2014 年 2 月 1 日注册进入企业门户。

(2)单击"基础设置"→"基本信息"→"系统启用",打开"系统启用"对话框。

(3)选择应收款管理子系统,输入启用日期 2014 年 2 月 1 日,单击"确认"按钮。以同样的程序启用应付款管理子系统。如图 9-1 所示。

图 9-1　系统启用

(二)应收款管理子系统初始化操作

1. 系统参数

(1)单击"开始"→"程序"→"用友 ERP-U8"→"财务会计"→"应收款"菜单,以账套主管的身份,选择"888宏远家电有限公司"账套,系统弹出"应收款管理"窗口。或者先打开企业门户,进入应收款管理系统。

(2)单击"设置"→"选项"命令,进入"账套参数设置"窗口。单击"编辑"按钮,根据上述资料选择和输入相关信息。如图 9-2 所示。

(3)单击"确认"按钮并保存设置。

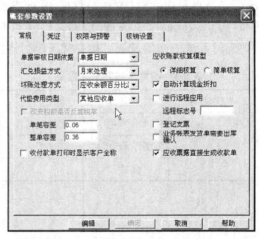

图 9-2 应收款管理系统参数设置

2. 初始设置

(1)在应收款管理系统窗口中,单击"设置"→"初始设置"命令,进入"初始设置"窗口。如图 9-3 所示。

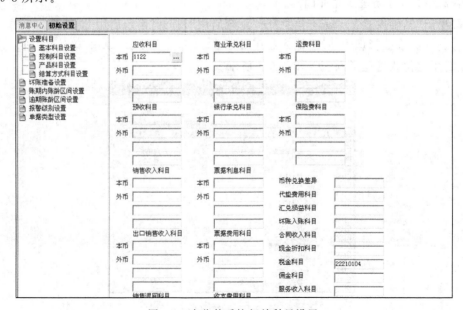

图 9-3 应收款系统相关科目设置

(2)设置应收款管理相关科目。这些科目用于根据应收款系统的单据生成记账凭证时自动产生入账科目所用。"基本科目"适用于所有客户或产品对象,"控制科目"或"产品科目"用于指定特定客户或特定产品所对应的入账科目。"结算方式"用于指定收付款所涉及的入账科目。根据表9-1、9-2、9-3进行设置。

(3)坏账准备、账龄区间、报警级别和单据类型根据表9-4、9-5等资料进行设置。坏账准备相关设置如图9-4所示。

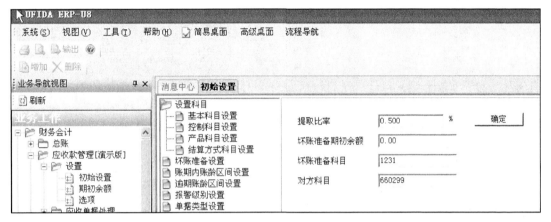

图9-4 应收款系统坏账准备初始设置

3.录入初始余额——即期初尚未结算或核销的应收或预收款单据

(1)在应收款管理系统窗口中,单击"设置"→"期初余额"命令,首先弹出查询条件对话框(见图9-5),无需输入任何内容,单击"确认"按钮进入"初始余额"窗口。

图9-5 期初单据查询条件

(2)录入第一张期初未收款发票。在"初始余额"窗口单击"增加"按钮,弹出"单据类型"选择窗口,选择"销售发票"→"销售专用发票"→"正向",单击"确认"进入发票编辑窗口,按表9-6内容输入发票内容(见图9-6),完成后单击"保存"。

消息中心 | 期初余额 | 期初销售发票

销售专用发票

表体排序

开票日期 2013-12-20　发票号 0000000001　订单号
客户名称 华阳宾馆　客户地址 株洲市新华路56号　电话
开户银行 工行　银行账号 22345678　税号 430165328923857
付款条件　税率 17.00　科目 1122
币种 人民币　汇率 1　销售部门 销售部
业务员 秦安安　项目　备注

	货物编号	货物名称	主计量单位	税率	数量	无税单价	含税单价	税额	无税金额	价税合计
1	05	信诺电话	部	17.00	61.00	120.00	140.40	1244.40	7320.00	8564.40
2	06	华为小灵通	部	17.00	36.00	200.00	234.00	1224.00	7200.00	8424.00
3	07	联想移动电话	部	17.00	30.00	2400.00	2808.00	12240.00	72000.00	84240.00
4	08	索爱移动电话	部	17.00	30.00	3400.00	3978.00	17340.00	102000.00	119340.00
5	05	信诺电话	部	17.00	1.00	69.74	81.60	11.86	69.74	81.60
6										
7										
8										
9										
10										
11										
12										
13										
14										
合计					158.00			32060.26	188589.74	220650.00

制单人 刘洪涛　审核人 刘洪涛

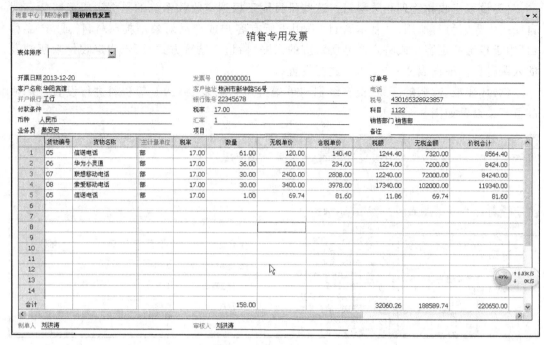

图 9-6　应收款期初余额列表

(3)录入其他初始发票。录入其他两张发票,保存后返回初始余额窗口如图 9-7 所示。

消息中心 | 期初余额

期初余额明细表

本币合计借 600,607.50

单据类型	单据编号	单据日期	客户编号	客户	科目	币种	方向	原币金额	本币金额	原币余额	本币余额	部门	业务员
销售专用发票	0000000002	2014-01-09	001	远大商店	1122	人民币	借	207,090.00	207,090.00	207,090.00	207,090.00	销售部	秦安安
销售专用发票	0000000001	2013-12-20	002	华阳宾馆	1122	人民币	借	220,650.00	220,650.00	220,650.00	220,650.00	销售部	秦安安
销售专用发票	0000000003	2014-01-11	002	华阳宾馆	1122	人民币	借	172,867.50	172,867.50	172,867.50	172,867.50	销售部	秦安安

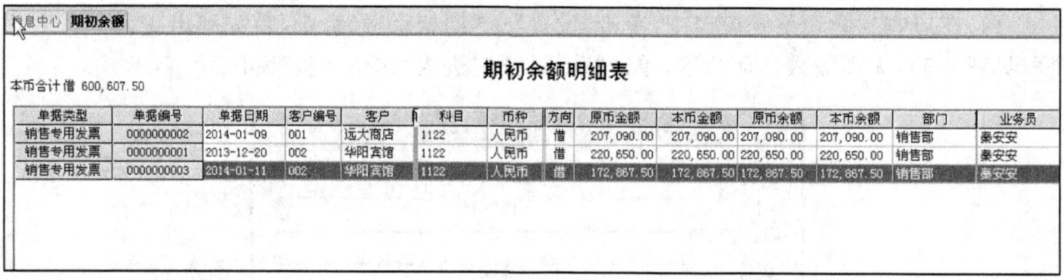

图 9-7　应收款期初余额列表

(4)期初对账。所有期初单据录入后,在期初余额窗口单击"对账"按钮,可以检查应收款管理系统单据期初余额与总账系统科目期初余额是否相符。

(三)应付款管理子系统初始化操作

1. 系统参数

(1)单击"开始"→"程序"→"用友 ERP-U8"→"财务会计"→"应付款"菜单,以账套主管的身份,选择"888 宏远家电有限公司"账套,系统弹出"应付款管理"窗口。或者先打开企业门户,进入应付款管理系统。

(2)单击"设置"→"选项"命令,进入"账套参数设置"窗口。单击"编辑"按钮,根据上述资料选择和输入相关信息。如图 9-8 所示。

(3)单击"确认"按钮并保存设置。

第九章 应收应付款管理子系统的应用

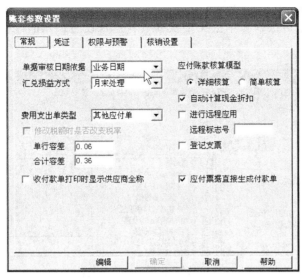

图 9-8　应付款管理系统参数设置

2．初始设置

(1)在应付款管理系统窗口中,单击"设置"→"初始设置"命令,进入"初始设置"窗口。如图 9-9 所示。

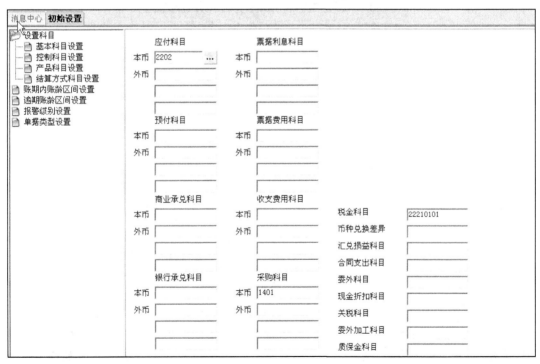

图 9-9　应付款系统相关科目设置

(2)设置应付款管理相关科目。这些科目用于根据应付款系统的单据生成记账凭证时自动产生入账科目所用。"基本科目"适用于所有客户或产品对象,"控制科目"或"产品科目"用于指定特定客户或特定产品所对应的入账科目。"结算方式"用于指定收付款所涉及的入账科目。根据表9-7进行设置。

(3)账龄区间、报警级别和单据类型根据资料进行设置。账龄区间相关设置如图9-10所示。

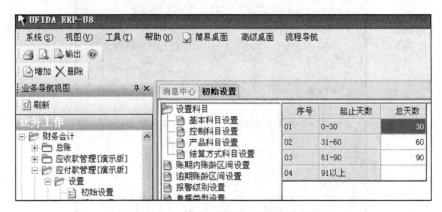

图9-10 应付款系统账龄区间初始设置

3.录入初始余额——即期初尚未结算或核销的应付或预付款单据

(1)在应付款管理系统窗口中,单击"设置"→"期初余额"命令,首先弹出查询条件对话框(如图9-11所示),无需输入任何内容,单击"确认"按钮进入"初始余额"窗口。

图9-11 期初单据查询条件

(2)录入第一张期初未付款发票。在"初始余额"窗口单击"增加"按钮,弹出"单据类型"选择窗口,选择"采购发票"→"采购专用发票"→"正向",单击"确认"进入发票编辑窗口,按表9-8内容输入发票内容(见图9-12),完成后单击"保存"。保存后返回初始余额窗口如图9-13所示。

(3)期初对账。所有期初单据录入后,在期初余额窗口单击"对账"按钮,可以检查应付款管理系统单据期初余额与总账系统科目期初余额是否相符。

消息中心	期初余额	**采购发票**							

采购专用发票

表体排序　_____

发票号　0000000001　　　　开票日期 2014-01-11　　　　订单号 _____
供应商　新兴家电　　　　　　付款条件 _____　　　　　科目　2202
币种　　人民币　　　　　　　汇率　　1　　　　　　　　　　部门　供应部
业务员　李强　　　　　　　　项目 　_____　　　　　　备注 _____
税率　　17.00

	存货编码	存货名称	主计量	税率	数量	原币单价	原币金额	原币税额	原币价税合计
1	03	TCL彩电	台	17.000000	50.00	3200.00	160000.00	27200.00	187200.00
2	04	创维彩电	台	17.000000	50.00	2600.00	130000.00	22100.00	152100.00
3									
4									
5									
6									
7									
8									
9									
10									
11									
12									
13									
14									
15									
合计					100.00		290000.00	49300.00	339300.00

图 9-12　应付款期初余额列表

消息中心	**期初余额**

期初余额明细表

本币合计 贷 339,300.00

单据类型	单据编号	单据日期	供应商编号	供应商	科目	币种	方向	原币金额	本币金额	原币余额	本币余额
采购专用发票	0000000001	2014-01-11	002	新兴科技	2202	人民币	贷	339,300.00	339,300.00	339,300.00	339,300.00

图 9-13　应付款期初余额列表

第十章

供应链(购销存)管理系统初始设置

第一节 供应链各子系统初始设置概述

一、供应链各子系统概述

(一)采购管理

采购管理系统对采购业务的全部流程进行管理,提供请购、订货、到货、入库、开票、采购结算的完整采购流程,用户可根据实际情况进行采购流程的定制。

(二)销售管理

销售管理是供应链的重要组成部分,提供了报价、订货、发货、开票的完整销售流程,支持普通销售、委托代销、分期收款、直运、零售、销售调拨等多种类型的销售业务,并可对销售价格和信用进行实时监控。

(三)库存管理

库存管理是供应链的重要产品,能够满足采购入库、销售出库、产成品入库、材料出库、其他出入库、盘点管理等业务需要,提供仓库货位管理、批次管理、保质期管理、出库跟踪入库管理、可用量管理等全面的业务应用。

(四)存货核算

存货核算是用友管理软件的主要组成部分,从资金的角度管理存货的出入库业务,主要用于核算企业的入库成本、出库成本、结余成本。反映和监督存货的收发、领退和保管情况;反映和监督存货资金的占用情况。

二、启用采购、销售、库存、存货核算系统

供应链管理包括采购、销售、库存、存货等子系统,应收、应付核算系统的核心功能是处理销售与采购过程的应收应付款项,因此也是整个供应链系统的一个重要组成部分。各子系统在正式使用前应该确认系统启用。系统启用功能的进入有两种途径:①用户创建一个新账套后,自动进入系统启用界面,用户可以一气呵成的完成创建账套和系统启用;②由企

业门户→"基础信息"→"基本信息"进入,作系统启用的设置。

选择要启用的系统,在方框内打钩,只有系统管理员和账套主管有系统启用权限;在启用会计期间内输入启用的年、月数据;用户单击"确认"按钮后,保存此次的启用信息,并将当前操作员写入启用人。

三、供应链(购销存)各子系统主要参数设置

系统选项也称为系统参数、业务处理控制参数,是指企业(单位)在业务处理过程中所使用的各种控制参数,系统参数的设置将决定用户使用系统的业务流程、业务模式、数据流向。

(一)采购管理

采购选项设置包括业务及权限控制、公共用参照控制和采购预警和报警。

(二)销售管理

销售选项包括业务控制、其他控制、信用控制、可用量控制、价格管理。

(三)库存管理

库存选项包括通用设置、专用设置、可用量控制、可用量检查。

(四)存货核算

存货选项包括核算方式、控制方式、最高最低控制。

四、供应链管理系统基础信息设置

1. 分类信息设置

U8 系统应用了多种分类信息,如地区分类、客户分类、供应商分类、存货分类等等。这些信息是整个系统的共享信息。由于前面的多个子系统已经设置并应用了这些信息,因此供应链各子系统也将沿用这些信息。

2. 编码档案设置

U8 系统也应用了多种编码档案或目录信息,如外币目录、会计科目、部门目录、客户目录、供应商目录、结算方式、职员档案、仓库目录、存货目录、计量单位等等。这些信息也是整个系统的共享信息。其中大部分在前述的多个子系统已经设置并应用,因此供应链各子系统也将沿用已经设置的档案目录信息。在此需进一步设置的是供应链各子系统专用的目录信息,主要包括:

(1)存货档案。用户可以新建存货档案、管理存货档案,建立存货档案之前,必须已经建立存货分类。存货档案含基本页、成本页、控制页、其他页和自定义项。

(2)仓库档案。存货一般是用仓库来保管的,对存货进行核算管理,首先应对仓库进行管理,因此进行仓库设置是业务系统的重要基础准备工作之一。

(3)仓库存货对照表。本功能用于设置企业各仓库所能存放的存货或存货所能存放的仓库。

(4)收发类别。收发类别设置,是为了用户对存货的出入库情况进行分类汇总统计而设置的,表示存货的出入库类型,用户可根据各单位的实际需要自由、灵活地进行设置。

(5)计量单位。计量单位组分无换算、浮动换算、固定换算3种类别。

(6)采购类型。采购类型是企业对其采购业务的不同分类,主要是为了按照不同的采购类型进行统计的需要。采购类型不分级次,企业可以根据实际需要进行设立。

(7)付款条件。付款条件也叫现金折扣,是指供应商为了鼓励用户偿还货款而允诺在一定期限内给予的规定的折扣优待。

(8)发运方式。用户在处理采购业务或销售业务中的运输方式时,应先行在本功能中设定这些运输方式,如空运、海运、公路运输、铁路托运等。

(9)销售类型。销售类型可以包括一般销售业务、外币销售业务、现金销售业务、委托代销业务、分期收款销售业务、售后退货业务、材料销售业务、集团内部销售业务、零售业务、先发货后开发票销售业务、直接开发票销售业务、包装物租借等。

五、供应链管理系统初始数据录入

(一)期初存货(库存管理、存货核算系统)

1.期初数据或期初结存的录入

在库存管理子系统和存货核算子系统中分别录入各种存货的期初结存数。两个子系统分开录入期初结存数据,库存管理子系统和存货核算子系统就可分别先后启用,即允许先启存货再启库存或先启库存再启存货。库存的期初数据可与存货核算的期初数据不一致,系统提供两边互相取数和对账的功能。

2.期初差异/差价

存货核算系统中按计划价或售价核算出库成本的存货都应有期初差异账或差价账,初次使用时,应先输入此存货的期初差异余额或期初差价余额。

3.库存子系统与存货子系统期初对账

本功能用于库存管理系统与存货核算系统进行期初对账。

4.期初记账

期初数据录入后,执行期初记账后,系统把期初差异分配到期初单据上,并把期初单据的数据记入存货总账、存货明细账、差异账、委托代销/分期收款发出商品明细账,期初记账后,用户才能进行日常业务、账簿查询、统计分析等操作。

如果期初数据有错误,可以取消期初记账,修改期初数据,重新执行期初记账。

存货期初数据录入完毕,必须期初记账后,才能开始日常业务核算,未记账时,允许进行单据录入、账表查询。

(二)在途采购(采购管理)

采购管理系统存在期初在途数据,期初在途数据是指系统启用前采购货物尚未运达企业,但发票已经收到,对这些货物可先录入期初采购发票,表示企业的在途物资,待货物运达后,再办理采购结算。

采购管理系统期初数据输入后,应进行期初记账,在"设置"菜单单击"采购期初记账"即可。注意:在执行期初记账功能前录入的是期初发票,即期初在途物资,期初记账后,录入的则为本期业务。

(三)发出商品(销售管理)

初次使用"销售管理"时,应先输入"销售管理"的期初数据。期初发货单可处理建账日之前已经发货、出库,尚未开发票的业务。期初单据审核后有效,在月末结账时记入有关销售账中。

第二节 上机实验——购销存初始设置

一、实验目的

准确启用供应链各个系统,并对各个系统的系统初始参数及相关基础信息进行准确无误的设置,设置完毕后输入各个系统的期初数据,并对初始数据进行对账处理和期初记账处理。

二、实验内容

1. 设置采购系统参数;
2. 设置销售系统参数;
3. 设置库存系统参数;
4. 设置存货系统参数;
5. 设置基础信息;
6. 录入各个系统初始数据;
7. 期初对账与记账。

三、实验资料

(1)各种共享的分类信息。比如地区分类、客户分类、供应商分类、存货分类等等,这些都是整个系统的共享信息。由于前面的多个子系统已经设置并应用了这些信息,因此在供应链各子系统也将沿用这些信息,无需进一步设置。

(2)各种共享的档案和目录信息。比如外币目录、会计科目、部门目录、客户目录、供应商目录、结算方式、职员档案等,这些信息也是整个系统的共享信息。其中大部分在前述的多个子系统已经设置并应用,因此供应链各子系统也将沿用已经设置的档案目录信息。在此需进一步设置的是供应链各子系统专用的目录信息,主要包括:

(3)供应链特有的目录信息。有些目录信息在前述各子系统并不使用,而只在供应链各子系统使用的信息。这些信息主要有:

①仓库档案:见表10-1。

表 10-1 仓库档案

仓库编码	仓库名称	计价方式
1	家电库	全月平均法
2	电话库	先进先出法

②收发类别:见表 10-2。

表 10-2 收发类别

收发类别	收发类别名称	收发标志
1	采购入库	收
2	销售出库	发
3	其他出库	发
301	盘亏出库	发
302	捐赠出库	发

③采购类型:见表 10-3。

表 10-3 采购类型

采购类型编码	采购类型名称	入库类别	是否默认值
1	普通采购	采购入库	是

④销售类型:见表 10-4。

表 10-4 销售类型

销售类型编码	销售类型名称	出库类别	是否默认值
1	普通销售	销售出库	是

⑤存货分类:见表 10-5。

表 10-5 存货分类

存货类别编码	存货类别名称
1	家电产品
101	冰箱
102	彩电
2	通信产品
201	固话小灵通
202	手机

⑥计量单位组:见表 10-6。

表 10-6 计量单位组

计量单位组	计量单位组名称	计量单位组类别
01	独立单位组	无换算

⑦计量单位:见表10-7。

表10-7 计量单位

计量单位编号	计量单位名称	计量单位组类别
01	台	独立单位组
02	部	独立单位组

⑧存货档案:见表10-8。

表10-8 存货档案

存货编码	存货名称	所属分类	主计量单位	税率	存货属性
01	澳柯玛冰箱	101	台	17%	外购、内销、外销
02	春兰冰箱	101	台	17%	外购、内销、外销
03	TCL彩电	102	台	17%	外购、内销、外销
04	创维彩电	102	台	17%	外购、内销、外销
05	信诺电话	201	部	17%	外购、内销、外销
06	华为小灵通	201	部	17%	外购、内销、外销
07	联想移动电话	202	部	17%	外购、内销、外销
08	索爱移动电话	202	部	17%	外购、内销、外销

(4)采购管理子系统参数设置:见表10-9。

表10-9 采购管理子系统参数设置

系统参数	设置值
普通业务必有订单	不选
启用受托代销	不选
是否允许超订单到货及入库	不选
单价录入方式	手工录入
各种数据权限和金额权限控制	不选
最高进价控制口令	不选
其他参数	默认系统设置

(5)销售管理子系统参数设置:见表10-10。

表10-10 采购管理子系统参数设置

系统参数	设置值
是否有零售日报业务	不选
是否有委托代销业务	不选
是否有销售调拨业务	不选
是否有分期收款业务	选中
是否有直运销售业务	选中

续表

系统参数	设置值
普通销售必有订单	不选
直运销售必有订单	不选
分期收款必有订单	不选
是否销售生成出库单	不选
各种数据权限控制	不选
新增发票默认	参照发货单生成
是否有最低售价控制	有,口令:01
其他参数	默认系统设置

(6)库存管理子系统系统参数:见表10-11。

表10-11 库存管理子系统参数设置

系统参数	设置值
有无组装拆卸业务	不选
有无形态转换业务	不选
有无委托代销业务	不选
有无受托代销业务	不选
有无成套件管理	不选
有无批次管理	不选
有无保质期管理	不选
是否库存生成销售出库单	选中
各种数据权限控制	不选
其他参数	默认系统设置

(7)存货核算子系统系统参数:见表10-12。

表10-12 存货核算子系统参数设置

系统参数	设置值
核算方式	按仓库核算
暂估方式	单到回冲
销售成本核算方式	按销售出库单核算
受托代销业务	不选
成套件管理	不选
各种数据权限控制	不选
其他参数	默认系统设置

(8)存货基础科目。

存货科目和分期收款发出商品科目:各存货对应的存货科目均不输入,各存货对应的分期收款发出商品科目均为"1291分期收款发出商品"。

对方科目：见表10-13。

表10-13 存货对方科目设置

收发类别	对方科目	收发类别	对方科目
采购入库	1401	盘亏出库	1904
销售出库		捐赠出库	6711

(9)库存期初数据：见表10-14。

表10-14 存货期初数据

仓库名称	存货名称	数量	金额
家电库	澳柯玛冰箱	170	350 987.95
家电库	春兰冰箱	168	263 199.86
家电库	TCL彩电	170	522 750
家电库	创维彩电	182	462 928.8
电话库	信诺电话	90	7 500.2
电话库	华为小灵通	130	13 433.4
电话库	联想移动电话	90	183 000.20
电话库	索爱移动电话	111	337 814.80

四、实验指导

(一)系统初始设置

1.启用供应链管理子系统

(1)引入本书第九章实验完成后的账套数据，以"01——刘洪涛"账套主管的身份，日期为2014年2月1日注册进入企业门户。

(2)单击"基础设置"→"基本信息"→"系统启用"，打开"系统启用"对话框。

(3)选择采购管理子系统，输入启用日期2014年2月1日，单击"确认"按钮。以同样的程序启用销售管理、库存管理、存货核算子系统。如图10-1所示。

2.采购管理系统初始设置

(1)单击"开始"→"程序"→"用友ERP-U8"→"供应链"→"采购管理"菜单，以账套主管的身份，选择"888宏远家电有限公司"账套，系统弹出"采购管理"窗口。如图10-2所示。

(2)单击"设置"→"采购选项"命令，进入"采购系统选项设置"编辑窗口，根据表10-9选择和输入相关信息。

(3)单击"确认"按钮并保存设置。

图 10-1 供应链系统启用

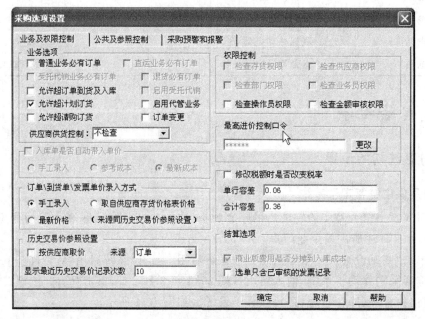

图 10-2 采购选项设置

3. 销售管理系统初始设置

(1)单击"开始"→"程序"→"用友 ERP-U8"→"供应链"→"销售管理"菜单,以账套主管的身份,选择"888 宏远家电有限公司"账套,系统弹出"销售管理"窗口。如图 10-3 所示。

(2)单击"设置"→"销售选项"命令,进入"销售系统选项设置"编辑窗口,根据表 10-10 选择和输入相关信息。

(3)单击"确认"按钮并保存设置。

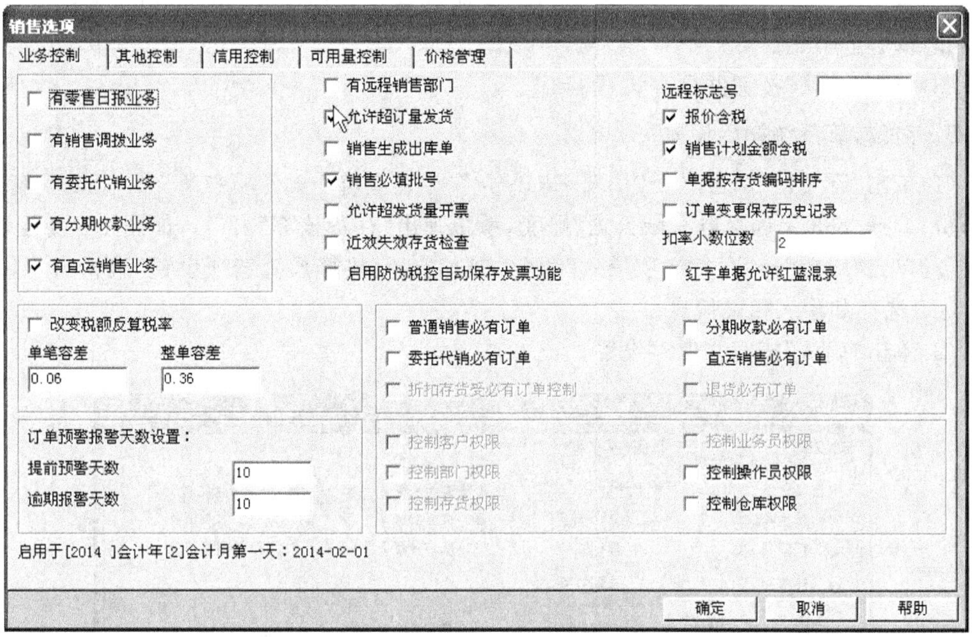

图 10-3　销售选项设置

4. 库存管理系统初始设置

(1)单击"开始"→"程序"→"用友 ERP-U8"→"供应链"→"库存管理"菜单,以账套主管的身份,选择"888 宏远家电有限公司"账套,系统弹出"库存管理"窗口。如图 10-4 所示。

图 10-4　库存选项设置

(2)单击"设置"→"库存选项"命令,进入"库存系统选项设置"编辑窗口,根据表10-11选择和输入相关信息。

(3)单击"确认"按钮并保存设置。

5.存货核算系统初始设置

(1)单击"开始"→"程序"→"用友 ERP-U8"→"供应链"→"存货核算"菜单,以账套主管的身份,选择"888 宏远家电有限公司"账套,系统弹出"存货核算"窗口。如图10-5所示。

(2)单击"设置"→"存货选项录入"命令,进入"存货核算系统选项设置"编辑窗口,根据表10-12 选择和输入相关信息。

(3)单击"确认"按钮并保存设置。

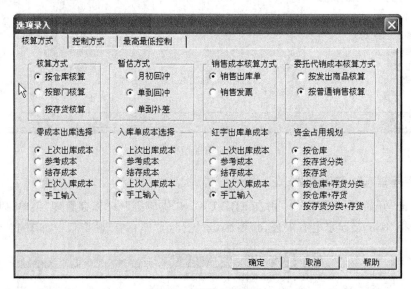

图10-5 存货选项录入

(二) 系统基础信息设置

系统基础信息录入有两种方式,一是在"U8 门户"中的"基础信息"中的"基础档案"功能中把各个系统的基础信息档案录入,二是分别登录各个系统进行设置。我们介绍第二种方式。系统中的基础信息如在其他系统中已经设置完成的,在进入具体基础信息设置窗口就是查看信息,而不需要输入,基础档案数据在各个系统中共享。

1.录入采购管理的采购类型

(1)单击"开始"→"程序"→"用友 ERP-U8"→"供应链"→"采购管理"菜单,以账套主管的身份,选择"888 宏远家电有限公司"账套,系统弹出"采购管理"窗口。

(2)单击"设置"→"其他设置"根据表10-3 设置采购类型,如图10-6 所示。

2.录入销售管理的销售类型

(1)单击"开始"→"程序"→"用友 ERP-U8"→"供应链"→"销售管理"菜单,以账套主管的身份,选择"888 宏远家电有限公司"账套,系统弹出"销售管理"窗口。

(2)单击"设置"→"其他设置"根据表10-4 设置销售类型,如图10-7 所示。

图 10-6 设置采购类型

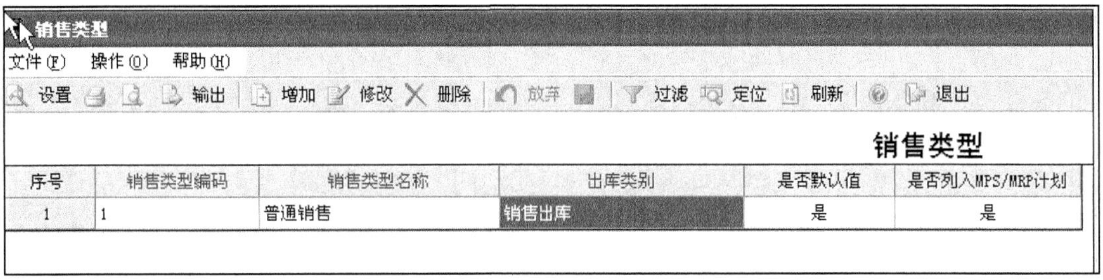

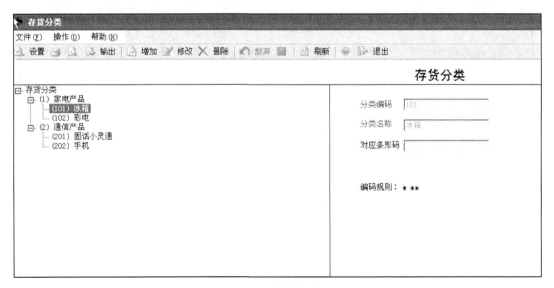

图 10-7 设置销售类型

3.录入库存管理和存货核算系统的基础信息

(1)单击"开始"→"程序"→"用友 ERP-U8"→"供应链"→"库存管理"或"存货核算"菜单,以账套主管的身份,选择"888 宏远家电有限公司"账套,进入"库存管理"或"存货核算"窗口。

(2)设置存货分类:单击"设置"→"分类体系"→"存货分类,"根据表 10-5 设置存货分类。如图 10-8 所示。

图 10-8 存货类别设置

(3)设置计量单位组:单击"设置"→"基础档案"→"计量单位",打开计量单位设置窗口。首先设置计量单位组:单击"分组"按钮,打开"计量单位分组"设置窗口,增加"独立单位组",如图 10-9 所示。

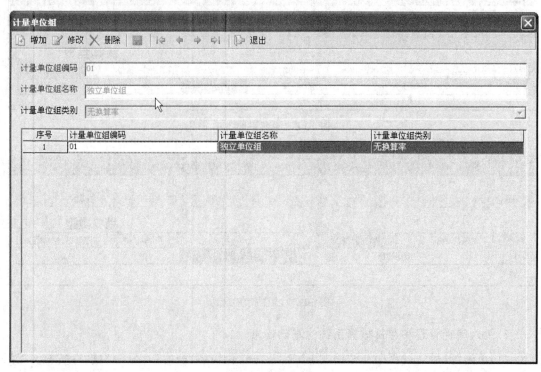

图 10-9 计量单位组

(4)设置计量单位:在计量单位设置窗口中,单击"单位"按钮,打开"计量单位设置"窗口,增加两种计量单位,如图 10-10 所示。

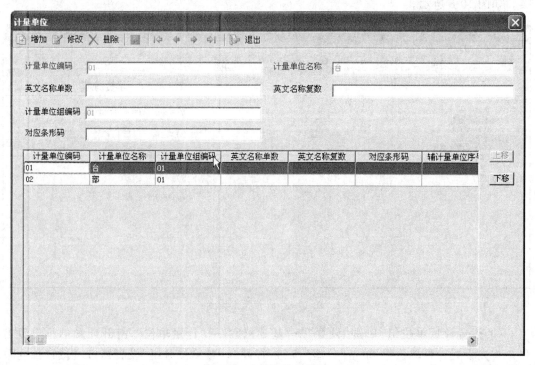

图 10-10 计量单位设置

(5)单击"设置"→"基础档案"→"存货",根据表 10-8 设置存货档案如图 10-11 所示。

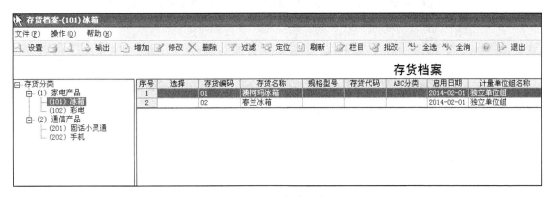

图 10-11　存货档案

(6)单击"设置"→"基础档案"→"仓库",根据表 10-1 设置两个仓库如图 10-12 所示。

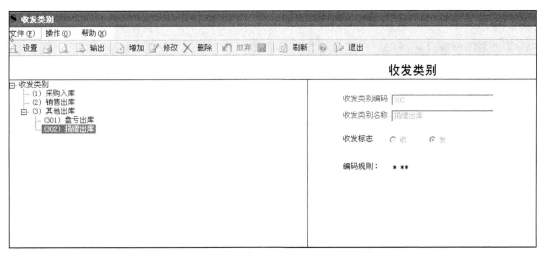

图 10-12　仓库设置

(7)单击"设置"→"基础档案"→"收发类别",根据表 10-2 设置存货收发类别如图 10-13 所示。

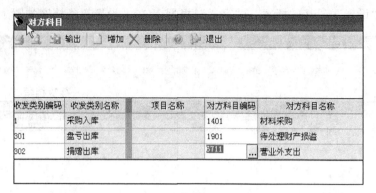

图 10-14　存货核算科目设置

(三) 系统初始数据录入及期初对账记账

1. 采购管理

采购管理系统的期初数据包括期初暂估数据、期初在途数据及期初受托代销数据,这些数据必须在期初记账前录入。本实例没有期初在途事项,因此无需录入。

2. 销售管理

账簿都应有期初数据,以保证其数据的连贯性。初次使用时,应先输入"销售管理"的期初数据。如果系统中已有上年的数据,在使用"结转上年"后,上年度销售数据自动结转本年。期初单据审核后有效,在月末结账时记入有关销售账中。本实例没有期初发货单事项,因此无需录入。

3. 库存管理

(1) 单击"初始设置"→"期初数据"→"期初结存",进入期初结存窗口,如图 10-15 所示。

(2) 进入期初结存界面,选择仓库。单击"修改"进行录入状态。单击"选择",选择存货;或单击"增行"增加存货,可"删行",单击"保存"保存记录。

图 10-15　"库存系统"期初结存

(3) 审核:每一个仓库的每一种库存都需要审核,即每种存货输入后均需经过审核、弃审。

(4) 库存与存货期初对账。"库存管理"和"存货核算"的期初数据分别录入处理,将"库存管理"的期初数据与"存货核算"相同月份的期初数据核对,并显示核对不上的数据。如

图 10-16 所示。

信息中心　对账报告

对账报告

对账日期　2014　年　2　月　☑ 包含未审核单据

仓库	仓库编码	存货编码	存货代码	存货名称	规格型号	库存系统			存货核算系统		
						入库数量	出库数量	结存数量	入库数量	出库数量	结存数量
电话库	2	05		信诺电话				90.00			
电话库	2	06		华为小灵通				130.00			
电话库	2	07		联想移动电				90.00			
电话库	2	08		索爱移动电				111.00			
家电库	1	01		澳柯玛冰箱				170.00			
家电库	1	02		春兰冰箱				168.00			
家电库	1	03		TCL彩电				170.00			
家电库	1	04		创维彩电				182.00			

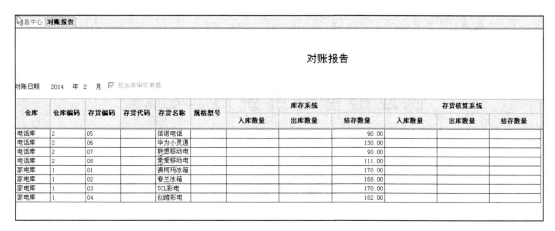

图 10-16　库存与存货对账

4.存货核算

库存和存货的期初数据分别录入处理,系统提供两边互相取数和对账的功能。

(1)单击“设置”菜单,并单击“期初数据”菜单中的“期初余额”进入期初余额窗口,如图 10-17 所示。

期初余额

输出　增加　删除　选择　取数　汇总　对账　定位　格式　记账　升序　降序　退出

期初余额

仓库 2　电话库　计价方式:先进先出法　存货分类

存货编码	存货名称	规格型号	计量单位	数量	单价	金额	计划价	计划金额	存货科...	存货科目
05	信诺电话		部	90.00	83.34	7500.20				
06	华为小灵通		部	130.00	103.33	13433.40				
07	联想移...		部	90.00	2033.34	183000.20				
08	索爱移...		部	111.00	3043.38	337814.80				
合计:				421.00		541,748.60				

图 10-17　“存货系统”期初结存

(2)选择要输入期初余额的仓库,单击“取数”按钮,依次选择不同仓库将所有存货期初余额输入完成。

(3)保存后,可以单击“对账”按钮,将存货系统期初与库存系统期初进行对账。

(4)当期初余额输入完毕后,可单击“记账”按钮,显示“记账成功”后单击“确定”退出,用户可以进行日常处理。记账后,“记账”按钮变为“恢复”按钮。如果用户发现期初余额有错误,则可利用恢复记账功能,将期初数据恢复到记账前状态,重新输入或修改期初数据。如果已进行业务核算,则不能再恢复记账。

第十一章

供应链管理系统日常处理

第一节 采购管理系统业务处理

一、一般采购的处理

普通采购业务流程：
(1)请购部门填制采购请购单。
(2)采购部门根据采购请购单进行比价。
(3)采购部门填制采购订单。
(4)采购部门将采购订单发送给供应商，供应商进行送货。
(5)货物到达企业后，对收到的货物进行清点，参照采购订单填制采购到货单。
(6)经过仓库的质检和验收，参照采购订单或采购到货单填制采购入库单。
(7)取得供应商的发票后，采购部门填制采购发票。
(8)采购部门进行采购结算。
(9)将采购入库单报财务部门的成本会计进行存货核算，将采购发票等票据报应付账会计进行应付账款核算。

二、付现采购的处理

直接现金交易的采购业务。在这种业务的处理中，现购采购发票默认作为一种付款依据，不需要传递到应付系统形成应付账款。

现付业务指在采购业务发生时，立即付款开发票。在实际业务中当采购员在采购取得货物的同时将货款先行垫付，这时需将款项直接支付给本单位的采购人员。在采购发票保存后就可以进行现付款处理，已审核的发票不能再做现付处理。

三、采购退货的处理

红字入库单是采购入库单的逆向单据。在采购业务活动中，如果发现已入库的货物因质量等因素要求退货，则对普通采购业务进行退货单处理。

如果发现已审核的入库单数据有错误（多填数量等），可以原数冲回，即将原错误的入库单，以相等的负数量填制红字入库单，冲抵原入库单数据。

四、其他采购业务的处理

(一)受托代销

受托代销是一种先销售后结算的采购模式,指其他企业委托本企业供销其商品,代销商品的所有权仍归委托方;代销商品销售后,本企业与委托方进行结算,开具正式的销售发票,商品所有权转移。

受托代销可以节省商家的库存资金、降低经营风险。适应于有受托代销业务的商业企业,如连锁超市、大型仓储超市等。只有在建账套时,"企业类型"选择为"商业",系统才能处理受托代销业务。

受托代销业务流程:
(1)双方签订供销合同,其中用户为受托方,供货商为委托方,用户录入采购订单。
(2)委托方发货、受托方收货,采购部门填制受托代销到货单。
(3)用户仓库办理入库手续,填制受托代销入库单。
(4)受托方售出代销商品后,手工开具代销商品清单交委托方,委托方开具手工发票。
(5)受托方通过受托代销结算,系统自动生成受托代销发票和受托代销结算单。

(二)直运业务

直运业务是指产品无需入库即可完成购销业务,由供应商直接将商品发给企业的客户。结算时,由购销双方分别与企业结算。

直运业务包括直运销售业务和直运采购业务两个方面,没有实物的出入库,货物流向是直接从供应商到客户,财务结算通过直运销售发票、直运采购发票解决。直运业务适用于大型电器、汽车、设备等产品的销售。在订单非必有模式下,可分为两种情况:有直运销售订单,则必须按照"订单为中心直运业务"的单据流程进行操作。没有销售订单,直运采购发票和直运销售发票可互相参照。

订单为中心直运业务的单据流程:
(1)用户录入直运销售订单。
(2)直运采购订单必须参照直运销售订单生成,可以拆单不能拆记录,即每行销售订单记录只能被采购订单参照一次。
(3)直运采购发票参照直运采购订单生成。
(4)直运销售发票参照直运销售订单生成。

五、查询与打印输出

账表查询是指对采购业务中形成的账表、数据进行查询、统计和分析。通过对明细账、表、余额表以及采购分析表等的对比分析,实现对采购业务管理的事中控制,事后分析,综合利用采购管理系统提供的各种账表及查询功能,可以全面提升企业的采购管理水平。

(一)采购统计

用户通过采购统计可查询采购未完成业务明细表(包括入库单、发票、暂估入库、在途存货等信息)、采购综合统计表、采购计划综合统计表等各种统计表。

(二)采购账簿

采购账簿主要有在途货物余额表、暂估入库余额表、代销商品台账、代销商品余额表等账表。

(三)采购分析

采购分析主要有采购成本分析、采购类型结构分析、采购资金比重分析、采购费用分析、采购货龄综合分析等。

六、期末结账

(一)月末结账

月末结账是逐月将每月的单据数据封存,并将当月的采购数据记入有关账表中。

采购管理月末处理后,库存管理、存货核算、应付款管理系统才能进行月末处理;如果采购管理系统要取消月末处理,必须先取消库存管理、存货核算、应付款管理系统月末结账。

(二)结转上年

结转上年数据时将上年的基础数据和未执行完成的采购订单,以及未结算的入库单、采购发票记录到本年度数据库中,并将上年的采购余额一览表12月份的余额作为本年1月份的期初余额记录到本年度的数据库中。

如果系统中没有上年度的数据,将不能进行结转。只有上年度12月份月结账后,才能结转上年度数据。只有上年度与本年度存货编码完全相同的存货才能结转。上年度与本年度不对应的存货编码,其数据将不能结转。

第二节 销售管理系统业务处理

一、一般销售的处理

普通销售业务根据"发货—开票"的实际业务流程不同,可以分为两种业务模式。系统在处理两种业务模式的流程不同,但允许两种流程并存。系统判断两种流程的最本质区别是先录入发货单还是先录入发票。先发货后开票模式,即先录入发货单。开票直接发货模式,即先录入发票。

(一)普通销售业务流程

(1)销售部门制订销售计划。

(2)销售人员按照销售计划,与客户签订销售合同或协议。
(3)销售部门根据销售协议填制销售订单。
(4)销售部门参照销售订单填制销售发货单。
(5)仓库部门参照销售发货单填制销售出库单。
(6)销售部门根据销售发货单填制发票。
(7)将销售发票传到财务部门进行收款结算。

(二)普通销售单据流程

(1)参照报价单生成销售订单。
(2)先发货:参照销售订单生成发货单,参照发货单生成出库单、发票。
(3)先开票:参照销售订单生成发票,发票复核时生成发货单、出库单。

二、现收销售的处理

现结是在款货两讫的情况下,在销售结算的同时向客户收取货币资金。

在销售发票、销售调拨单、零售日报等收到货款后可以随时对其单据进行现结处理,现结操作必须在单据复核操作之前。一张销售单据可以全额现收,也可以部分现收。

三、销售退货的处理

销售退货业务是指客户因货物质量、品种、数量等不符合要求而将已购货物退回本企业的业务。退货单是发货单的红字单据,可以处理客户的退货业务。退货单也可以处理换货业务,货物发出后客户要求换货,则用户先按照客户要求退货的货物开退货单,然后再按照客户所换的货物开发货单。

四、其他销售业务的处理

(一)委托代销业务

委托代销业务,指企业将商品委托他人进行销售但商品所有权仍归本企业的销售方式,委托代销商品销售后,受托方与企业进行结算,并开具正式的销售发票,形成销售收入,商品所有权转移。

只有库存管理与销售管理集成使用时,才能在库存管理中应用委托代销业务。委托代销业务只能先发货后开票,不能开票直接发货。

委托代销业务流程:
(1)销售部门制订销售计划,销售人员按照销售计划,签订委托代销合同或协议。
(2)销售部门根据委托代销协议填制委托代销发货单并审核。
(3)销售部门通知仓库备货,根据生成的销售出库单出库。
(4)客户(受托方)对货物进行接收。
(5)受托方售出代销商品后,开具售出清单。
(6)销售部门根据客户的售出清单开具委托代销结算单。
(7)结算单审核后系统自动生成销售发票。

(8)销售发票传递到应收款管理,进行收款结算。

(二)直运业务

直运业务是指产品无需入库即可完成购销业务,由供应商直接将商品发给企业的客户;结算时,由购销双方分别与企业结算。

直运业务包括直运销售业务和直运采购业务,没有实物的出入库,货物流向是直接从供应商到客户,财务结算通过直运销售发票、直运采购发票解决。直运业务适用于如大型电器、汽车、设备等产品的销售。在订单非必有模式下,可分为两种情况:有直运销售订单,则必须按照"必有订单直运业务"的单据流程进行操作。没有销售订单,直运采购发票和直运销售发票可互相参照。

必有订单直运业务的单据流程:
(1)用户录入直运销售订单。
(2)直运采购订单必须参照直运销售订单生成,可以拆单不能拆记录,即每行销售订单记录只能被采购订单参照一次。
(3)直运采购发票参照直运采购订单生成。
(4)直运销售发票参照直运销售订单生成。

(三)分期收款

分期收款发出商品业务类似于委托代销业务,货物提前发给客户,分期收回货款,收入与成本按照收款情况分期确认。

分期收款销售的特点是:一次发货,当时不确认收入,分次确认收入,在确认收入的同时配比性地转成本。

分期收款单据流程:
(1)购销双方签订分期收款销售合同。
(2)用户的销售部门发货,仓库部门出货。
(3)客户交来部分销售款,部分确认收入、按该次收入占总收入的比例转成本、部分核销应收款。
(4)直至全部收款,全部确认收入,全部结转成本,方可全部核销该笔分期收款销售业务。

五、查询与打印输出

账表内容包括:我的账表,对系统所能提供的全部报表进行管理。统计表,用户可以查询"销售管理"的各种统计表。明细账,用户可以查询"销售管理"的各类明细账。销售分析,用户可以对销售数据进行分析。综合分析,进行销售综合分析,综合分析只能在商业版中使用。

(一)统计表

用户可以查询"销售管理"的各种统计表。包括:销售统计表,发货统计表,发货单开票收款勾对表,销售综合统计表,发票日报,发票使用明细表,委托代销统计表,进销存统计表。

(二)明细账

用户可以查询"销售管理"的各类明细账。包括:销售收入明细账,销售成本明细账,发货明细表,销售明细表,销售明细账,发货结算勾对表,委托代销明细账。

(三)销售分析

用户可以对销售数据进行分析。包括:销售增长分析,货物流向分析,销售结构分析,销售毛利分析,市场分析,货龄分析。

(四)综合分析

综合分析只能用于商业企业,而且必须在"销售管理"与"存货核算"联合使用时可用。包括:动销分析,商品周转率分析,经营状况分析。

六、期末结账

(一)销售月末结账

销售管理系统的月末结账是将每月的销售单据逐月封存,并将当月的销售库数据记入有关账表中。

当某月结账发生错误时,可以单击"取消结账"恢复到结账前,正确处理后再结账。不允许跳月取消月末结账。只能从最后一个月逐月取消。

月末结账之前用户一定要进行数据备份,否则数据一旦发生错误,将造成无法挽回的后果。

本功能为独享功能,与系统中所有功能的操作互斥,即在操作本功能前,应确定其他功能均已退出;在网络环境下,要确定本系统所有的网络用户退出了所有的功能。

(二)销售结转上年

一般情况下,企业是持续经营的,因此企业的会计工作是一个连续性的工作。每到年末,启用新年度账时,就需要将上年度中的相关账户的余额及其他信息结转到新年度账中。

结转上年是将上年的基础数据和各种单据的数据悉数转入本年度账套中,起承上启下作用。如果系统中没有上年度的数据,将不能进行结转。结转上年操作是在服务器上的"系统管理"中进行。

第一次使用"销售管理",或没有上年数据时,不用使用此功能。只有在上一会计年度所有工作全部完成并准确无误的前提下,才能进行"结转上年"操作,否则会造成结转到本会计年度的数据不正确。

只有上年度12月份会计月结账后,才能结转上年度数据。

第三节　库存管理系统业务处理

一、入库处理

入库业务仓库收到采购或生产的货物，仓库保管员将验收货物的数量、质量、规格型号等，确认验收无误后入库，并登记库存账。

入库业务单据主要包括：采购入库单，产成品入库单，其他入库单。

（一）采购入库单

采购入库单是根据采购到货签收的实收数量填制的单据。对于工业企业，采购入库单一般指采购原材料验收入库时所填制的入库单据。对于商业企业，采购入库单一般指商品进货入库时所填制的入库单据。

采购入库单按进出仓库方向分为：蓝字采购入库单、红字采购入库单；按业务类型分为：普通采购入库单、受托代销入库单（商业）。

红字入库单是采购入库单的逆向单据。在采购业务活动中，如果发现已入库的货物因质量等因素要求退货，则对采购业务进行退货单处理。

如果发现已审核的入库单数据有错误（多填数量等），也可以填制退货单（红字入库单）原数冲抵原入库单数据。原数冲回是将原错误的入库单，以相等的负数量填单。

（二）产成品入库单

对于工业企业，产成品入库单一般指产成品验收入库时所填制的入库单据。产成品入库单是工业企业入库单据的主要部分。只有工业企业才有产成品入库单，商业企业没有此单据。产成品一般在入库时无法确定产品的总成本和单位成本，所以在填制产成品入库单时，一般只有数量，没有单价和金额。

产成品入库单可以手工增加，也可以参照"物料需求计划"的生产订单生成。产成品入库单可以修改、删除、审核、弃审。根据修改现存量时点设置，产成品入库单保存或审核后更新现存量。

（三）其他入库单

其他入库单是指除采购入库、产成品入库之外的其他入库业务，如调拨入库、盘盈入库、组装拆卸入库、形态转换入库等业务形成的入库单。其他入库单一般由系统根据其他业务单据自动生成，也可以手工填制。

二、出库处理

仓库进行销售出库、材料出库。出库单据包括：销售出库单，材料出库单，其他出库单。

(一)销售出库单

销售出库单是销售出库业务的主要凭据,在"库存管理"用于存货出库数量核算,在"存货核算"用于存货出库成本核算(如果"存货核算"销售成本的核算选择依据销售出库单)。

对于工业企业,销售出库单一般指产成品销售出库时所填制的出库单据。

对于商业企业,销售出库单一般指商品销售出库时所填制的出库单。

销售出库单按进出仓库方向分为:蓝字销售出库单、红字销售出库单;按业务类型分为:普通销售出库单、委托代销出库单、分期收款出库单。(参见普通销售、委托代销业务、分期收款业务。)

(二)材料出库单

1. 材料出库单

对于工业企业,材料出库单是领用材料时所填制的出库单据,当从仓库中领用材料用于生产时,就需要填制材料出库单。只有工业企业才有材料出库单,商业企业没有此单据。

2. 配比出库单

对于工业企业,配比出库单是一种特殊的材料出库单。用户如生产或组装某一父项产品,系统可以将其按照产品结构展开到子项材料,并计算生产或组装父项产品需要领用的子项材料数量。

对具有产品结构的存货,配比出库可以加强领料出库的速度和准确性,特别适用于生产车间按照销售订单生产的领料出库。

(三)其他出库单

其他出库单指除销售出库、材料出库之外的其他出库业务,如调拨出库、盘亏出库、组装拆卸出库、形态转换出库、不合格品记录等业务形成的出库单。其他出库单一般由系统根据其他业务单据自动生成,也可以手工填制。

三、其他仓储业务处理

(一)调拨

库存业务中还有调拨业务,业务凭证是调拨单。调拨单是指用于仓库之间存货的转库业务或部门之间的存货调拨业务的单据。同一张调拨单上,如果转出部门和转入部门不同,表示部门之间的调拨业务;如果转出部门和转入部门相同,但转出仓库和转入仓库不同,表示仓库之间的转库业务。

(二)盘点

为了保证企业库存资产的安全和完整,做到账实相符,企业必须对存货进行定期或不定期的清查,查明存货盘盈、盘亏、损毁的数量以及造成的原因,并据以编制存货盘点报告表,按规定程序,报有关部门审批。

经有关部门批准后,应进行相应的账务处理,调整存货账的实存数,使存货的账面记录与库存实物核对相符。

盘点时系统提供多种盘点方式,如按仓库盘点、按批次盘点、按类别盘点、对保质期临近多少天的存货进行盘点等等,还可以对各仓库或批次中的全部或部分存货进行盘点,盘盈、盘亏的结果自动生成其他出入库单。

(三)限额领料

对于管理比较严格的工业企业,只靠配比出库功能并不能满足企业在领料出库方面的管理需要,用户可以采用限额领料单加强管理。

限额领料单可以手工填制,也可以根据"物料需求计划"的生产订单生成。限额领料单分单后系统自动生成一张或多张材料出库单,可以一次领料、多次签收;限额领料单审核后可以再次分单领料。

(四)组装拆卸

组装指将多个散件组装成一个配套件的过程,拆卸指将一个配套件拆卸成多个散件的过程。

配套件是由多个存货组成,但又可以拆开或销售的存货。配套件和散件之间是一对多的关系,在产品结构中设置之间的关系。用户在组装、拆卸之前应先进行产品结构定义,否则无法进行组装。

配套件与成套件不同,配套件可以组装、拆卸;而成套件不能进行组装、拆卸。

(五)形态转换

形态转换:某种存货在存储过程中,由于环境或本身原因,使其形态发生变化,由一种形态转化为另一种形态,从而引起存货规格和成本的变化,在库存管理中需对此进行管理记录。

例如,特种烟丝变为普通烟丝;煤块由于风吹、雨淋,天长日久变成了煤渣;活鱼由于缺氧变成了死鱼;等等。

库管员需根据存货的实际状况填制形态转换单,报请主管部门批准后进行调账处理。

(六)不合格品管理

对于不合格品,可以进行不合格品登记,将不合格品记入不合格品备查簿;确定处理的,可以进行不合格品处理,减少不合格品备查簿的结存量。

(七)货位调整

货位调整单用于调整存货的货位。货位调整单手工增加。可以修改、删除,货位调整单保存后立即生效。

(八)条码管理

条形码管理可以方便用户的物流、仓储操作,减小劳动强度、降低错误率、提高工作效率。用户可以使用常用条码,也可以自定义条码。

(九)远程应用

远程应用可以实现企业分散应用、集中管理的管理模式,可以在总部与分销处或远程仓库之间进行异地的数据导入和数据导出。

对于远程应用系统提供以下三种方式:点对点、邮件、局域网邮局。三种方式的传输介质机理不尽相同,各地的实际资源状况也不同,由此产生的效率也有所差别。

四、查询与打印输出

(一)库存账

用户可以查询"库存管理"的各种库存账。包括现存量,流水账,库存台账,代管账,委托代销备查簿,受托代销备查簿,不合格品备查簿,呆滞积压备查簿,供应商库存,入库跟踪表。

(二)货位账

用户可以查询"库存管理"的货位账。包括货位卡片和货位汇总表。

(三)统计表

用户可以查询"库存管理"的各种统计表。包括库存展望,收发存汇总表,存货分布表,业务类型汇总表,限额领料汇总表,组装拆卸汇总表,形态转换汇总表。

(四)储备分析

用户可以查询"库存管理"的储备分析报表。储备分析报表包括:安全库存预警,超储存货查询,短缺存货查询,呆滞积压分析,库龄分析,缺料表。

五、期末结账

(一)对账

用户需要对账,保证"库存管理"与"存货核算"、库存账与货位账的一致。

1. 库存存货对账

"库存管理"与"存货核算"对账的内容为某月份各仓库各存货的收发存数量。

只有在"库存管理"和"存货核算"对账月份都已结账,而且"存货核算"对账月份没有压单的情况下,数据才有可能核对上。

2. 库存账与货位账对账

本系统提供库存台账与货位卡片对账的功能。

(二)月末结账

1. 月末结账

月末结账是将每月的出入库单据逐月封存,并将当月的出入库数据记入有关账表中。

在手工会计处理中,都有结账的过程,在电算化会计处理中也有这一过程,以符合会计制度的要求。结账只能每月进行一次。结账后本月不能再填制单据。

2．结转上年

一般情况下,企业是持续经营的,因此企业的会计工作是一个连续性的工作。每到年末,启用新年度账时,就需要将上年度中的相关账户的余额及其他信息结转到新年度账中。

结转上年是将上年的基础数据和各种单据的数据悉数转入本年度账套中,起承上启下作用。如果系统中没有上年度的数据,将不能进行结转。

结转上年操作是在服务器上的"系统管理"中进行,结转上年后,转入的数据为期初数据,用户需要进行期初处理。

第四节　存货核算系统业务处理

一、单据处理

(一)采购入库单

对于工业企业,采购入库单一般指采购原材料验收入库时,所填制的入库单据;对于商业企业,一般指商品进货入库时,填制的入库单。无论是工业企业还是商业企业,采购入库单是企业入库单据的主要单据,除了只使用存货核算系统情况外,采购入库单都是由其他系统自动传递过来的,但在存货核算系统可以通过修改功能调整入库金额。以已结算的采购入库单上存货的入库单价及金额记账。

(二)产成品入库单

产成品入库单是指工业企业生产的产成品、半成品入库时,所填制的入库单据,是本系统工业版中常用的原始单据之一。在本系统中,此功能用于输入正常产品入库及已入库的不合格产品红字退回的单据。

对已记账的产成品入库单进行制单,传递至总账,月末可与总账对账。

(三)其他入库单

其他入库单是指除采购入库、产成品入库等形式以外的存货的其他入库形式所填制的入库单据,例如,盘盈入库、调拨入库等。在本系统中,此功能用于输入其他形式的正常入库及红字退出的单据。

(四)销售出库单

对于工业企业,销售出库单一般指产成品销售出库时,所填制的出库单据;对于商业企业,一般指商品销售(包括受托代销商品)出库时,填制的出库单。无论是工业企业还是商业企业,销售出库单是企业出库单据的主要部分,因此在本系统中,销售出库单也是进行日常业务处理和记账的主要原始单据之一。

(五)材料出库单

材料出库单是指工业企业领用材料时所填制的出库单据,是工业企业出库单据的主要部分;在本系统中,本功能用来录入正常情况下领用材料的出库单及退库单。

(六)假退料单

系统提供假退料单的录入功能。假退料业务可用于车间已领用的材料,在月末尚未消耗完,下月需要继续耗用,则可不办理退料业务,制作假退料单进行成本核算。只有工业版存货核算才有此功能。

(七)其他出库单

其他出库单是指除销售出库、材料出库等形式以外的存货的其他出库形式所填制的出库单据,例:盘盈出库、调拨出库等。在本系统中,此功能用于输入其他形式的正常出库及红字退库的单据。

(八)调整单

1. 入库调整单

出入库单据记账后,发现单据金额错误,如果是录入错误,通常采用修改方式进行调整。但有时遇到由于暂估入库后发生零出库业务等原因所造成的出库成本不准确或库存数量为零而仍有库存金额的情况时,只能使用入库调整单或出库调整单进行调整。

入库调整单是对存货的入库成本进行调整的单据,它只调整存货的金额,不调整存货的数量;它用来调整当月的入库金额,并相应调整存货的结存金额;可针对单据进行调整,也可针对存货进行调整。

2. 出库调整单

出入库单据记账后,发现单据金额错误,如果是录入错误,通常采用修改方式进行调整。但有时遇到由于暂估入库后发生零出库业务等原因所造成的出库成本不准确或库存数量为零而仍有库存金额的情况时,只能使用入库调整单或出库调整单进行调整。

出库调整单是对存货的出库成本进行调整的单据,它只调整存货的金额,不调整存货的数量;它用来调整当月的出库金额,并相应调整存货的结存金额;只能针对存货进行调整,不能针对单据进行调整。

3. 系统调整单

对于系统自动生成的出入库调整单,用户可在此进行修改。

4. 计划价|售价调整单

提供计划价|售价随时调整的功能,并于调整后自动计算调整差异|差价,同时记账。系统提供批量调价的功能。

对于工业版存货核算系统,提供批量调整计划价的功能;对于商业版存货核算系统,提供批量调整售价的功能。

二、单据记账

(一)正常单据记账

单据记账用于将用户所输入的单据登记存货明细账、差异明细账|差价明细账、受托代销商品明细账、受托代销商品差价账。

先进先出、后进先出、移动平均、个别计价这四种计价方式的存货在单据记账时进行出库成本核算;全月平均、计划价|售价法计价的存货在期末处理时进行出库成本核算。

(二)特殊单据记账

特殊单据记账主要功能是提供用户对组装单、调拨单、形态转换单进行成本计算,记入存货明细账的功能。

(三)恢复单据记账

恢复记账用于将用户已登记明细账的单据恢复到未记账状态。

(四)发出商品记账

1. 分期收款发出商品记账

只有销售系统启用时,存货系统才能对分期收款发出商品业务进行核算。

2. 委托代销商品记账

本系统提供委托代销业务的两种处理方式。一种是视同普通销售,另一种按发出商品核算。用户若在存货核算的系统选项中选择按普通销售核算,则在正常单据记账中进行成本核算;若选择按发出商品核算,在此进行单据记账,进行成本核算。

(五)直运销售记账

直运销售记账是对直运销售业务进行核算。只有销售系统启用时,存货才能对直运销售进行核算。

直运业务采购发票记账,增加直运商品;直运业务销售发票记账,则减少直运商品,并结转销售成本。

三、期末存货成本计算

(一)平均单价计算

系统提供用户随时了解全月平均单价的功能,包括以下两部分:计算本月未进行期末处理的全月平均单价,查询以前月份或本月已进行期末处理的全月平均单价。

(二)暂估成本录入

系统对于没有成本的采购入库单,进行暂估成本成批录入。

(三)结算成本处理

所谓存货暂估是外购入库的货物发票未到,在不知道具体单价时,财务人员期末暂时按估计价格入账,下月用红字予以冲回的业务。暂估结算处理:系统提供月初回冲、单到回冲、单到补差来处理暂估业务。依据用户在系统选项"暂估方式"中的选项进行处理。

(四)产成品成本分配

产成品成本分配表用于对已入库未记明细账的产成品进行成本分配,功能有:可随时对产成品入库单提供批量分配成本。可从"成本核算系统"取得成本,填入入库单,同时提供清除已分配的数据功能。产成品成本分配后可以恢复分配的数据。产成品成本分配表提供排序功能。

四、凭证处理

(一)生成凭证

生成凭证用于对本会计月已记账单据生成凭证,并可对已生成的所有凭证进行查询显示;所生成的凭证可在账务系统中显示及生成科目总账。

(二)结算制单

在完成采购结算后,企业可以根据结算单编制凭证。

五、查询与打印输出

(一)明细账

本功能用于查询本会计年度各月份已记账的各存货的明细账。只能查询末级存货的某段时间的收发存信息;明细账是按末级存货设置的,用来反映存货的某段时间的收发存的数量和金额的变化;并可用于查询按计划价|售价核算的已记账存货本会计年度各月份的差异|差价账,且可以查询差异|差价的汇总数据。

由于系统提供三种存货核算方式,按仓库、按部门、按存货核算。对明细账影响如下:

(1)按仓库核算:过滤条件中的仓库必须输入,系统显示每一仓库每一存货的明细账,系统将该仓库每一存货期初余额作为该存货的期初余额,该仓库每一存货的出入库单据进行排序显示明细账。按仓库核算时,可分别查询直运业务的存货明细账和非直运业务的存货明细账。

(2)按部门核算:过滤条件中的部门必须输入,系统显示每一部门下每一存货的明细账,系统将该部门每一存货期初余额作为该存货的期初余额,该部门每一存货的出入库单据进行排序显示明细账。按部门核算时,可分别查询直运业务的存货明细账和非直运业务的存货明细账。

(3)按存货核算:系统则显示每一存货的明细账时系统将该存货所有仓库的期初余额加起来作为该存货的期初余额,该存货所有仓库的出入库单据进行排序显示明细账。按存货核算时,可分别查询直运业务的存货明细账和非直运业务的存货明细账;也可查询全部的存货明细账。

在存货系统中查询单据、查询单据列表及查询各种账表时,系统要按仓库、存货、部门、操作员进行权限检查。在查询的结果中只能显示该操作员有权限的仓库、存货、部门、操作员数据。

(二)总账

用于输出存货的总分类账,本账簿以借贷余的形式反映各存货的各月份的收发余金额。既可按存货分类进行查询,也可按存货进行查询。

由于系统提供三种存货核算方式,按仓库、按部门、按存货核算。

(三)流水账

出入库流水账用于查询当年任意日期范围内存货的出入库情况,为用户提供一个简捷方便的对账、查账的出入库流水;可分已记账、未记账、全部单据的流水账。可显示暂估单据的流水账。提供显示格式的选择。提供显示合计|不显示合计的选择。可以联查单据。可以联查凭证。

(四)发出商品明细账

该表用于查询分期收款和委托代销商品的明细账。

(五)个别计价明细账

个别计价的存货提供按各个批次进行统计分析的功能。

(六)计价辅助数据

提供按先进先出、后进先出、个别计价等方式进行核算的出入库顺序及结余数量、结余金额,以便用户查账、对账。

六、期末结账

当日常业务全部完成后,用户可进行期末处理,功能是:计算按全月平均方式核算的存货的全月平均单价及其本会计月出库成本。计算按计划价|售价方式核算的存货的差异率|差价率及其本会计月的分摊差异|差价。对已完成日常业务的仓库|部门|存货做处理标志。

如果使用采购和销售系统,应在采购和销售系统作结账处理后才能进行。系统提供恢复期末处理功能,但是在总账结账后将不可恢复。

(一)与总账系统对账

本功能用于存货核算系统与总账系统核对存货科目和差异科目在各会计月份借、贷方发生金额、数量以及期末结存的金额、数量信息。

（二）结账

在手工会计处理中，都有结账的过程，在计算机会计处理中也应有这一过程，以符合会计制度的要求，因此本系统特提供了"月末结账"功能。结账只能每月进行一次。结账后本月不能再填制单据。

月末结账后将不能再做当前会计月的业务，只能做下个会计月的日常业务。

当某月账结错了时，可用"取消结账"按钮取消结账状态，然后再进行该月业务处理，再结账。

第五节 上机实验——供应链业务处理

一、实验目的

供应链各个业务系统之间存在着联系，熟悉业务操作的操作流程及操作步骤，准确完成日常业务处理操作。

二、实验内容

1. 销售管理日常业务处理；
2. 采购管理日常业务处理；
3. 库存管理日常业务处理。

三、实验资料

2014年2月份宏远公司业务资料如下。

1. 普通销售业务：有订单、一次发货、分发发票

（1）2月5日，销售部秦安安联系华阳宾馆订购澳柯玛冰箱30台，无税单价2 500元，要求发货日期为2月10日。

（2）2月10日，销售部从家电库提货30台发给华阳宾馆，应客户要求开具两张专用发票，第一张发票数量为20台，第二张发票数量为10台。

（3）财务部门根据发票确认收入及成本。

2. 现结销售业务：销售时收款、多次发货、汇总开票

（1）2月11日，销售部秦安安联系远大商店购买华为小灵通20部，无税单价320元，开发货单并由客户从电话库提货。

（2）2月12日，销售部秦安安联系远大商店购买创维彩电30台，无税单价3 200元，开发货单由客户从家电库提货。

（3）2月12日，根据以上两张发货单开具专用发票，客户直接以转账付款，支票号为0113546。

3. 普通销售业务：一次发货分次出库

(1)2月15日，销售部秦安安联系华阳宾馆出售春兰冰箱35台，无税单价3400元，开发货单由客户从家电库提货，并开具专用发票一张。当日，华阳宾馆凭发货单从家电库提货20台。

(2)2月16日，华阳宾馆根据发货单再次从家电库提货15台。

4. 销售退货业务：开票前退货

(1)2月18日，销售部秦安安联系远大商店购买联想移动电话15部，无税单价2 500元，开发货单从电话库提货发出。

(2)2月19日，因质量问题远大商店退回联想移动电话2部，无税单价2 500元。

(3)2月19日，为远大商店开具专用发票一张，数量为13部，无税单价2 500元。

5. 开票直接发货业务：开票自动生成发货单

2月20日，销售部秦安安联系华阳宾馆销售TCL彩电20台，开具专用发票一张，无税单价3 600元，货物由TCL彩电库发出。

6. 分期收款发出商品：一次出库、分期开票确认收入

(1)2月21日，采取分期付款方式向远大商店销售TCL彩电32台，无税单价3 500元，开发货单由TCL彩电库发出商品，货款分两次支付。

(2)2月22日开具专用发票一张，数量为32台，货款尚未收到。

(3)2月23日，远大商店送来转账支票一张，票号0130102，金额65 520元，用以支付21日TCL彩电款。

7. 直运业务：有订单直运业务

(1)2月23日，华阳宾馆欲购买40台联想移动电话，经协商以无税单价6 000元与公司签订订单，要求2月24日交货。

(2)2月23日，以5 000元无税单价与新强科技签订订单，并要求新强科技直接将货物发送给华阳宾馆。

(3)2月24日，新强科技将40台联想移动电话发送给华阳宾馆，开具专用发票一张给销售部。

(4)2月24日，销售部根据销售订单开具专用发票一张。

8. 普通采购业务：单货同到、自动结算

2月25日，从新兴家电采购澳柯玛冰箱50台，无税单价2 200元，货到填制到货单货物验收后入库，收到专用发票一张，货款未付。

9. 现付业务：采购即付款、带运费发票、手工结算

2月26日，从新强科技采购华为小灵通20部，无税单价200元，收到专用发票一张，货到直接入库，货款未付。同时收到运费发票一张，金额200元，税率7%，以转账支票支付运费200元，票号ZZ1012351。

10. 采购退货：入库单已记账

2月27日，发现26日从新强科技采购的华为小灵通有10部存在质量问题，货已退回，并收到红字专用发票一张，无税单价200元。

11. 暂估入库：货到票未到

2月28日，采购部钱泰龙从新兴家电采购TCL彩电15台，货已入库，发票未到，对货

物进行暂估,暂估价为3100元。

12.盘点业务:盘亏自动形成其他出库单

2月28日,对库存进行盘点,结果发现缺少澳柯玛冰箱1台,价值2 400元。经查明,是因为意外被盗,应确认为营业外支出。

13.2月28日,计算结转出库成本

14.其他经济业务

(1)2月28日,分配工资费用,并计提福利费、工会经费、职工教育费、公积金。
(2)2月28日,计提本月折旧。
(3)2月28日,计算汇总损益(月末汇率6.00)。
(4)2月28日,计提所得税。
(5)2月28日,结转所得税至本年利润。

四、实验指导

(一)第一笔业务:有订单、一次发货、分发发票的普通销售业务

业务内容:2月5日,销售部秦安安联系华阳宾馆订购澳柯玛冰箱30台,无税单价2500元,要求发货日期为2月10日。2月10日,销售部从家电库提货30台发给华阳宾馆,应客户要求开具两张专用发票,第一张发票数量为20台,第二张发票数量为10台。财务部门根据发票确认收入及成本。

【操作步骤】

1.录入、审核销售订单

(1)在销售管理子系统中,选择"业务"→"销售订货"→"销售订单",出现销售订单窗口。单击"增加"按钮。
(2)输入表头信息。输入订单日期"2014-2-5";选择客户"华阳宾馆";选择销售部门"销售部";选择业务员"秦安安"。
(3)输入表体信息。双击第一行存货编码,选择"澳柯玛冰箱";输入数量30;输入无税单价2500;输入预发货日期"2014-2-10"。
(4)输入完毕后,单击"保存"按钮,然后单击"审核"按钮进行审核。如图11-1所示。

2.填制并审核发货单

(1)在销售管理子系统中,选择"业务"→"发货"→"发货单",出现发货单窗口。单击"增加"按钮,自动出现选择发货单窗口。
(2)在客户文本框中选择"华阳宾馆",然后单击"显示"按钮,此时销售订单显示在订单列表中。
(3)在订单列表中单击订单行,选中刚才输入的订单,此时订单内容自动显示在下方列表中。如图11-2所示。
(4)单击澳柯玛冰箱行选中该货物,然后单击"确认"按钮,订单内容自动带到发货单上。
(5)在发货单表体第一行,双击仓库名称列,选择仓库"家电库"。
(6)单击"保存"按钮,再单击"审核"按钮。如图11-3所示。

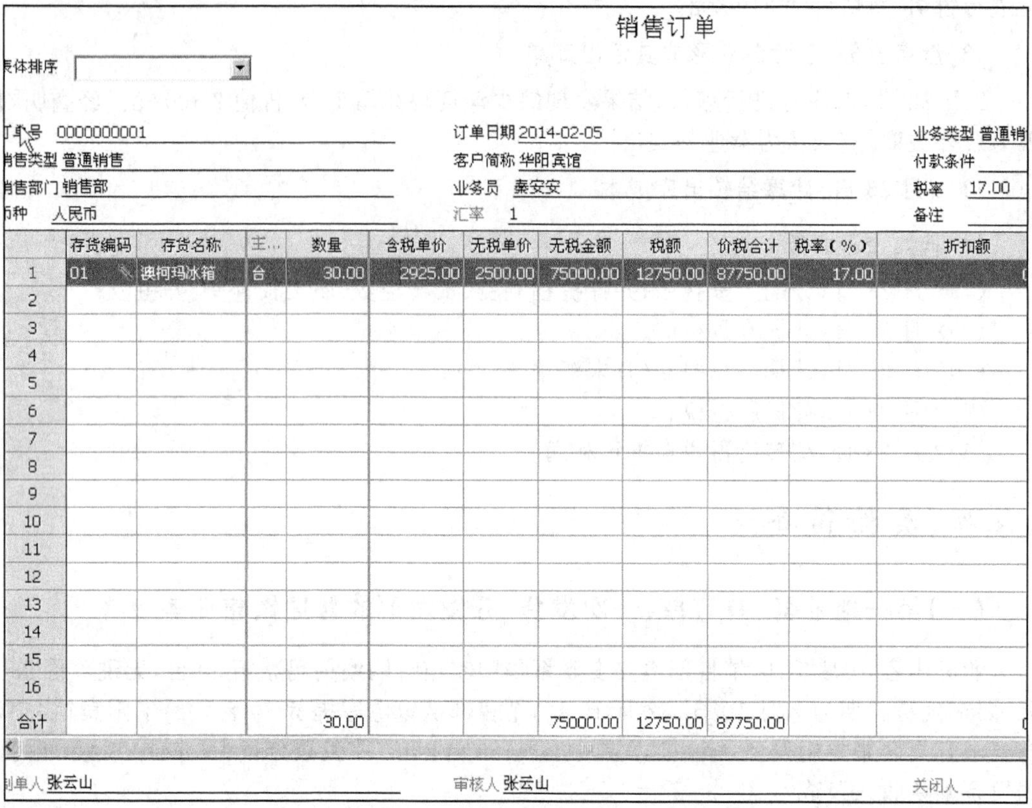

销售订单

	存货编码	存货名称	主…	数量	含税单价	无税单价	无税金额	税额	价税合计	税率(%)	折扣额
1	01	澳柯玛冰箱	台	30.00	2925.00	2500.00	75000.00	12750.00	87750.00	17.00	
合计				30.00			75000.00	12750.00	87750.00		

图 11-1 填制、审核销售订单

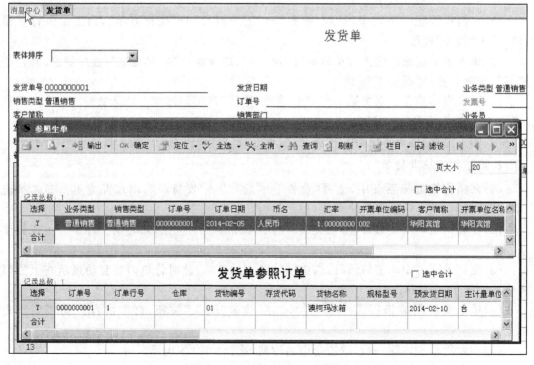

图 11-2 根据订单生成发货单

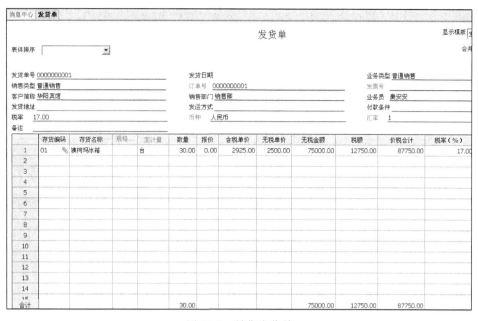

图 11-3 销售发货单

3. 填制并审核销售发票

(1) 在销售管理子系统中,选择"业务"→"开票"→"销售专用发票",出现发票窗口。单击"增加"按钮,自动出现选择发货单窗口。

(2) 在客户文本框中选择"华阳宾馆",然后单击"显示"按钮,此时发货单显示在发货单列表中。

(3) 在发货单列表中单击发货单行,选中刚才输入的发货单,此时发货单内容自动显示在下方列表中。如图 11-4 所示。

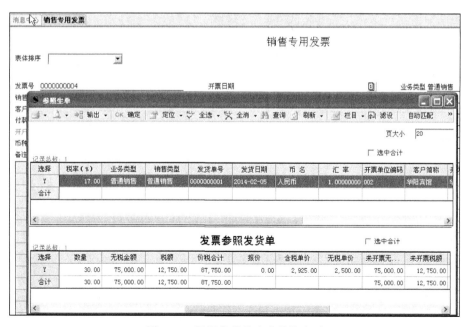

图 11-4 根据发货单生成销售发票

(4)单击澳柯玛冰箱行选中该货物,然后单击"确认"按钮,发货单内容自动带到发票上。

(5)输入开票日期"2014-2-10",将发票数量修改为20,然后单击"保存"按钮,再单击"复核"按钮。如图11-5所示。

图 11-5　填制销售发票(1)

(6)输入第二张发票。单击"增加"按钮,按以上方法将发货单内容复制到发票上,此时发票数量自动显示为10。将开票日期设置为"2014-2-10",然后单击"保存"按钮,再单击"复核"按钮。如图11-6所示。

图 11-6　填制销售发票(2)

4.审核发票并制单

(1)在应收款子系统中,选择"日常处理"→"应收单据处理"→"应收单据审核",出现单据过滤对话框。如图 11-7 所示。选择单据名称"销售发票";选择单据类型"销售专用发票";选择客户"华阳宾馆";选择"未审核"选项。然后单击"确认"按钮,出现应收单据一览表。

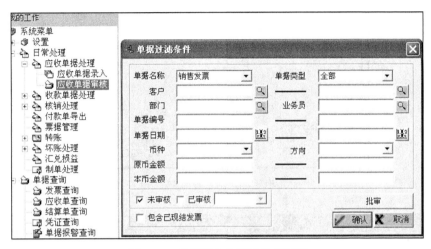

图 11-7　指定应收单据显示的范围

(2)分别双击两张发票行的"选择"列选中这两张发票或单击"全选"按钮选择,然后单击"审核"按钮,对这两张发票进行审核,如图 11-8 所示,确定后退出。

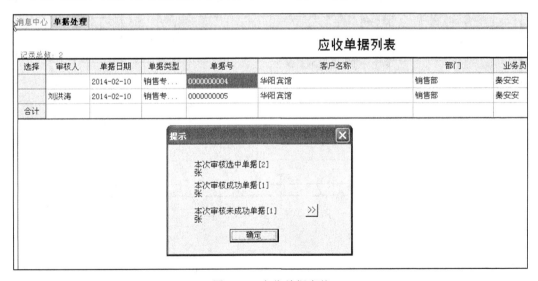

图 11-8　应收单据审核

(3)选择"日常处理|制单处理",出现制单查询窗口。如图 11-9 所示。选择"发票制单",单击"确认"按钮,出现制单窗口。

(4)将凭证类别设置为"转账凭证";将制单日期设置为"2014-2-10";单击"全选"按钮,选中这两张发票;再单击"制单"按钮,出现凭证,如图 11-10 所示,单击"保存"按钮后退出。(将来收款及核销的操作见第 7 章应收应付管理系统)

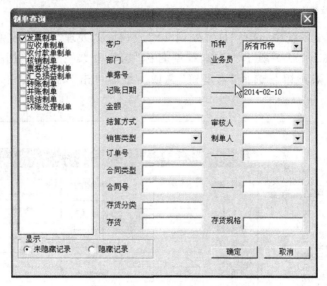

图 11-9 制单查询窗口

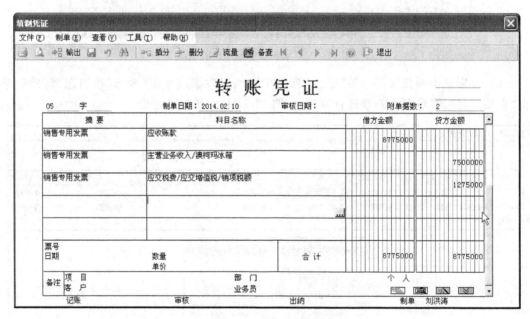

图 11-10 应收单据制单

5.生成审核销售出库单

因为在销售管理子系统参数中未选择"销售生成出库单",所以必须在库存管理子系统中根据有关单据手工生成销售出库单。

(1)在库存管理子系统中,选择"日常业务"→"出库"→"销售库存单",出现销售库存单窗口。

(2)单击"生单"按钮,出现选择发货单窗口。

(3)此时发货单显示在列表中。将出库日期设置为"2014-2-10";单击发货单行"选择"列选中该发货单。单击"确定"按钮,系统询问"是否确认生单"时选择"是",会自动生成销售出库单。单击"审核"按钮,如图 11-11 所示。审核销售出库单后退出。

图 11-11　销售出库单

6. 销售出库单入账

在库存系统完成销售出库单的生成和审核后，意味着出库已完成。下一步应在"存货核算"系统进行入账处理。

(1) 在存货核算子系统中，选择"业务核算"→"正常单据记账"，出现指定"正常单据记账条件"窗口，按默认条件单击"确认"即可进入单据列表窗口，可见到待记账的正常单据。如图 11-12 所示。

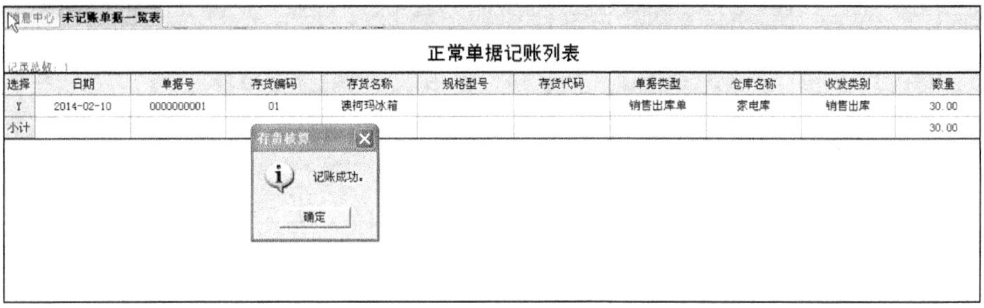

图 11-12　正常单据记账

(2) 单击并选中需记账的单据，再单击"记账"按钮，即进行对该单据的记账，一经记账，单据所记载事项即可在存货明细账中查询。如图 11-13 所示。

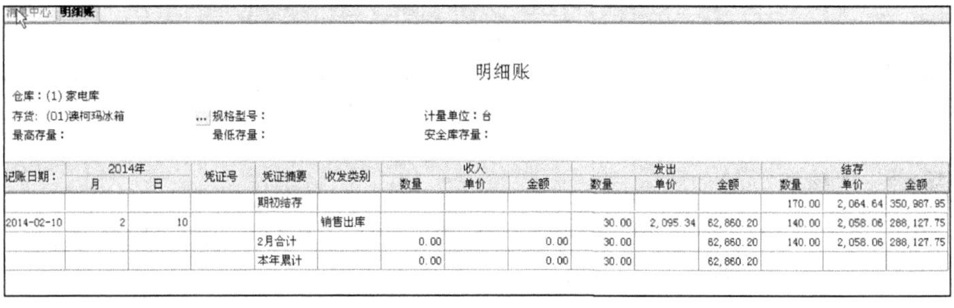

图 11-13　存货明细账

(二)第二笔业务:销售时收款、多次发货、一次开票的现结销售

业务内容:2月11日,销售部秦安安联系远大商店购买华为小灵通20部,无税单价320元,开发货单并由客户从电话库提货。2月12日,销售部秦安安联系远大商店购买创维彩电30台,无税单价3200元,开发货单由客户从家电库提货;2月12日,根据以上两张发货单开具专用发票,客户直接以转账付款,支票号为0113546。

1. 录入、审核华为小灵通20部销售订单(本步骤可省,直接从发货单开始)

(1)在销售管理子系统中,选择"业务"→"销售订货"→"销售订单",出现销售订单窗口。单击"增加"按钮。

(2)输入表头信息。输入订单日期"2014-2-11";选择客户"远大商店";选择销售部门"销售部";选择业务员"秦安安"。

(3)输入表体信息。双击第一行存货编码,选择"华为小灵通";输入数量20;输入无税单价320。

(4)输入完毕后,单击"保存"按钮,然后单击"审核"按钮进行审核。如图11-14所示。

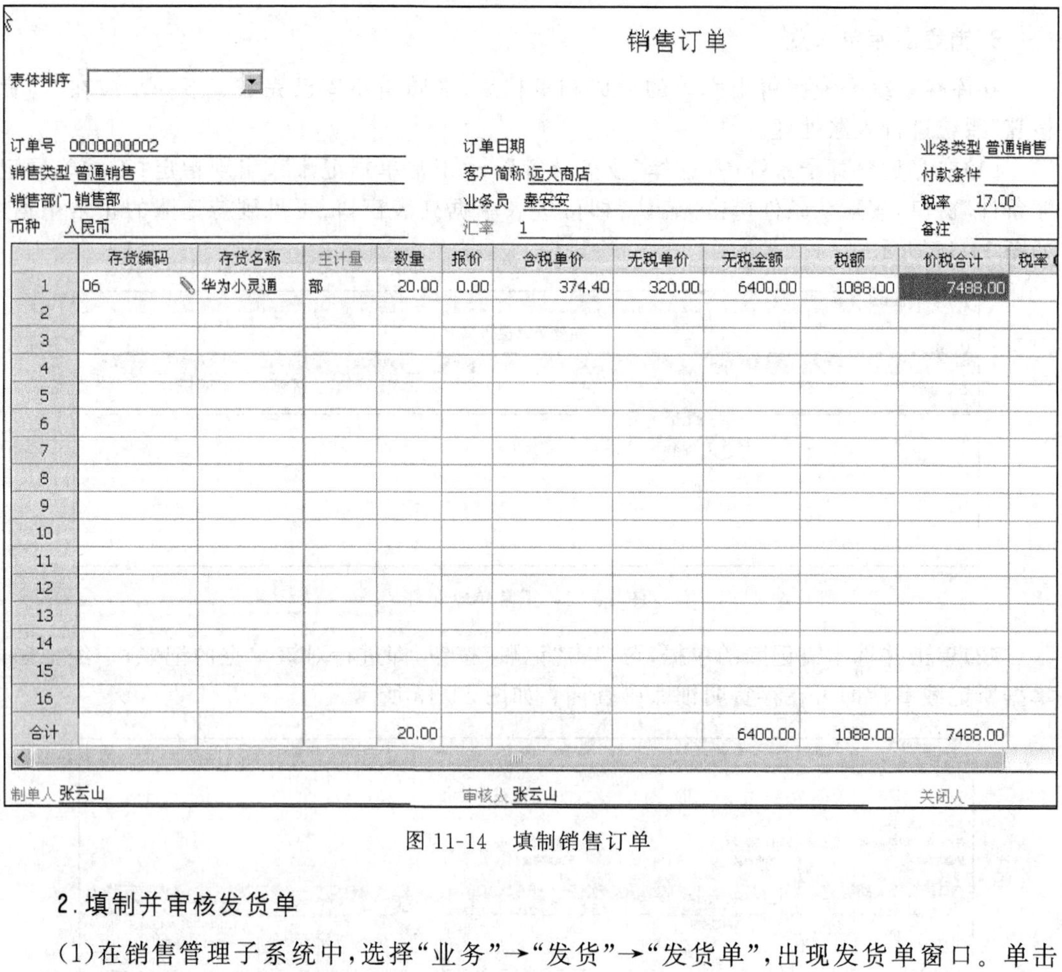

图11-14 填制销售订单

2. 填制并审核发货单

(1)在销售管理子系统中,选择"业务"→"发货"→"发货单",出现发货单窗口。单击"增加"按钮,自动出现选择发货单窗口。

(2)在客户文本框中选择"远大商店",然后单击"显示"按钮,此时销售订单显示在订单

列表中。

(3)在订单列表中单击订单行,选中刚才输入的订单,此时订单内容自动显示在下方列表中。

(4)单击华为小灵通行选中该货物,然后单击“确认”按钮,订单内容自动带到发货单上。

(5)在发货单表体第一行,双击仓库名称列,选择仓库“电话库”。

(6)单击“保存”按钮,再单击“审核”按钮。如图 11-15 所示。

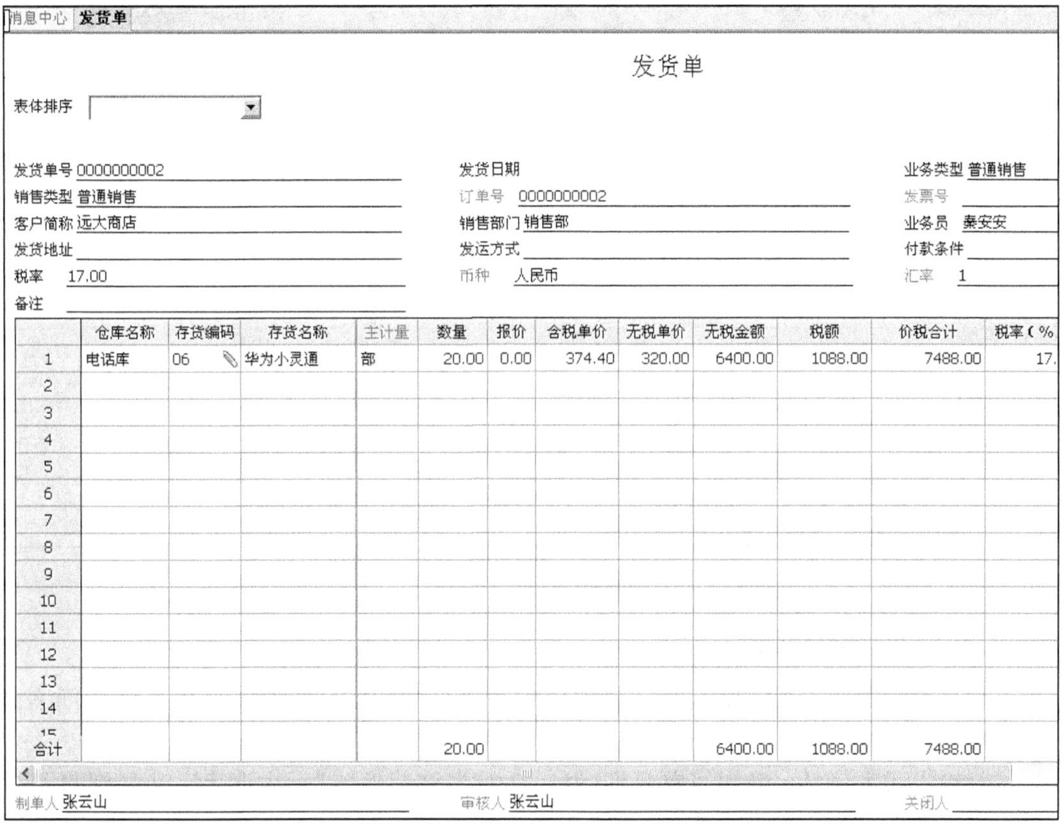

消息中心 发货单

发货单

表体排序

发货单号 0000000002　发货日期　业务类型 普通销售
销售类型 普通销售　订单号 0000000002　发票号
客户简称 远大商店　销售部门 销售部　业务员 秦安安
发货地址　发运方式　付款条件
税率 17.00　币种 人民币　汇率 1
备注

	仓库名称	存货编码	存货名称	主计量	数量	报价	含税单价	无税单价	无税金额	税额	价税合计	税率(%
1	电话库	06	华为小灵通	部	20.00	0.00	374.40	320.00	6400.00	1088.00	7488.00	17.
2												
3												
4												
5												
6												
7												
8												
9												
10												
11												
12												
13												
14												
合计					20.00				6400.00	1088.00	7488.00	

制单人 张云山　审核人 张云山　关闭人

图 11-15　销售发货单

3.生成、审核华为小灵通 20 部销售出库单

因为在销售管理子系统参数中未选择“销售生成出库单”,所以必须在库存管理子系统中根据有关单据手工生成销售出库单。

(1)在库存管理子系统中,选择“日常业务”→“出库”→“销售库存单”,出现销售库存单窗口。

(2)单击“生单”按钮,出现选择发货单窗口,此时发货单显示在列表中。如图 11-16 所示。单击“确定”按钮,系统询问“是否确认生单”时选择“是”,会自动生成销售出库单。单击“审核”按钮,审核销售出库单。

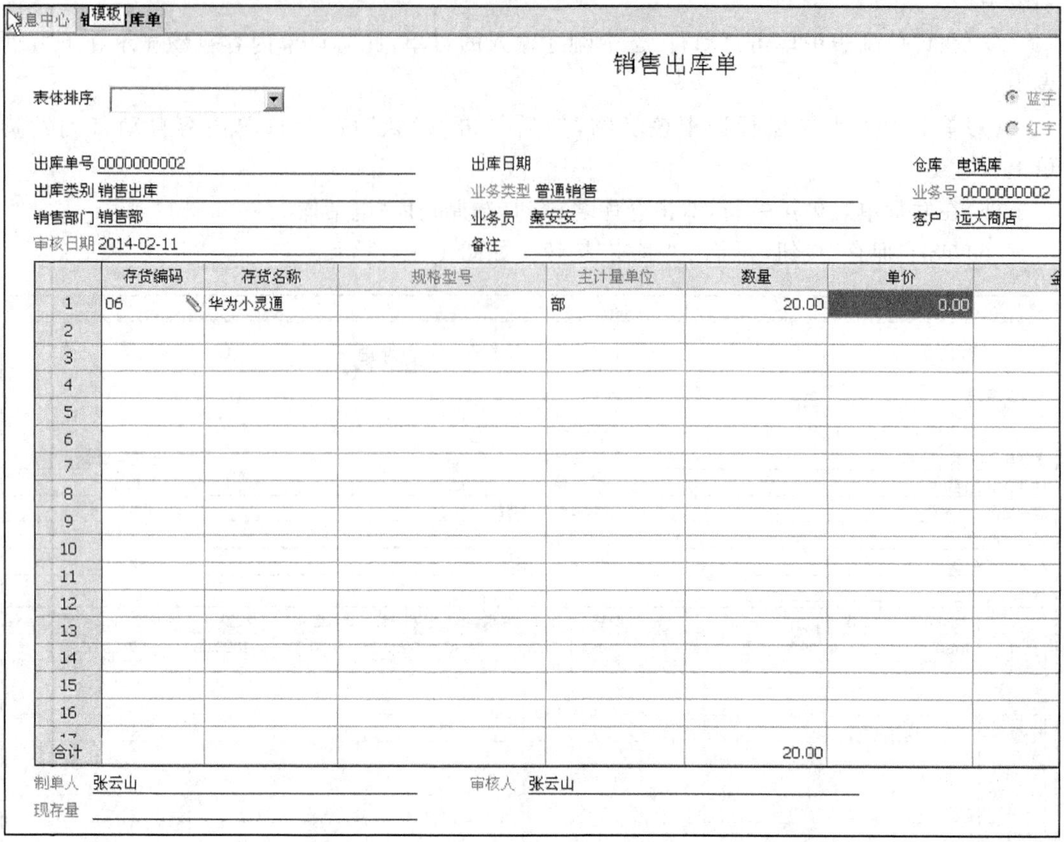

消息中心 销售出库单

销售出库单

表体排序 　　　　◉ 蓝字 ○ 红字

出库单号 0000000002　出库日期　仓库 电话库
出库类别 销售出库　业务类型 普通销售　业务号 0000000002
销售部门 销售部　业务员 秦安安　客户 远大商店
审核日期 2014-02-11　备注

	存货编码	存货名称	规格型号	主计量单位	数量	单价
1	06	华为小灵通		部	20.00	0.00
合计					20.00	

制单人 张云山　审核人 张云山
现存量

图 11-16　销售出库单

4.录入、审核销售订单

(1)在销售管理子系统中,选择"业务"→"销售订货"→"销售订单",出现销售订单窗口。单击"增加"按钮。

(2)输入表头信息。输入订单日期"2014-2-12";选择客户"远大商店";选择销售部门"销售部";选择业务员"秦安安"。

(3)输入表体信息。双击第一行存货编码,选择"创维彩电";输入数量 30;输入无税单价 3200。

(4)输入完毕后,单击"保存"按钮,然后单击"审核"按钮进行审核。如图 11-17 所示。

5.填制并审核发货单

(1)在销售管理子系统中,选择"业务"→"发货"→"发货单",出现发货单窗口。单击"增加"按钮,自动出现选择发货单窗口。

(2)在客户文本框中选择"远大商店",然后单击"显示"按钮,此时销售订单显示在订单列表中。

(3)在订单列表中单击订单行,选中刚才输入的订单,此时订单内容自动显示在下方列表中。

(4)单击华为小灵通行选中该货物,然后单击"确认"按钮,订单内容自动带到发货单上。

(5)在发货单表体第一行,双击仓库名称列,选择仓库"家电库"。

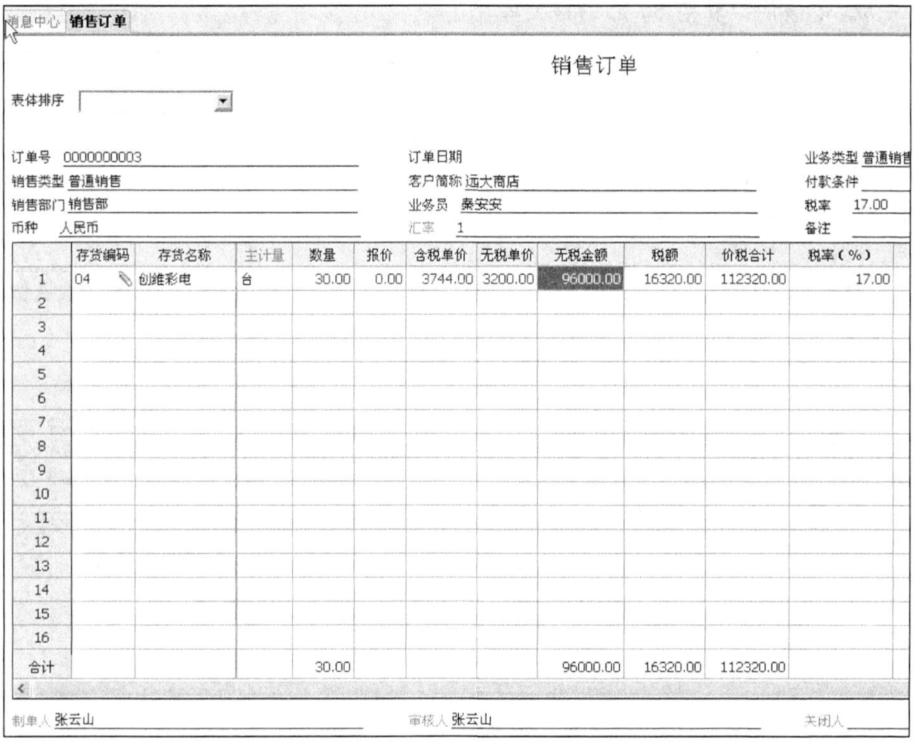

消息中心 销售订单

销售订单

表体排序

订单号 0000000003　　订单日期　　业务类型 普通销售
销售类型 普通销售　　客户简称 远大商店　　付款条件
销售部门 销售部　　业务员 秦安安　　税率 17.00
币种 人民币　　汇率 1　　备注

	存货编码	存货名称	主计量	数量	报价	含税单价	无税单价	无税金额	税额	价税合计	税率（%）
1	04	创维彩电	台	30.00	0.00	3744.00	3200.00	96000.00	16320.00	112320.00	17.00
2											
3											
4											
5											
6											
7											
8											
9											
10											
11											
12											
13											
14											
15											
16											
合计				30.00				96000.00	16320.00	112320.00	

制单人 张云山　　审核人 张云山　　关闭人

图 11-17　销售订单

(6)单击“保存”按钮,再单击“审核”按钮。如图 11-18 所示。

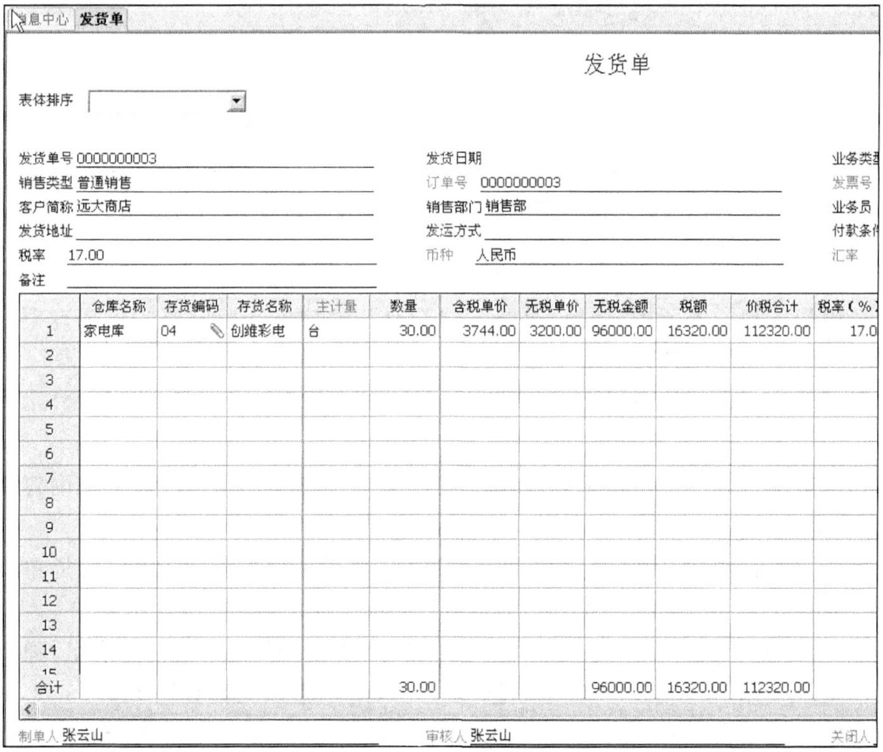

消息中心 发货单

发货单

表体排序

发货单号 0000000003　　发货日期　　业务类
销售类型 普通销售　　订单号 0000000003　　发票号
客户简称 远大商店　　销售部门 销售部　　业务员
发货地址　　发运方式　　付款条
税率 17.00　　币种 人民币　　汇率
备注

	仓库名称	存货编码	存货名称	主计量	数量	含税单价	无税单价	无税金额	税额	价税合计	税率（%
1	家电库	04	创维彩电	台	30.00	3744.00	3200.00	96000.00	16320.00	112320.00	17.0
2											
3											
4											
5											
6											
7											
8											
9											
10											
11											
12											
13											
14											
合计					30.00			96000.00	16320.00	112320.00	

制单人 张云山　　审核人 张云山　　关闭人

图 11-18　销售发货单

6. 生成、审核创维彩电 30 部销售出库单

(1)在库存管理子系统中,选择"日常业务"→"出库"→"销售库存单",出现销售库存单窗口。

(2)单击"生单"按钮,出现选择发货单窗口,此时发货单显示在列表中。如图 11-19 所示。单击"确定"按钮,系统询问"是否确认生单"时选择"是",会自动生成销售出库单。单击"审核"按钮,审核销售出库单。

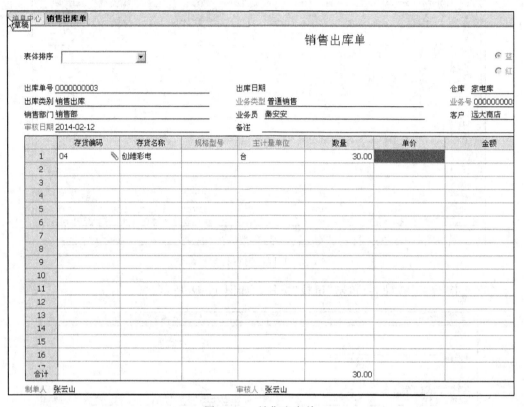

图 11-19 销售出库单

7. 根据以上两张发货单开具、现结、复核销售专用发票

(1)在销售管理子系统中,选择"业务"→"开票"→"销售专用发票",出现发票窗口。单击"增加"按钮,自动出现选择发货单窗口。

(2)在客户文本框中选择"远大商店",然后单击"显示"按钮,此时发货单显示在发货单列表中。

(3)在发货单列表中单击发货单行,选中刚才输入的发货单,此时发货单内容自动显示在下方列表中。

(4)单击"全选"按钮,将两笔发货单全部选中,然后单击"确认"按钮,发货单内容自动带到发票上。

(5)输入开票日期"2014-2-12",然后单击"保存"按钮,再单击"现结"按钮,弹出现结对话框,选择结算方式"转账支票",输入票据号"0113546",输入结算金额 119808 元,对方银行账号"12345678",单击"确认"完成结算,返回发票窗口,发票左上方出现"现结",如图 11-20 所示。

(6)单击"复核"按钮,完成对上述发票的复核,在"复核人"栏目显示当前操作员姓名。

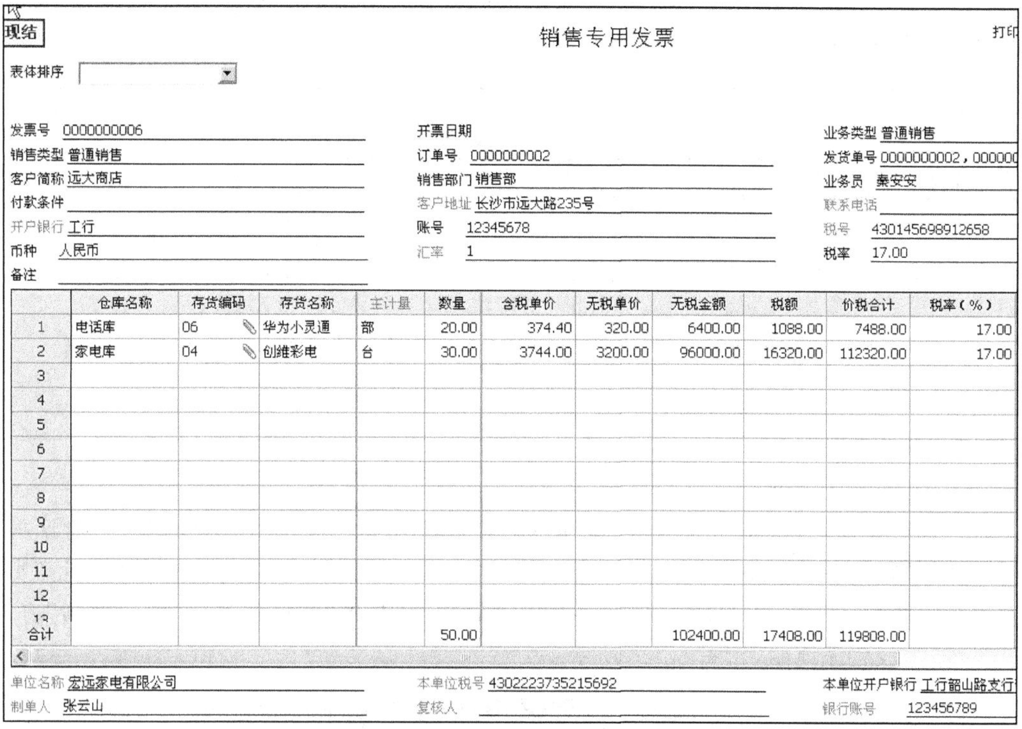
现结　销售专用发票　打印

表体排序

发票号 0000000006　开票日期　业务类型 普通销售
销售类型 普通销售　订单号 0000000002　发货单号 0000000002，000000
客户简称 远大商店　销售部门 销售部　业务员 秦安安
付款条件　客户地址 长沙市远大路235号　联系电话
开户银行 工行　账号 12345678　税号 430145698912658
币种 人民币　汇率 1　税率 17.00
备注

	仓库名称	存货编码	存货名称	主计量	数量	含税单价	无税单价	无税金额	税额	价税合计	税率(%)
1	电话库	06	华为小灵通	部	20.00	374.40	320.00	6400.00	1088.00	7488.00	17.00
2	家电库	04	创维彩电	台	30.00	3744.00	3200.00	96000.00	16320.00	112320.00	17.00
3											
4											
5											
6											
7											
8											
9											
10											
11											
12											
合计					50.00			102400.00	17408.00	119808.00	

单位名称 宏远家电有限公司　本单位税号 4302223735215692　本单位开户银行 工行韶山路支行
制单人 张云山　复核人　银行账号 123456789

图 11-20　现结、销售专用发票

8.审核发票并制单

(1)审核:更换操作员,在应收款管理子系统中,选择"日常处理"→"应收单据处理"→"应收单据审核",出现单据过滤对话框,选中"包含已现结发票"和"未审核",如图 11-21 所

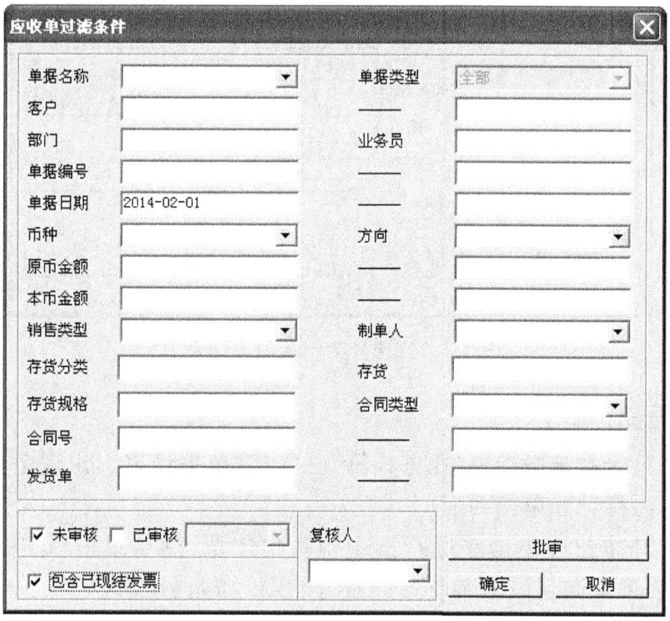

图 11-21　选择待审核的现结发票

示。然后单击"确认"按钮,出现应收单据列表,双击选定需要审核的发票,在"选择"栏出现"Y",然后单击工具栏的"审核"按钮,发票下方的审核人即出现当前操作员的签名,即完成发票审核,如图 11-22 所示。

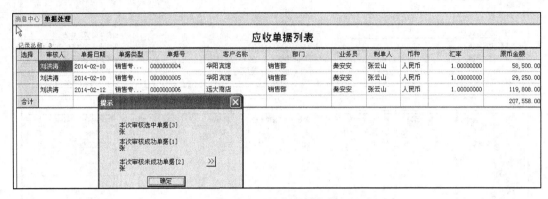

图 11-22　销售发票审核

(2)现结发票制单,在"应收款管理"中选择"日常处理",单击"制单处理",在对话框中选择"现结制单",如图 11-23。打开待制单的单据列表,双击选中前述发票,选择凭证类型为"银行收款凭证",修改日期为"2014-2-12",然后单击"制单"按钮即弹出"凭证填制"窗口,保存后即完成凭证填制,如图 11-24 所示。

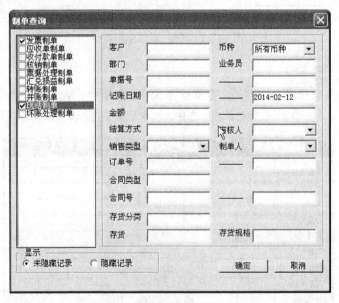

图 11-23　选择待制单的现结发票

9.对销售出库单记账

(1)在存货核算子系统中选择"业务核算"→"正常单据记账",出现条件对话框,然后单击"确认"按钮,弹出待记账单据列表。

(2)单击"全选"按钮或单击单据行选中销售出库单,然后单击"记账"按钮进行记账。此时可在存货账表中查询到该出库业务。如图 11-25 所示。

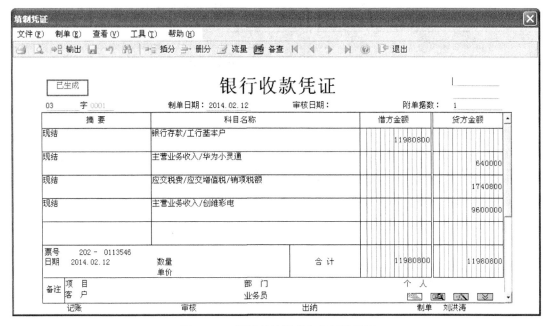

图 11-24　根据现结发票生成记账凭证

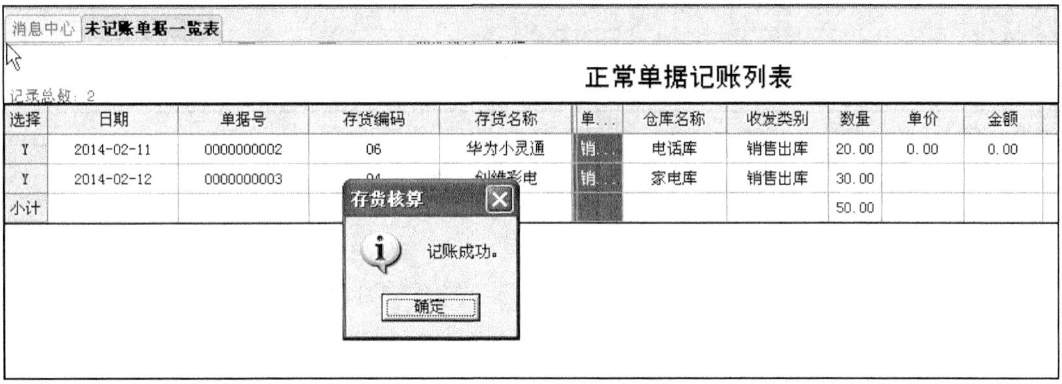

图 11-25　出库单记账

(三)第三笔业务:一次发货分次出库的普通销售

业务内容:2月15日,销售部秦安安联系华阳宾馆出售春兰冰箱35台,无税单价3 400元,开发货单由客户从家电库提货,并开具专用发票一张。当日,华阳宾馆凭发货单从家电库提货20台。2月16日,华阳宾馆根据发货单再次从家电库提货15台。

1.录入、审核销售订单

(1)在销售管理子系统中,选择"业务"→"销售订货"→"销售订单",出现销售订单窗口。单击"增加"按钮。

(2)输入表头信息。输入订单日期"2014-2-15";选择客户"华阳宾馆";选择销售部门"销售部";选择业务员"秦安安"。

(3)输入表体信息。双击第一行存货编码,选择"春兰冰箱";输入数量35;输入无税单价3 400。

(4)输入完毕后，单击“保存”按钮，然后单击“审核”按钮进行审核。如图 11-26 所示。

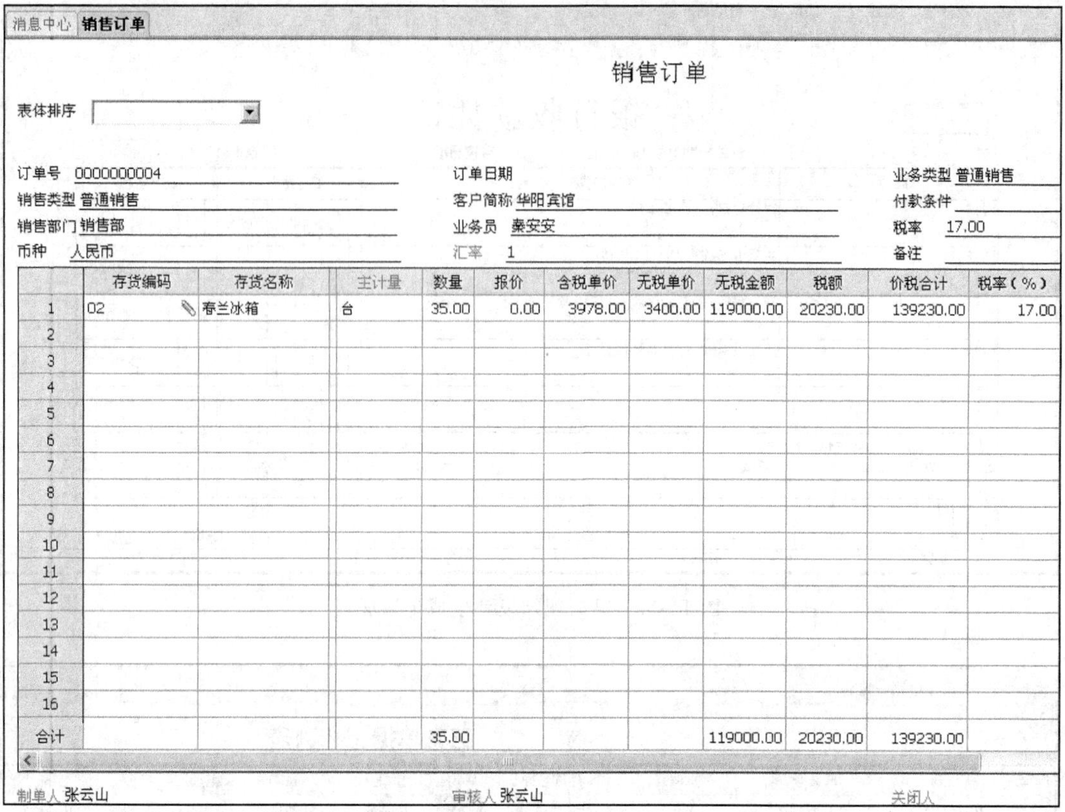
消息中心 销售订单

销售订单

表体排序

订单号 0000000004　　订单日期　　业务类型 普通销售
销售类型 普通销售　　客户简称 华阳宾馆　　付款条件
销售部门 销售部　　业务员 秦安安　　税率 17.00
币种 人民币　　汇率 1　　备注

	存货编码	存货名称	主计量	数量	报价	含税单价	无税单价	无税金额	税额	价税合计	税率(%)
1	02	春兰冰箱	台	35.00	0.00	3978.00	3400.00	119000.00	20230.00	139230.00	17.00
2											
3											
4											
5											
6											
7											
8											
9											
10											
11											
12											
13											
14											
15											
16											
合计				35.00				119000.00	20230.00	139230.00	

制单人 张云山　　审核人 张云山　　关闭人

图 11-26　销售订单

2.填制并审核发货单

(1)在销售管理子系统中，选择“业务”→“发货”→“发货单”，出现发货单窗口。单击“增加”按钮，自动出现选择发货单窗口。

(2)在客户文本框中选择“华阳宾馆”，然后单击“显示”按钮，此时销售订单显示在订单列表中。

(3)在订单列表中单击订单行，选中刚才输入的订单，此时订单内容自动显示在下方列表中。

(4)单击“春兰冰箱”行选中该货物，然后单击“确认”按钮，订单内容自动带到发货单上。在发货单表体第一行，双击仓库名称列，选择仓库“家电库”。单击“保存”按钮，再单击“审核”按钮。如图 11-27 所示。

3.填制并审核销售发票

(1)在销售管理子系统中，选择“业务”→“开票”→“销售专用发票”，出现发票窗口。单击“增加”按钮，自动出现选择发货单窗口。

(2)在客户文本框中选择“华阳宾馆”，然后单击“显示”按钮，此时发货单显示在发货单列表中。

(3)在发货单列表中单击发货单行，选中刚才输入的发货单，此时发货单内容自动显示在下方列表中。发货单内容自动带到发票上。输入开票日期“2014-2-15”，然后单击“保存”

按钮，再单击“审核”按钮。如图 11-28 所示。

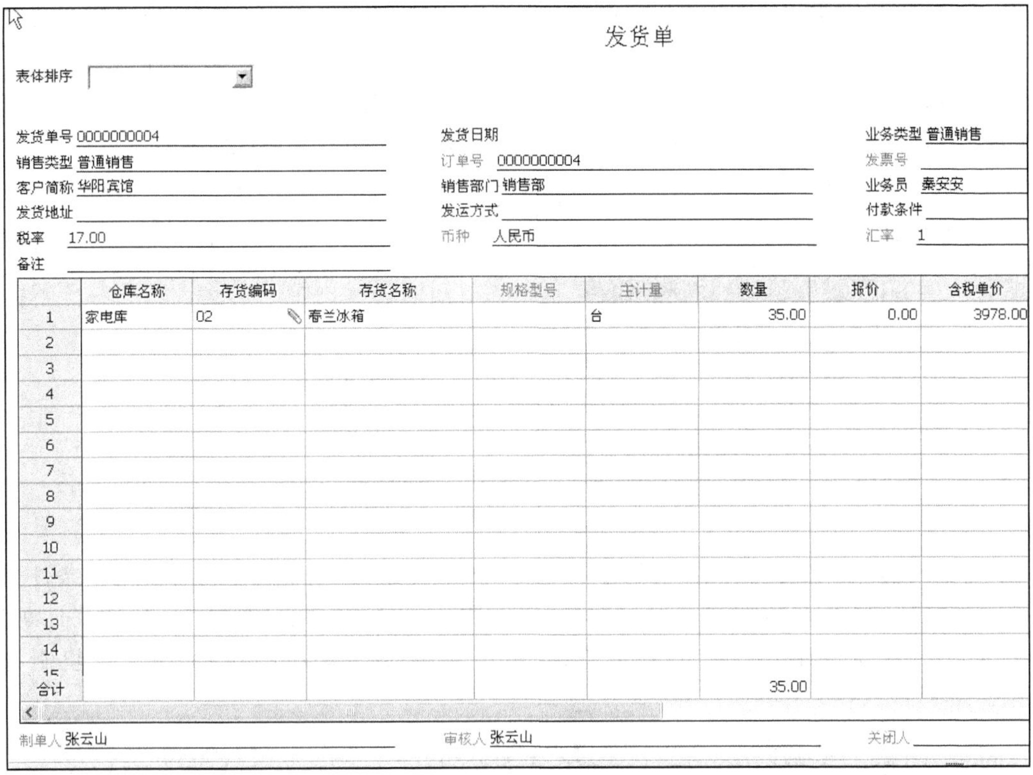
发货单

表体排序

发货单号 0000000004
发货日期
业务类型 普通销售
销售类型 普通销售
订单号 0000000004
发票号
客户简称 华阳宾馆
销售部门 销售部
业务员 秦安安
发货地址
发运方式
付款条件
税率 17.00
币种 人民币
汇率 1
备注

	仓库名称	存货编码	存货名称	规格型号	主计量	数量	报价	含税单价
1	家电库	02	春兰冰箱		台	35.00	0.00	3978.00
2								
3								
4								
5								
6								
7								
8								
9								
10								
11								
12								
13								
14								
合计						35.00		

制单人 张云山
审核人 张云山
关闭人

图 11-27 发货单

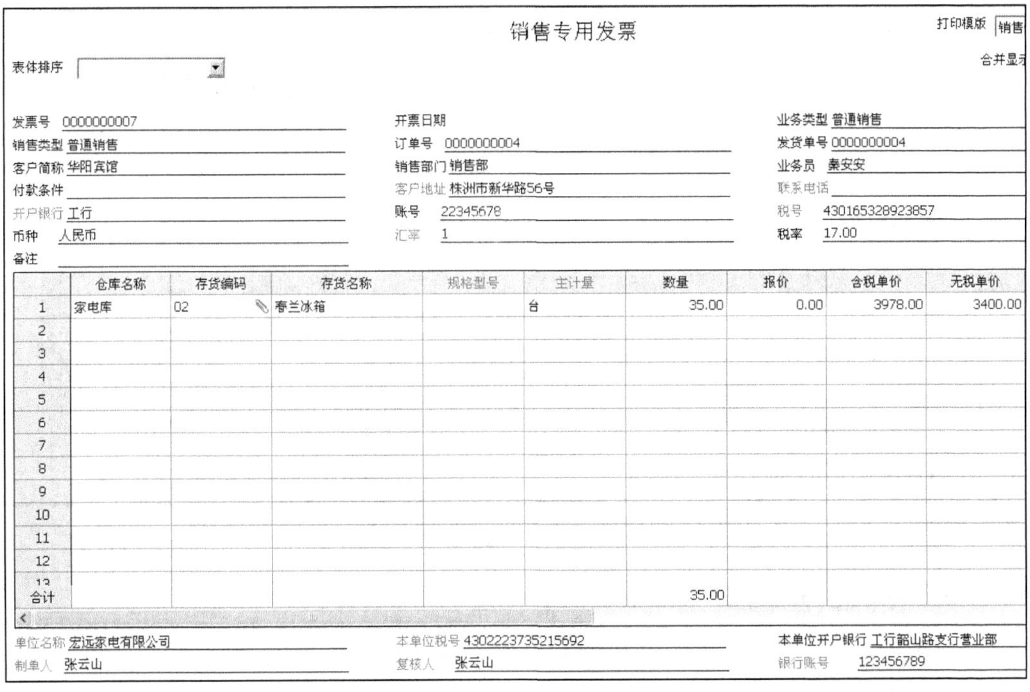
销售专用发票

打印模版 销售

表体排序

合并显示

发票号 0000000007
开票日期
业务类型 普通销售
销售类型 普通销售
订单号 0000000004
发货单号 0000000004
客户简称 华阳宾馆
销售部门 销售部
业务员 秦安安
付款条件
客户地址 株洲市新华路56号
联系电话
开户银行 工行
账号 22345678
税号 430165328923857
币种 人民币
汇率 1
税率 17.00
备注

	仓库名称	存货编码	存货名称	规格型号	主计量	数量	报价	含税单价	无税单价
1	家电库	02	春兰冰箱		台	35.00	0.00	3978.00	3400.00
2									
3									
4									
5									
6									
7									
8									
9									
10									
11									
12									
合计						35.00			

单位名称 宏远家电有限公司
本单位税号 4302223735215692
本单位开户银行 工行韶山路支行营业部
制单人 张云山
复核人 张云山
银行账号 123456789

图 11-28 销售专用发票

4. 审核发票并制单

(1)审核:更换操作员,在应收款管理子系统中,选择"日常处理"→"应收单据处理"→"应收单据审核",出现单据过滤对话框,选中"未审核",然后单击"确定"按钮,出现应收单据列表,双击选定需要审核的发票,在"选择"栏出现"Y",然后单击工具栏的"审核"按钮,发票下方的审核人即出现当前操作员的签名,即完成发票审核,如图 11-29 所示。

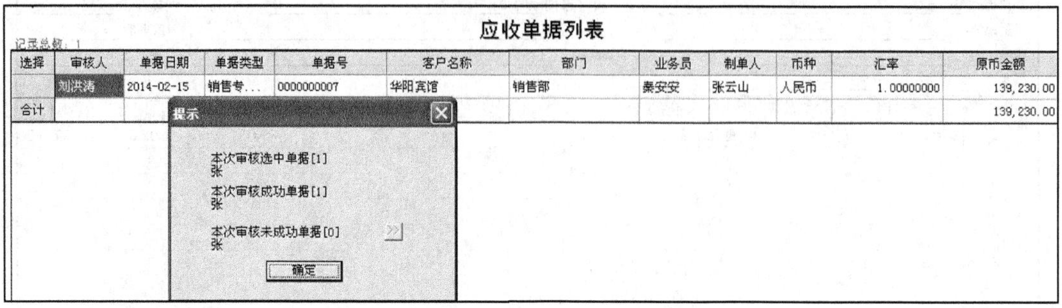

图 11-29 销售发票审核

(2)发票制单,在"应收款管理"中选择"日常处理",单击"制单处理",无需指定条件,打开待制单的单据列表,双击选中前述发票,选择凭证类型为"银行收款凭证",修改日期为"2014-2-15",然后单击"制单"按钮即弹出"凭证填制"窗口,保存后即完成凭证填制,如图 11-30 所示。

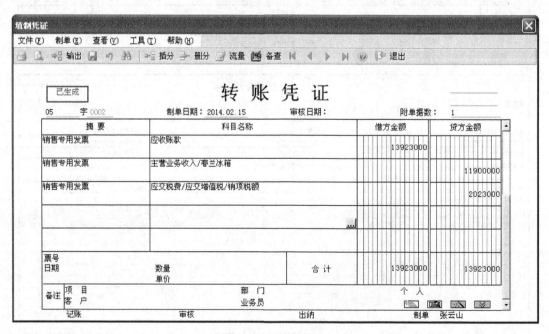

图 11-30 填制凭证

5. 第一次出库(2 月 15 日提货春兰冰箱 20 台)

因为在销售管理子系统参数中未选择"销售生成出库单",所以必须在库存管理子系统中根据有关单据手工生成销售出库单。

(1)在库存管理子系统中,选择"日常业务"→"出库"→"销售库存单",出现销售库存单窗口。单击"生单"按钮,出现选择发货单窗口,此时发货单显示在列表中。

(2)选择发货单,日期输入"2014-02-15",选择"显示表体","本次出库数"输入"20"。确定即可。

(3)提示"是否立即生单",选择"是",即进入"销售出库单"窗口,单击"保存"按钮,再单击"审核"按钮即可,如图 11-31 所示。

图 11-31 销售出库单

6.第二次出库(2 月 16 日提剩下 15 台)

(1)在库存管理子系统中,选择"日常业务"→"出库"→"销售库存单",出现销售库存单窗口。单击"生单"按钮,出现选择发货单窗口,此时发货单显示在列表中。

(2)选择发货单,日期输入"2014-02-16",单击"确定"按钮,选择生单,单击"保存"按钮,再单击"审核"按钮即可。

7.销售出库单入账

(1)在存货核算子系统中选择"业务核算"→"正常单据记账",出现条件对话框,然后单击"确认"按钮,弹出待记账单据列表。

(2)单击"全选"按钮或单击单据行选中销售出库单,然后单击"记账"按钮进行记账。此时可在存货账表中查询到该出库业务。

(四)第四笔业务销售退货业务:开票前退货的销售退货业务

2 月 18 日,销售部秦安安联系远大商店购买联想移动电话 15 部,无税单价 2 500 元,开发货单从电话库提货发出。2 月 19 日,因质量问题远大商店退回联想移动电话 2 部,无税单价2 500元。

1. 录入、审核销售订单

(1)在销售管理子系统中,选择"业务"→"销售订货"→"销售订单",出现销售订单窗口。单击"增加"按钮。

(2)输入表头信息。输入订单日期"2014-2-18";选择客户"远大商店";选择销售部门"销售部";选择业务员"秦安安"。

(3)输入表体信息。双击第一行存货编码,选择"联想移动电话";输入数量15;输入无税单价2500。

(4)输入完毕后,单击"保存"按钮,然后单击"审核"按钮进行审核。

2. 填制并审核发货单

(1)在销售管理子系统中,选择"业务"→"发货"→"发货单",出现发货单窗口。单击"增加"按钮,自动出现选择发货单窗口。在客户文本框中选择"远大商店",然后单击"显示"按钮,此时销售订单显示在订单列表中。

(2)在订单列表中单击订单行,选中刚才输入的订单,此时订单内容自动显示在下方列表中。单击"联想移动电话"行选中该货物,然后单击"确认"按钮,订单内容自动带到发货单上。在发货单表体第一行,双击仓库名称列,选择仓库"电话库"。

(3)单击"保存"按钮,再单击"审核"按钮。

3. 生成并审核出库单

(1)在库存管理子系统中,选择"日常业务"→"出库"→"销售库存单",出现销售库存单窗口。单击"生单"按钮,出现选择发货单窗口,此时发货单显示在列表中。

(2)选择发货单,日期输入"2014-02-18",单击"确定"按钮,选择生单,单击"保存"按钮,再单击"审核"按钮即可。

4. 填制并审核销售退货单(2月19日,因质量问题远大商店退回联想移动电话2部)

(1)在销售管理子系统中,选择"业务"→"发货"→"退货单",出现退货单窗口。单击"增加"按钮,自动出现选择发货单窗口。

(2)在客户文本框中选择"远大商店",然后单击"显示"按钮,此时销售订单显示在订单列表中。选择订单单击"确认"进入"退货单"窗口,输入日期"2014-02-19",选择仓库"电话库",输入数量"-2",单击"保存"按钮,再单击"审核"按钮即可,如图11-32所示。

5. 填制并审核退货的(负数)出库单

在库存管理系统中,选择"日常业务"→"入库"→"销售出库单",单击"生单"按钮,弹出"发货单(退货单)选择"窗口,选定退货单,单击"确定"按钮,即生成负数销售出库单,单击"保存"按钮,再单击"审核"按钮即可,如图11-33所示。

6. 填制并复核销售发票(数量13,无税单价2 500元)

(1)在销售管理子系统中,选择"业务"→"开票"→"销售专用发票",出现发票窗口。单击"增加"按钮,自动出现选择发货单窗口。

(2)在客户文本框中选择"远大商店",选择"全部",然后单击"显示"按钮,此时发货单显示在发货单列表中。单击"全选"按钮,选择发货单,如图11-34所示。此时发货单内容自动显示在图11-34所示的列表中。

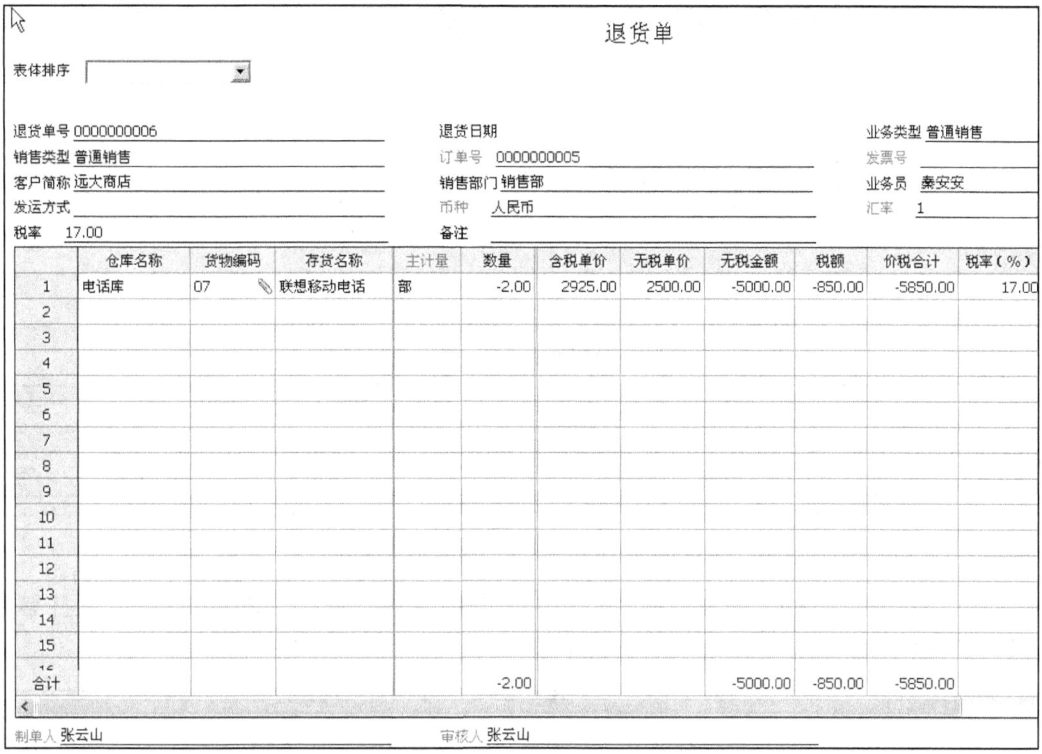

退货单

表体排序

退货单号	0000000006	退货日期		业务类型	普通销售
销售类型	普通销售	订单号	0000000005	发票号	
客户简称	远大商店	销售部门	销售部	业务员	秦安安
发运方式		币种	人民币	汇率	1
税率	17.00	备注			

	仓库名称	货物编码	存货名称	主计量	数量	含税单价	无税单价	无税金额	税额	价税合计	税率（%）
1	电话库	07	联想移动电话	部	-2.00	2925.00	2500.00	-5000.00	-850.00	-5850.00	17.00
2											
3											
4											
5											
6											
7											
8											
9											
10											
11											
12											
13											
14											
15											
合计					-2.00			-5000.00	-850.00	-5850.00	

制单人 张云山　　审核人 张云山

图 11-32　销售退货单

销售出库单

表体排序

蓝字　红字

出库单号	0000000007	出库日期	2014-02-19	仓库	电话库
出库类别	销售出库	业务类型	普通销售	业务号	0000000006
销售部门	销售部	业务员	秦安安	客户	远大商店
审核日期	2014-02-19	备注			

	存货编码	存货名称	规格型号	主计量单位	数量	单价
1	07	联想移动电话		部	-2.00	
2						
3						
4						
5						
6						
7						
8						
9						
10						
11						
12						
13						
14						
15						
16						
合计					-2.00	

库存管理
该单据审核成功！
确定

制单人 张云山　　审核人 张云山

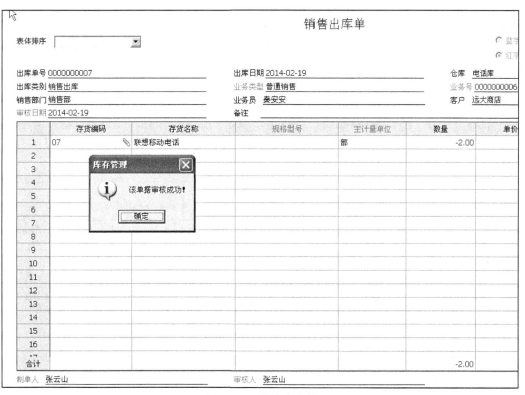

图 11-33　销售出库单

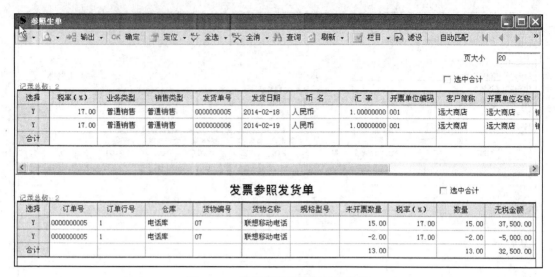

图 11-34 根据发货单填制销售发票

(3)单击"确认"进入"销售专用发票"窗口。发货单内容自动带到发票上。输入开票日期"2014-2-19",然后单击"保存"按钮,再单击"复核"按钮。如图 11-35 所示。

图 11-35 填制销售专用发票

7. 审核发票并制单

(1)审核:更换操作员,在应收款管理子系统中,选择"日常处理"→"应收单据处理"→"应收单据审核",出现单据过滤对话框,选中"未审核",然后单击"确认"按钮,出现应收单据列表，双击选定需要审核的发票，在“选择”栏出现“Y”，然后单击工具栏的“审核”按钮，发票下方的审核人即出现当前操作员的签名，即完成发票审核。

（2）发票制单，在“应收款管理”中选择“日常处理”，单击“制单处理”，无需指定条件。打开待制单的单据列表，双击选中前述发票，选择凭证类型为“银行收款凭证”，修改日期为“2014-2-19”，然后单击“制单”按钮即弹出“凭证填制”窗口，保存后即完成凭证填制。

8.销售出库单入账

（1）在存货核算子系统中选择“业务核算”→“正常单据记账”，出现条件对话框，然后单击“确认”按钮，弹出待记账单据列表。

（2）单击单据行选中销售出库单（含退货的负数出库单），然后单击“记账”按钮进行记账。此时可在存货账表中查询到该出库业务。

（五）第五笔业务：开票直接发货业务

业务内容：2 月 20 日，销售部秦安安联系华阳宾馆销售 TCL 彩电 20 台，开具专用发票一张，无税单价 3600 元，货物由 TCL 彩电库发出。

1.开具销售专用发票

在销售管理子系统中，选择“业务”→“开票”→“销售专用发票”，出现发票窗口。单击“增加”按钮，在发票窗口直接输入发票资料，日期输入“2014-02-20”，客户选择“华阳宾馆”，销售部门选择“销售部”，业务员选择“秦安安”，仓库选择“家电库”，存货选择“TCL 彩电”，数量输入“20”，无税单价输入“3600”，如图 11-36 所示。

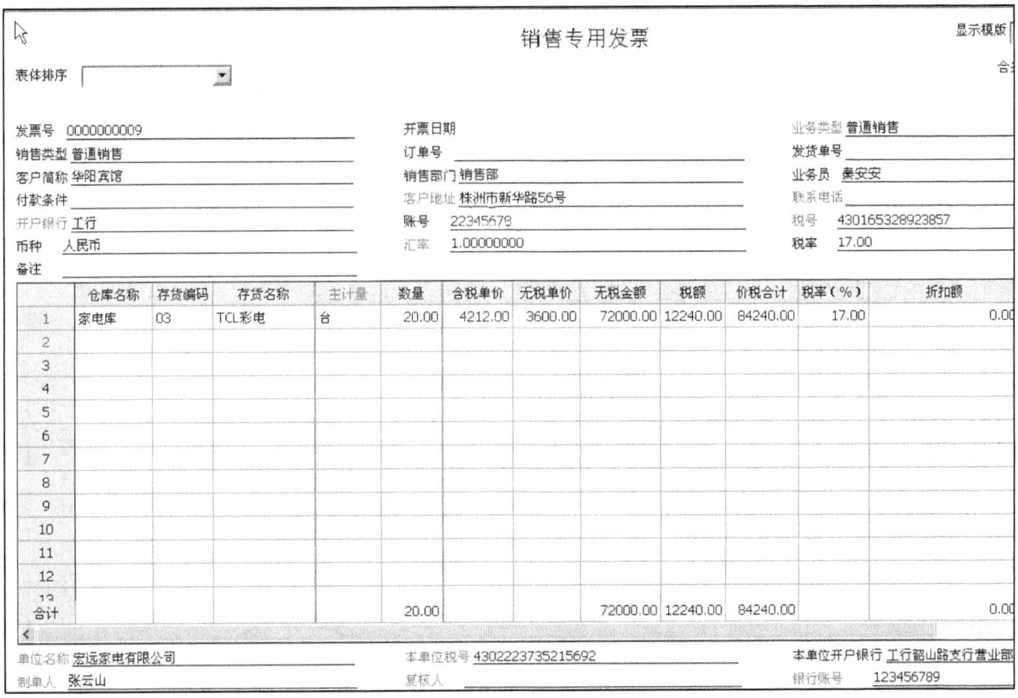
销售专用发票

表体排序

发票号 0000000009　开票日期　业务类型 普通销售
销售类型 普通销售　订单号　发货单号
客户简称 华阳宾馆　销售部门 销售部　业务员 秦安安
付款条件　客户地址 株洲市新华路56号　联系电话
开户银行 工行　账号 22345678　税号 430165328923857
币种 人民币　汇率 1.00000000　税率 17.00
备注

	仓库名称	存货编码	存货名称	主计量	数量	含税单价	无税单价	无税金额	税额	价税合计	税率（%）	折扣额
1	家电库	03	TCL彩电	台	20.00	4212.00	3600.00	72000.00	12240.00	84240.00	17.00	0.00
2												
3												
4												
5												
6												
7												
8												
9												
10												
11												
12												
合计					20.00			72000.00	12240.00	84240.00		0.00

单位名称 宏远家电有限公司　本单位税号 4302223735215692　本单位开户银行 工行韶山路支行营业部
制单人 张云山　复核人　银行账号 123456789

图 11-36　直接填制销售发票

2.发票进行审核、制单

在应收款管理系统中，对上述发票进行审核、制单。如图 11-37 所示。

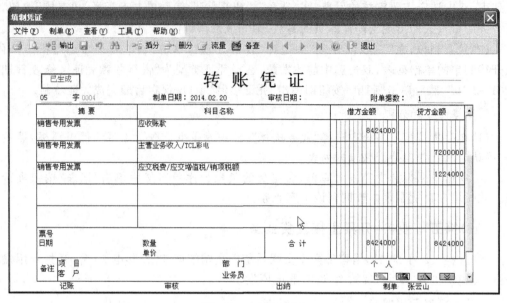

图 11-37　填制凭证

3. 生成、审核出库单

在库存管理子系统中,选择"日常业务"→"出库"→"销售出库单",出现销售出库单窗口。单击"生单"按钮,出现选择发货单窗口,此时发货单显示在列表中。选择发货单,日期输入"2014-02-20",单击"确定"按钮,选择生单,单击"保存"按钮,再单击"审核"按钮即可,如图 11-38 所示。

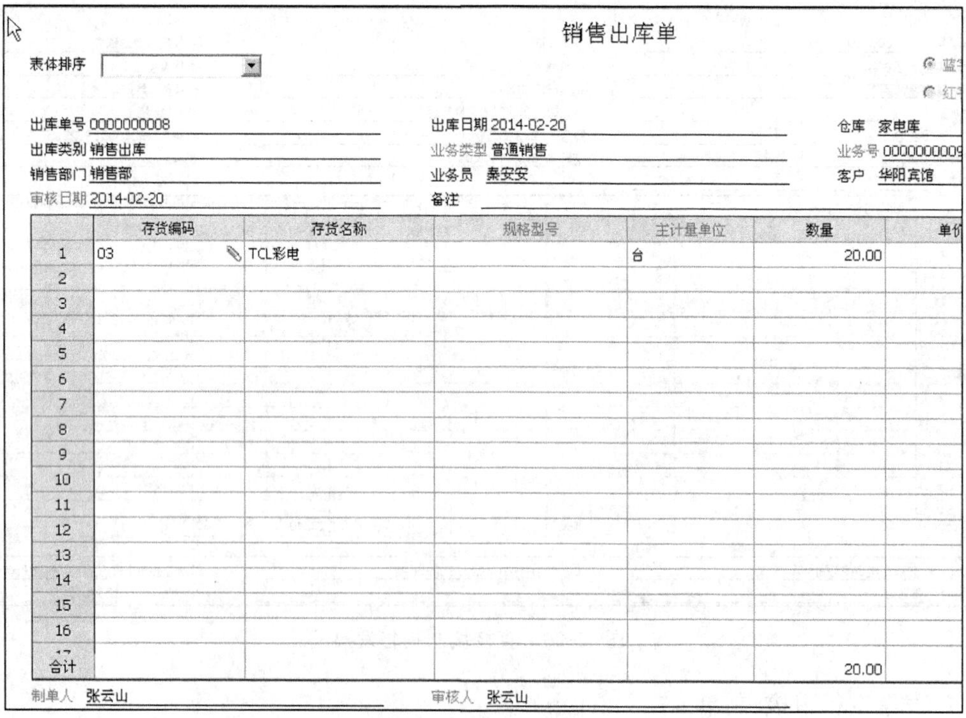

图 11-38　销售出库单

4. 出库单记账

(1)在存货核算子系统中选择“业务核算”→“正常单据记账”，出现条件对话框，然后单击“确认”按钮，弹出待记账单据列表。

(2)单击“全选”按钮或单击单据行选中销售出库单，然后单击“记账”按钮进行记账。此时可在存货账表中查询到该出库业务。

(六)第六笔业务：一次出库、分期开票的普通销售

业务内容：2月21日，采取分期付款方式向远大商店销售TCL彩电32台，无税单价3 500元，开发货单由TCL彩电库发出商品。2月22日开具专用发票一张。2月23日，远大商店送来转账支票一张，票号0130102，金额65 520元，用以支付部分TCL彩电款。

1. 录入、审核销售订单

(1)在销售管理子系统中，选择“业务”→“销售订货”→“销售订单”，出现销售订单窗口。单击“增加”按钮。

(2)输入表头信息。业务类型输入“分期收款”，输入订单日期“2014-02-21”；选择客户“远大商店”；选择销售部门“销售部”；选择业务员“秦安安”。

(3)输入表体信息。双击第一行存货编码，选择“TCL彩电”；输入数量32；输入无税单价3 500。

(4)输入完毕后，单击“保存”按钮，然后单击“审核”按钮进行审核。如图11-39所示。

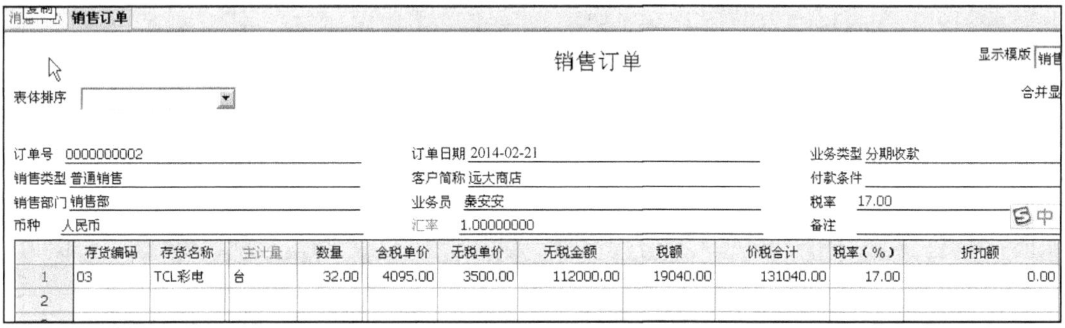
销售订单

表体排序

订单号 0000000002　订单日期 2014-02-21　业务类型 分期收款
销售类型 普通销售　客户简称 远大商店　付款条件
销售部门 销售部　业务员 秦安安　税率 17.00
币种 人民币　汇率 1.00000000　备注

	存货编码	存货名称	主计量	数量	含税单价	无税单价	无税金额	税额	价税合计	税率(%)	折扣额
1	03	TCL彩电	台	32.00	4095.00	3500.00	112000.00	19040.00	131040.00	17.00	0.00
2											

图11-39 销售订单

2. 填制并审核发货单

(1)在销售管理子系统中，选择“业务”→“发货”→“发货单”，出现发货单窗口。单击“增加”按钮，自动出现选择发货单窗口。在客户文本框中选择“远大商店”，然后单击“显示”按钮，此时销售订单显示在订单列表中。

(2)在订单列表中单击订单行，选中刚才输入的订单，此时订单内容自动显示在下方列表中。单击“TCL彩电”行选中该货物，然后单击“确认”按钮，订单内容自动带到发货单上。在发货单表体第一行，双击仓库名称列，选择仓库“家电库”。单击“保存”按钮，再单击“审核”按钮。

3. 生成并审核出库单

2月21日在库存管理子系统中，选择“日常业务”→“出库”→“销售出库单”，生成并审核销售出库单。

4.销售出库单入账

(1)在存货核算子系统中选择"业务核算"→"正常单据记账",出现条件对话框,然后单击"确认"按钮,弹出待记账单据列表。

(2)单击"全选"按钮或单击单据行选中销售出库单,然后单击"记账"按钮进行记账。此时可在存货账表中查询到该出库业务。

5.填制并复核销售发票

(1)在销售管理子系统中,选择"业务"→"开票"→"销售专用发票",出现发票窗口。

(2)单击"增加"按钮,客户选择"远大商店",单击"显示"进入列表,选择发货单击"确认",日期输入"2014-02-22",销售部门选择"销售部",业务员选择"秦安安",仓库选择"家电库",存货选择"TCL彩电",数量输入32,无税单价输入3 500,如图11-40所示。

图 11-40　销售专用发票

6.填制、审核收款单,并对其进行核销和制单处理

(1)在应收款管理系统中,选择"日常业务"→"收款单据处理"→"收款单据录入",单击"增加",录入收款信息,日期输入"2014-02-23",结算方式选择"转账支票",金额输入"65520",款项类型选择"应收款",客户选择"远大商店",部门选择"销售部",业务员选择"秦安安",金额输入"65520",单击"保存"按钮,再单击"审核"按钮,如图11-41所示。

(2)在应收款管理系统中,选择"日常业务"→"制单处理",对上述收款单制单。

(3)在应收款管理系统中,选择"日常业务"→"核销处理"→"手工核销",客户选择"远大商店",单击"确定"进入核销窗口,选择"2014-02-22"单据,"本次结算"金额输入"65520",单击"保存"按钮即可。

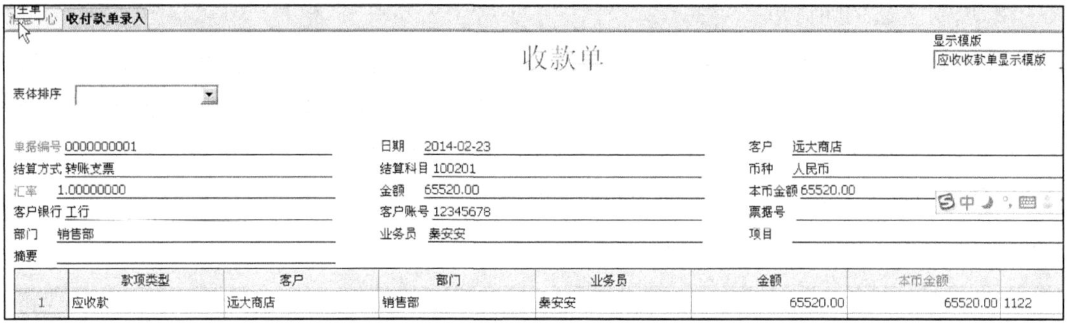

[图 11-41 录入、审核收款单]

(七) 第七笔业务：有订单直运业务

业务内容：2月23日，华阳宾馆欲购买联想移动电话40台，经协商以无税单价6 000元与公司签订订单，要求2月24日交货。

1. 填制直运销售订单

(1) 在销售管理子系统中，选择"业务"→"销售订货"→"销售订单"，出现销售订单窗口。单击"增加"按钮。

(2) 输入表头信息。输入订单日期"2014-02-23"；选择客户"华阳宾馆"；选择销售部门"销售部"；选择业务员"秦安安"；输入表体信息。双击第一行存货编码，选择"联想移动电话"；输入数量40；输入无税单价6 000；输入完毕后，单击"保存"按钮，然后单击"审核"按钮进行审核。如图11-42所示。

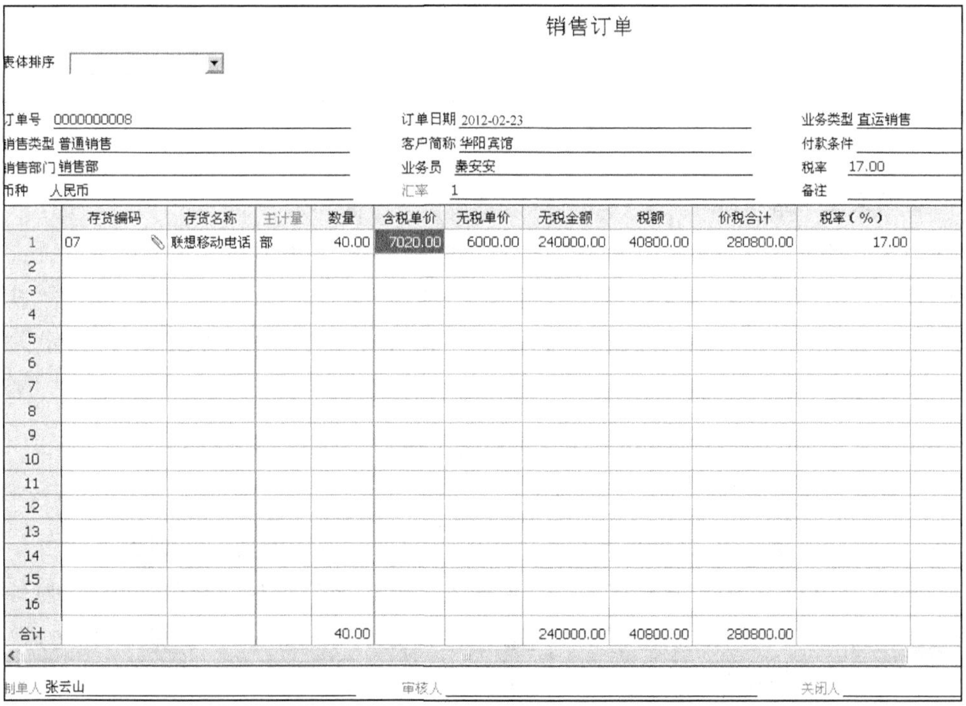

[图 11-42 直运销售订单]

2. 填制直运采购订单

在销售管理子系统中,选择"业务"→"订货"→"采购订单",出现采购订单窗口。单击"增加"按钮。输入表头信息。输入订单日期"2014-02-23";选择客户"华阳宾馆";选择销售部门"销售部";选择业务员"秦安安";在表体部分单击右键,弹出快捷菜单,选择"生单"→"销售订单",输入税率"17",输入原币单价"5000",输入完毕后,单击"保存"按钮,然后单击"审核"按钮进行审核,如图11-43所示。

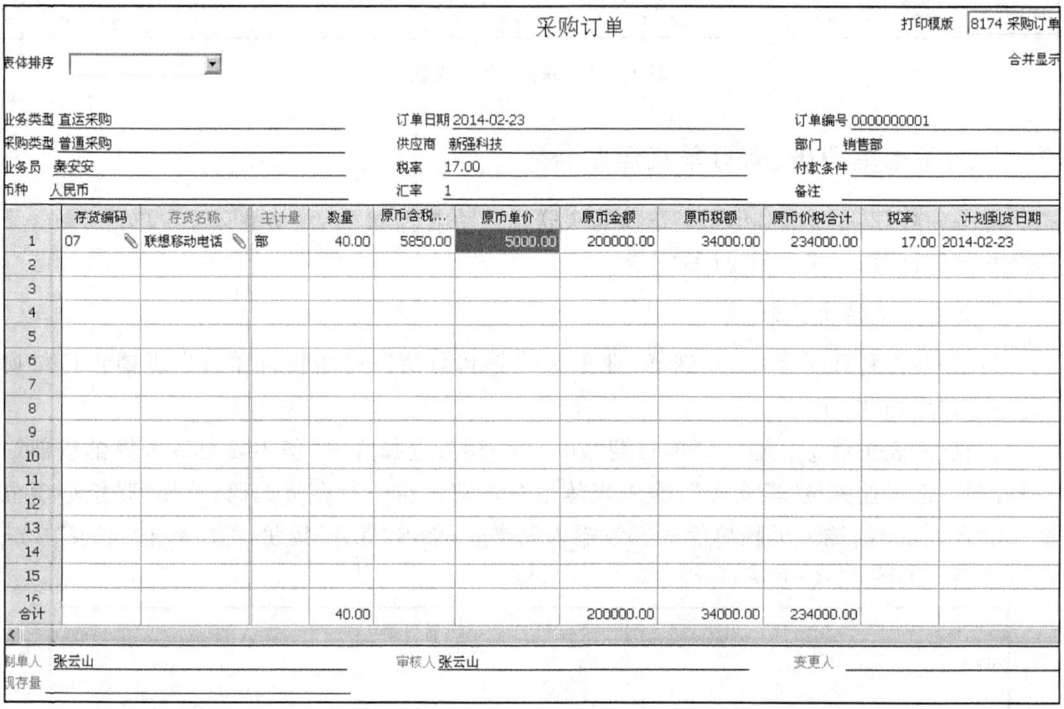

图 11-43 直运采购订单

3. 填制直运销售发票

在销售管理子系统中,选择"业务"→"开票"→"销售专用发票",出现发票窗口。单击"增加"按钮,单击订单参照,选择订单日期是"2014-02-23",选择"直运销售",单击"显示",选择订单后确认。单击"保存"按钮,然后单击"审核"按钮进行审核,如图11-44所示。

4. 审核销售发票并制单

在应收款管理子系统中,审核上述直运销售发票,并填制记账凭证。

5. 填制直运采购发票

在采购管理子系统中,选择"业务"→"发票"→"采购专用发票",出现发票窗口。单击"增加"按钮,业务类型选择"直运采购",日期输入"2014-02-24",供货单位选择"新强科技",部门选择"供应部",业务员选择"秦安安",在表体部分单击右键,弹出快捷菜单,选择"拷贝采购订单"。单击"保存"按钮,如图11-45所示。

销售专用发票　　打印模版

表体排序

发票号 0000000011　开票日期 2014-02-23　业务类型 直运销售
销售类型 普通销售　订单号 0000000008　发货单号
客户简称 华阳宾馆　销售部门 销售部　业务员 秦安安
付款条件　客户地址 株洲市新华路56号　联系电话
开户银行 工行　账号 22345678　税号 430165328923857
币种 人民币　汇率 1　税率 17.00
备注

	仓库名称	存货编码	存货名称	主计量	数量	含税单价	无税单价	无税金额	税额	价税合计	税率（%）	折扣
1		07	联想移动电话	部	40.00	7020.00	6000.00	240000.00	40800.00	280800.00	17.00	
2												
3												
4												
5												
6												
7												
8												
9												
10												
11												
12												
合计					40.00			240000.00	40800.00	280800.00		

单位名称 宏远家电有限公司　本单位税号 4302223735215692　本单位开户银行 工行韶山路支行营业部
制单人 张云山　复核人 张云山　银行账号 123456789

图 11-44　直运销售发票

专用发票　　打印模版

表体排序

业务类型 直运采购　发票类型 专用发票　发票号 0000000002
开票日期 2014-02-24　供应商 新强科技　代垫单位 新强科技
采购类型 普通采购　税率 17.00　部门名称 销售部
业务员 秦安安　币种 人民币　汇率 1
发票日期　付款条件　备注

	存货编码	存货名称	主计量	数量	原币单价	原币金额	原币税额	原币价税合计	税率	订单号
1	07	联想移动电话	部	40.00	5000.00	200000.00	34000.00	234000.00	17.00	0000000001
2										
3										
4										
5										
6										
7										
8										
9										
10										
11										
12										
13										
14										
15										
合计				40.00		200000.00	34000.00	234000.00		

结算日期　制单人 张云山　审核人

图 11-45　直运采购专用发票

6．审核采购发票并制单

在应付款管理子系统中，审核上述直运采购发票，并填制记账凭证。

7．直运销售数量记账、成本确认和制单

（1）在存货核算子系统中选择"业务核算"→"直运销售记账"，出现条件对话框，同时选择销售发票和采购发票，单击"确认"按钮，弹出待记账单据列表。单击单据行选中待记账的销售发票和采购发票，然后单击"记账"按钮进行记账。如图11-46所示。

选择	日期	单据号	存货编码	存货名称	规格型号	收发类别	单据类型	数量
Y	2014-02-24	0000000002	07	联想移动电话		采购入库	采购发票	40.00
Y	2014-02-23	0000000011	07	联想移动电话		销售出库	专用发票	40.00
小计								80.00

图11-46 直运销售记账

（2）在存货核算子系统中选择"财务核算"→"生成凭证"，选择凭证类型"转账凭证"，选择上述直运销售和采购发票，生成两张记账凭证。

（八）第八笔业务：单货同到、自动结算的普通采购业务

业务内容：2月25日，从新兴家电采购澳柯玛冰箱50台，无税单价2200元，货到填制到货单货物验收后入库，收到专用发票一张，货款未付。

1．填制并审核到货单

在采购管理系统中，选择"业务"→"到货"→"到货单"，单击"增加"按钮，日期输入"2014-02-25"，供应商选择"新兴家电"，部门选择"供应部"，业务员选择"钱泰龙"，存货选择"澳柯玛冰箱"，数量输入"50"，原币单价输入"2200"，单击"保存"按钮即可。如图11-47所示。

2．生成并审核采购入库单

在库存管理系统中，选择"日常业务"→"入库"→"采购入库单"，单击"生单"按钮，弹出"选择采购订单或采购到货单"窗口，选择到货单单击"确定"按钮，回到"采购入库单"窗口，单击"保存"按钮，再单击"审核"按钮即可。

3．填制并复核采购专用发票

在采购管理系统中，选择"业务"→"发票"→"专用采购发票"，单击"增加"按钮，日期输入"2014-02-25"，供应商选择"新兴家电"，部门选择"供应部"，业务员选择"钱泰龙"，存货选择"澳柯玛冰箱"，数量输入"50"，原币单价输入"2200"，单击"保存"按钮即可。单击"结算"按钮，单据自动结算，如图11-48所示。

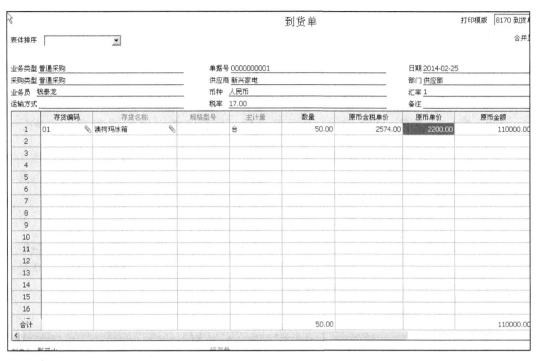

图 11-47　直接填制到货单

图 11-48　录入采购发票

4．审核采购发票并对其进行制单处理

(1)审核：更换操作员，在应收款管理子系统中，选择"日常处理"→"应付单据处理"→"应付单据审核"，出现单据过滤对话框，选中"未审核"，然后单击"确认"按钮，出现应付单据列表，双击选定需要审核的发票，在"选择"栏出现"Y"，然后单击工具栏的"审核"按钮，发票下方的审核人即出现当前操作员的签名，即完成发票审核。

(2)发票制单，在"应付款管理"中选择"日常处理"，单击"制单处理"，无需指定条件，打开待制单的单据列表，双击选中前述发票，选择凭证类型为"银行收款凭证"，修改日期为"2014-2-25"，然后单击"制单"按钮即弹出"凭证填制"窗口，保存后即完成凭证填制。

5．入库单记账、成本确认和制单

(1)在存货核算子系统中选择"业务核算"→"正常单据记账"，出现条件对话框，然后单击“确认”按钮，弹出待记账单据列表。

(2)单击“全选”按钮或单击单据行选中销售出库单，然后单击“记账”按钮进行记账。此时可在存货账表中查询到该出库业务。

(3)在存货核算子系统中选择“财务核算”→“生成凭证”，选择凭证类型“转账凭证”，选择上述采购入库单，生成记账凭证保存即可。

(九)第九笔业务：采购即付、带运费发票、手工分摊运费的现付采购业务

业务内容：2月26日，从新强科技采购华为小灵通20部，无税单价200元，收到专用发票一张，货到直接入库，货款未付。同时收到运费发票一张，金额200元，税率7%，以转账支票支付运费200元，票号ZZ1012351。

1.采购订单填制与审核

在采购管理系统中，选择“业务”→“订货”→“订货单”，单击“增加”按钮，日期输入“2014-02-26”，供应商选择“新强科技”，部门选择“供应部”，业务员选择“钱泰龙”，存货选择“华为小灵通”，数量输入“20”，原币单价输入“200”，单击“保存”按钮即可。

2.生成采购入库单并审核

在库存管理系统中，选择“日常业务”→“入库”→“采购入库单”，单击“生单”按钮，弹出“选择采购订单或采购到货单”窗口，选择“2014-02-26”采购单，勾选“显示表体”，选择“家电库”，单击“确定”后生成采购订单，如图11-49，单击“审核”按钮即可。

采购入库单

表体排序

蓝字 红字

入库单号 0000000001　　入库日期 2014-02-26　　仓库 家电库
订单号 0000000002　　到货单号　　业务号
供货单位 新强科技　　部门 供应部　　业务员 钱泰龙
到货日期　　业务类型 普通采购　　采购类型 普通采购
入库类别 采购入库　　审核日期　　备注

	存货编码	存货名称	规格型号	主计量单位	数量	本币单价
1	06	华为小灵通		部	20.00	200.00
2						
3						
4						
5						
6						
7						
8						
9						
10						
11						
12						
13						
14						
15						
合计					20.00	

制单人 张云山　　审核人
现存量

图11-49　采购入库单

3.填制并复核采购专用发票

在采购管理系统中,选择"业务"→"发票"→"专用采购发票",单击"增加"按钮,日期输入"2014-02-26",供应商选择"新强科技",部门选择"供应部",业务员选择"钱泰龙",存货选择"华为小灵通",数量输入"20",原币单价输入"200",单击"保存"按钮即可。如图11-50所示。

图 11-50 采购专用发票

4.运费发票的填制、复核、结算,并进行现付处理

(1)增加存货类别:采购管理系统中,选择"设置"→"分类体系"→"存货分类",单击"增加"输入"3 费用",并在其大类下面设置"301 运输费"小类。

(2)增加"运输费"存货项目:采购管理系统中,选择"设置"→"编码档案"→"存货档案",单击"增加"输入"09",名称为"运输费",计量单位选择"独立单位组",并选择"应税劳务"的存货属性,单击"保存"按钮确定,如图11-51所示。

(3)在采购管理系统中,选择"业务"→"发票"→"运费发票",单击"增加"按钮,选择业务类型"普通采购",输入日期"2014-02-28";供应商选择"新强科技",部门选择"供应部",业务员选择"钱泰龙",存货选择"运输费",数量输入"1",原币单价输入"200",单击"保存"按钮即可。如图11-52所示。

(4)单击采购运费发票"现付"按钮,弹出"采购现付"窗口,选择结算方式"转账支票",输入结算金额"200",输入票号"ZZ102351",输入银行账号"43015678001",单击"确定"按钮,采购运费发票即标注"已现付"的标注。

(5)运费结算,分摊至存货。

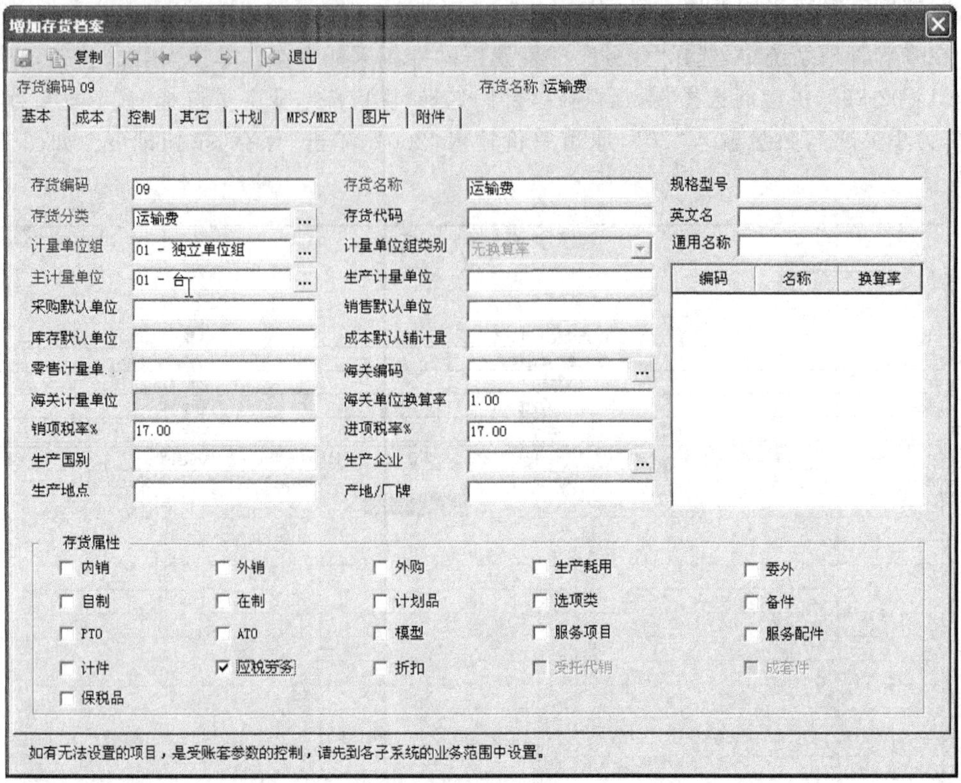

图 11-51 "运输费"存货档案设置

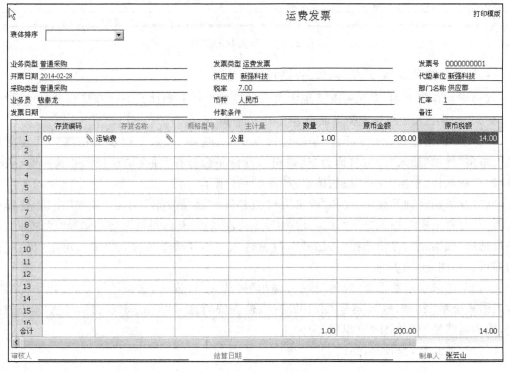

图 11-52 采购运费发票

5.审核采购发票和运费发票并对其进行制单处理

（1）审核：更换操作员，在应收款管理子系统中，选择“日常处理”→“应付单据处理”→“应付单据审核”，出现单据过滤对话框，选中“含已现结发票”然后单击“确认”按钮，出现应付单据列表，双击选定需要审核的发票，在“选择”栏出现“Y”，然后单击工具栏的“审核”按钮，发票下方的审核人即出现当前操作员的签名，即完成发票审核。

（2）发票制单，在“应付款管理”中选择“日常处理”，单击“制单处理”，无需指定条件。打开待制单的单据列表，双击选中前述发票，选择凭证类型为“银行收款凭证”，修改日期为“2014-2-26”，然后单击“制单”按钮即弹出“凭证填制”窗口，保存后即完成凭证填制。

6.入库单记账、成本确认和制单

（1）在存货核算子系统中选择“业务核算”→“正常单据记账”，出现条件对话框，然后单击“确认”按钮，弹出待记账单据列表。

（2）单击“全选”按钮或单击单据行选中销售出库单，然后单击“记账”按钮进行记账。此时可在存货账表中查询到该出库业务。

（3）在存货核算子系统中选择“财务核算”→“生成凭证”，选择凭证类型“转账凭证”，选择上述采购入库单，生成记账凭证保存即可。

（十）第十笔业务：入库单已记账的采购退货

业务内容：2月27日，发现26日从新强科技采购的华为小灵通有10部存在质量问题，货已退回，并收到红字专用发票一张，无税单价200元。

1.填制到货退货单（负数到货单）

在采购管理系统中，选择“业务”→“到货”→“到货退回单”，单击“增加”按钮，增加一张“到货退回单”，选择业务类型“普通采购”，日期输入“2014-02-27”，供应商选择“新强科技”，部门选择“供应部”，业务员选择“钱泰龙”，存货选择“华为小灵通”，数量输入“－10”，原币单价输入“200”，单击“保存”按钮即可。如图11-53所示。

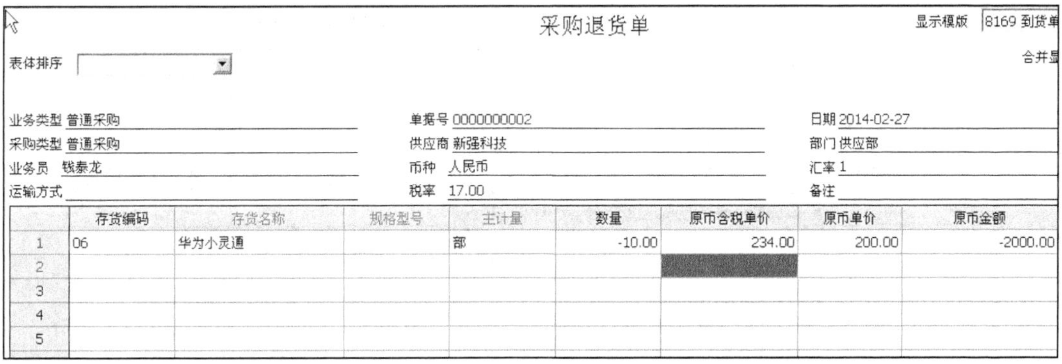

	存货编码	存货名称	规格型号	主计量	数量	原币含税单价	原币单价	原币金额
1	06	华为小灵通		部	-10.00	234.00	200.00	-2000.00
2								
3								
4								
5								

图11-53　到货退货单

2.填制红字专用采购发票

在采购管理系统中，选择“业务”→“发票”→“红字专用采购发票”，单击“增加”按钮，日期输入“2014-02-27”，供应商选择“新强科技”，部门选择“供应部”，业务员选择“钱泰龙”，存货选择“华为小灵通”，数量输入“－10”，原币单价输入“200”，单击“保存”按钮即可。单击

"结算"按钮,单据自动结算,如图11-54所示。

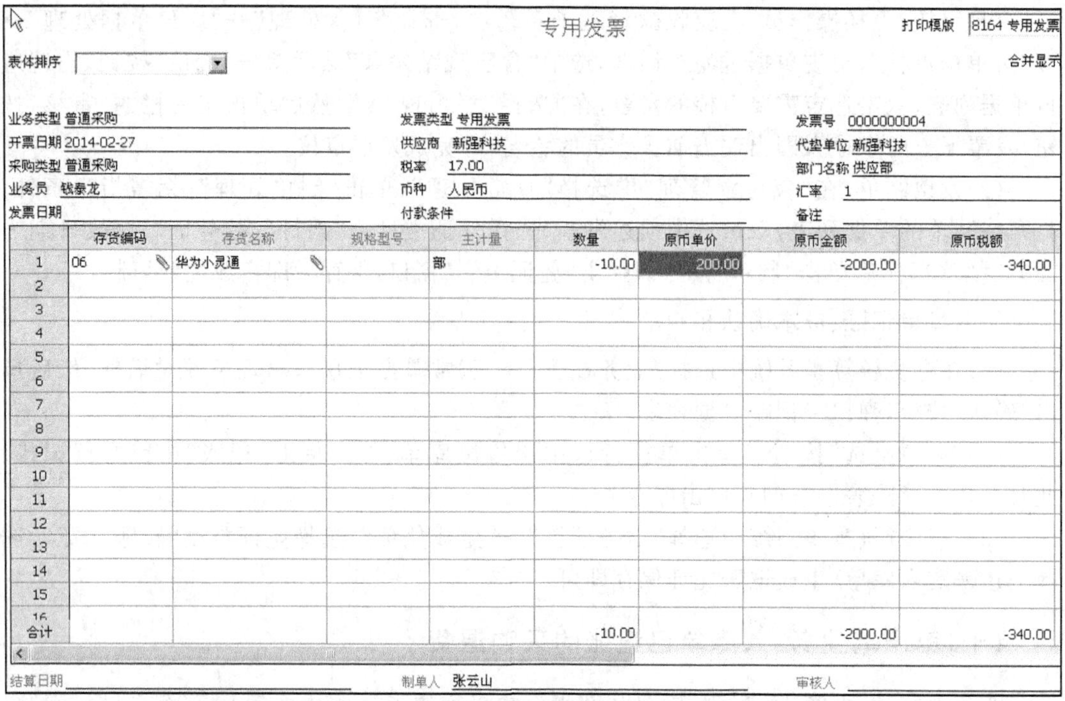

图11-54 红字专用采购发票

3.审核红字专用采购发票,并对其进行制单处理

(1)审核:更换操作员,在应付款管理子系统中,选择"日常处理"→"应付单据处理"→"应付单据审核",出现单据过滤对话框,选中"含已现结发票"然后单击"确认"按钮,出现应付单据列表,双击选定需要审核的发票,在"选择"栏出现"Y",然后单击工具栏的"审核"按钮,发票下方的审核人即出现当前操作员的签名,即完成发票审核。如图11-55所示。

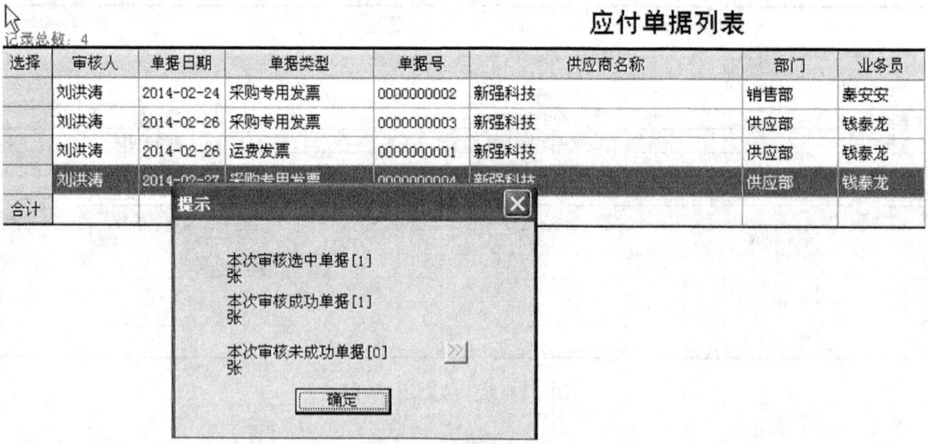

图11-55 审核红字专用采购发票

(2)发票制单,在"应付款管理"中选择"日常处理",单击"制单处理",无需指定条件。打开待制单的单据列表,双击选中前述发票,选择凭证类型为"转账凭证",修改日期为

"2014-2-27",然后单击"制单"按钮即弹出"凭证填制"窗口,保存后即完成凭证填制。如图 11-56 所示。

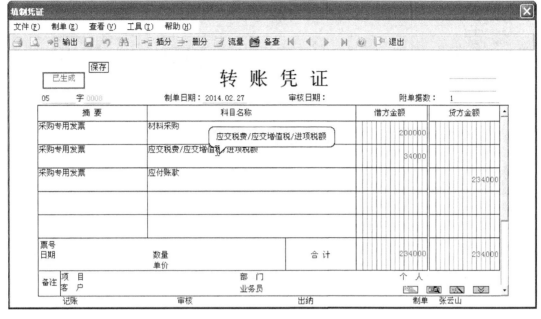

图 11-56　转账凭证(红字)

4.生成采购入库单并审核

在库存管理系统中,选择"日常业务"→"入库"→"采购入库单",单击"生单"按钮,弹出"选择采购订单或采购到货单"窗口,选择采购到货单,单击"确定"后生成采购订单(负数),单击"审核"按钮即可。

5.入库单记账、成本确认和制单

(1)在存货核算子系统中选择"业务核算"→"正常单据记账",出现条件对话框,然后单击"确认"按钮,弹出待记账单据列表。

(2)单击"全选"按钮或单击单据行选中销售出库单,然后单击"记账"按钮进行记账。此时可在存货账表中查询到该出库业务。

(3)在存货核算子系统中选择"财务核算"→"生成凭证",选择凭证类型"转账凭证",选择上述采购入库单,生成记账凭证保存即可。

(十一)第十一笔业务:暂估入库,货到票未到

业务内容:2 月 28 日,采购部钱泰龙从新兴家电采购 TCL 彩电 15 台,货已入库,发票未到,对货物进行暂估,暂估价为 3 100 元。

1.采购订单填制与审核

在采购管理系统中,选择"业务"→"订货"→"订货单",单击"增加"按钮,日期输入"2014-02-28",供应商选择"新兴家电",部门选择"供应部",业务员选择"钱泰龙",存货选择"TCL 彩电",数量输入"15",原币单价输入"3100",单击"保存"按钮即可。如图 11-57 所示。

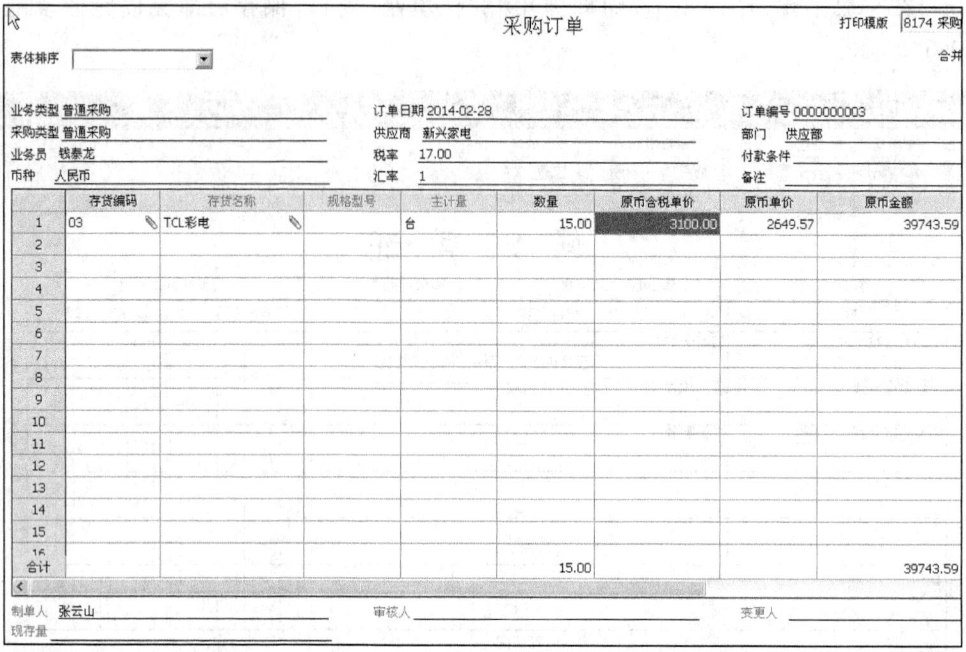

					采购订单			打印模版 8174 采购	

表体排序

业务类型 普通采购　　　订单日期 2014-02-28　　　订单编号 0000000003
采购类型 普通采购　　　供应商 新兴家电　　　　　部门 供应部
业务员 钱泰龙　　　　　税率 17.00　　　　　　　付款条件
币种 人民币　　　　　　汇率 1　　　　　　　　　备注

	存货编码	存货名称	规格型号	主计量	数量	原币含税单价	原币单价	原币金额
1	03	TCL彩电		台	15.00	3100.00	2649.57	39743.59
2								
...								
合计					15.00			39743.59

制单人 张云山　　　审核人　　　变更人
现存量

图 11-57　采购订单

2.生成采购入库单并审核

在库存管理系统中,选择"日常业务"→"入库"→"采购入库单",单击"生单"按钮,弹出"选择采购订单或采购到货单"窗口,选择"2014-02-28"采购单,勾选"显示表体",选择"家电库",单击"确定"后生成采购订单,如图 11-58,单击"审核"按钮即可。

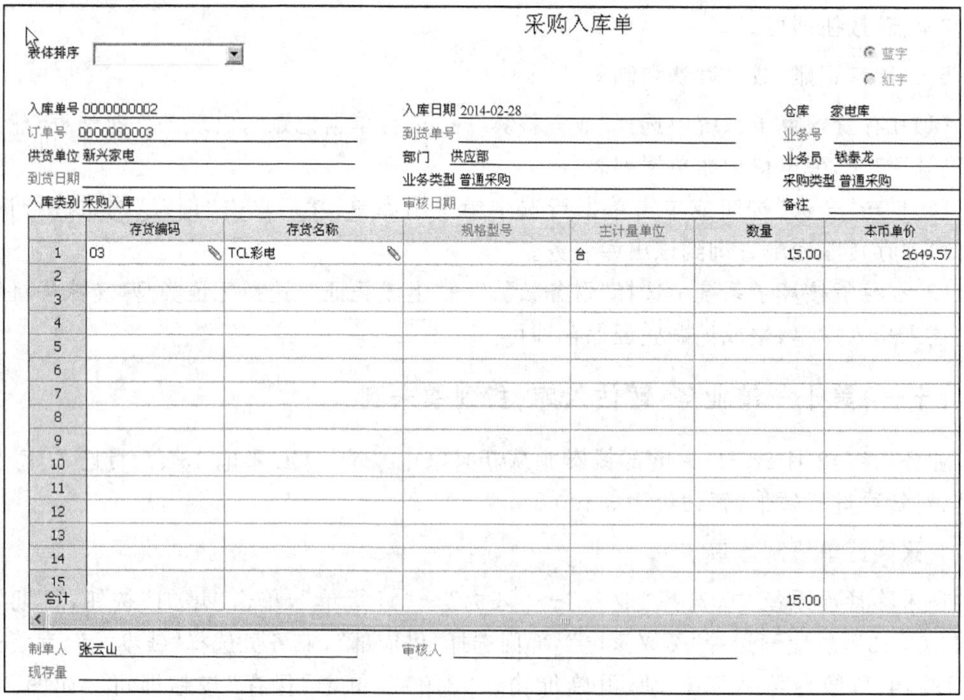

采购入库单

表体排序

入库单号 0000000002　　　入库日期 2014-02-28　　　仓库 家电库
订单号 0000000003　　　　到货单号　　　　　　　　业务号
供货单位 新兴家电　　　　部门 供应部　　　　　　业务员 钱泰龙
到货日期　　　　　　　　业务类型 普通采购　　　采购类型 普通采购
入库类别 采购入库　　　　审核日期　　　　　　　备注

	存货编码	存货名称	规格型号	主计量单位	数量	本币单价
1	03	TCL彩电		台	15.00	2649.57
2						
...						
合计					15.00	

制单人 张云山　　　审核人
现存量

图 11-58　采购入库单

3. 采购入库单暂估成本录入、制单

(1)在存货核算子系统中选择“业务核算”→“暂估成本录入”,出现条件对话框,然后单击“确认”按钮,弹出单据列表。选定上述入库单进行暂估成本录入。

(2)在存货核算子系统中选择“财务核算”→“生成凭证”,选择凭证类型“转账凭证”,选择上述采购入库单,生成记账凭证保存即可。

(十二)第十二笔业务:盘点业务

业务内容:2 月 28 日,对库存进行盘点,结果发现缺少澳柯玛冰箱 1 台,价值 2400 元。经查明,是因为意外被盗,应确认为营业外支出。

1. 填制盘点单

(1)在库存管理子系统中,选择“日常业务”→“盘点”,单击“增加”按钮,增加一张“盘点单”,日期输入“2014-02-28”,盘点仓库选择“家电库”,出库类别选择“盘亏出库”,部门选择“供应部”,经手人“钱泰龙”,存货选择“澳柯玛冰箱”进行盘点

(2)存货名称选择“澳柯玛冰箱”,单价输入“2400”,调整出库数量“1”,原因输入“意外被盗”,单击“确定”按钮,再单击“审核”按钮,生产盘点单,如图 11-59 所示。

2. 盘点出库

在库存管理子系统中,选择“日常业务”→“出库”→“其他出库单”,单击“增加”按钮,增加一张“其他出库单”,日期输入“2014-02-28”,盘点仓库选择“家电库”,出库类别选择“盘亏出库”,部门选择“仓库”,存货名称选择“澳柯玛冰箱”,单价输入“2400”,数量输入“1”,单击“保存”按钮,再单击“审核”按钮,如图 11-60 所示。

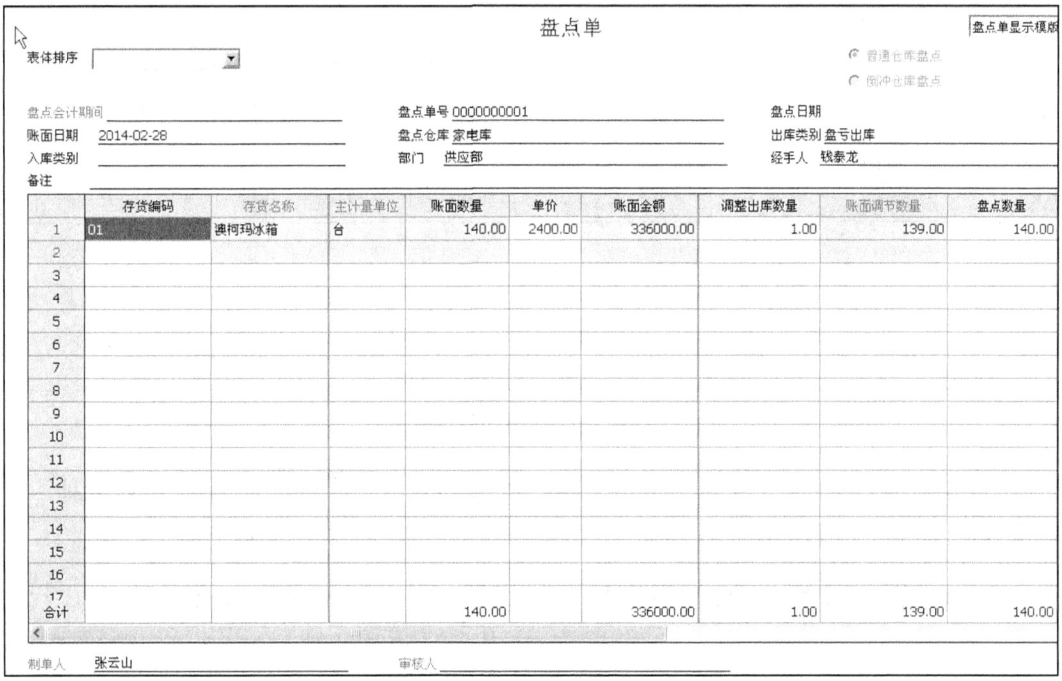
盘点单

盘点单显示模版

表体排序

普通仓库盘点
倒冲仓库盘点

盘点会计期间　　盘点单号 0000000001　　盘点日期
账面日期 2014-02-28　　盘点仓库 家电库　　出库类别 盘亏出库
入库类别　　部门 供应部　　经手人 钱泰龙
备注

	存货编码	存货名称	主计量单位	账面数量	单价	账面金额	调整出库数量	账面调节数量	盘点数量
1	01	澳柯玛冰箱	台	140.00	2400.00	336000.00	1.00	139.00	140.00
2									
3									
4									
5									
6									
7									
8									
9									
10									
11									
12									
13									
14									
15									
16									
17									
合计				140.00		336000.00	1.00	139.00	140.00

制单人 张云山　　审核人

图 11-59　盘点单

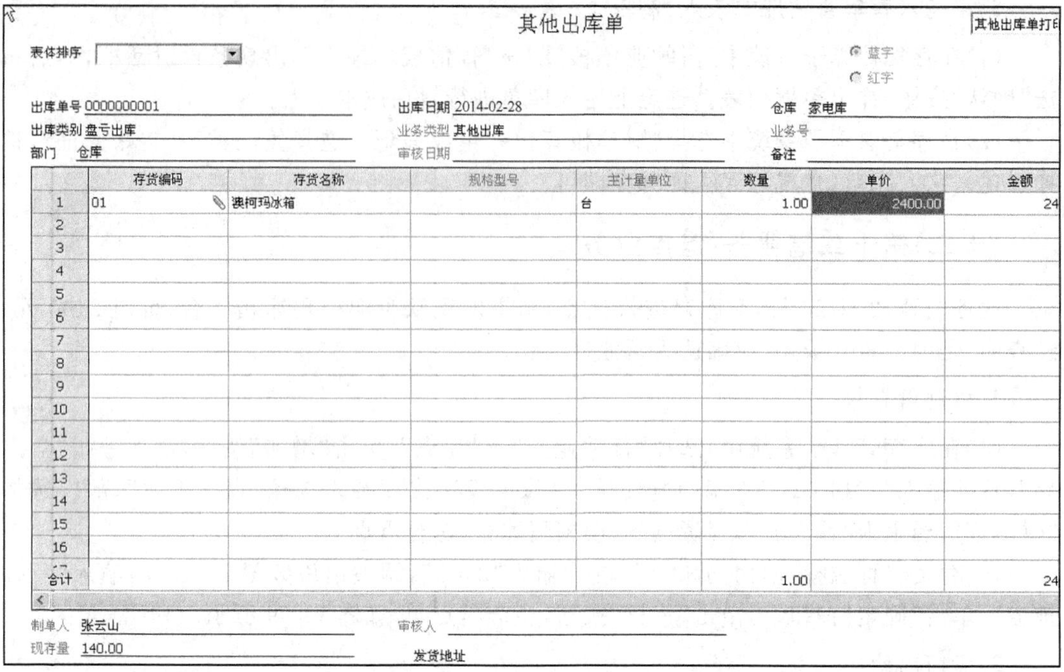
其他出库单
其他出库单打印
表体排序
蓝字
红字
出库单号 0000000001
出库日期 2014-02-28
仓库 家电库
出库类别 盘亏出库
业务类型 其他出库
业务号
部门 仓库
审核日期
备注
存货编码
存货名称
规格型号
主计量单位
数量
单价
金额
1 01 澳柯玛冰箱 台 1.00 2400.00
合计 1.00
制单人 张云山
审核人
现存量 140.00
发货地址

图 11-60　其他出库单

3. 出库单记账、制单

(1)在存货核算子系统中选择“业务核算”→“正常单据记账”,出现条件对话框,无需指定条件,然后单击“确认”按钮,弹出待记账单据列表。单击单据行选中待记账的盘亏出库单,然后单击“记账”按钮进行记账。如图 11-61 所示。

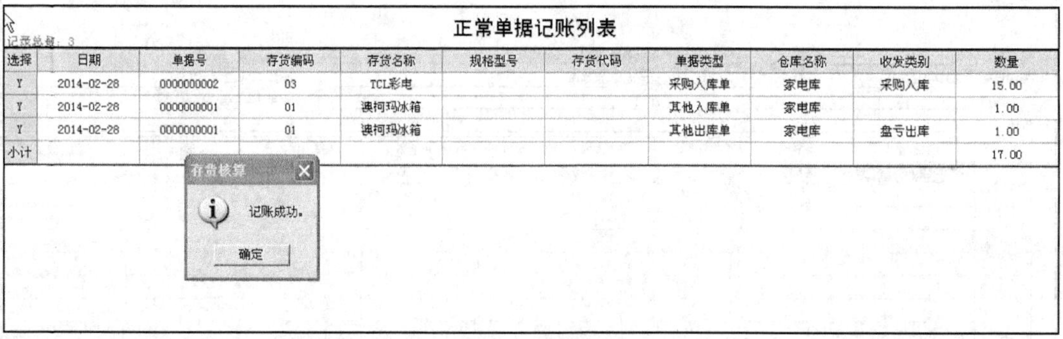
正常单据记账列表
记录总数: 3
选择 日期 单据号 存货编码 存货名称 规格型号 存货代码 单据类型 仓库名称 收发类别 数量
Y 2014-02-28 0000000002 03 TCL彩电 采购入库单 家电库 采购入库 15.00
Y 2014-02-28 0000000001 01 澳柯玛冰箱 其他入库单 家电库 1.00
Y 2014-02-28 0000000001 01 澳柯玛冰箱 其他出库单 家电库 盘亏出库 1.00
小计 17.00
存货核算
记账成功。
确定

图 11-61　出库单记账

(2)在存货核算子系统中选择“财务核算”→“生成凭证”,选择凭证类型“转账凭证”,选择上述盘亏出库单,检查借方科目为“待处理财产损益”,生成记账凭证保存即可。

(十三)第十三笔业务:计算结转本月出库成本,并进行期末处理

1. 计算平均成本

2 月 28 日,在存货核算子系统中选择“业务核算”→“计算平均单价”,出现条件对话框,指定一个仓库,单击“确认”按钮,系统计算完成即弹出“平均单价计算表”。

2.期末处理

2月28日,在存货核算子系统中选择"业务核算"→"期末处理",出现条件对话框,全选所有仓库,单击"确认"按钮,完成期末处理。

3.凭证生成

本月采用加权平均法计价的存货,其销售出库单尚未进行填制成本结转的记账凭证。期末处理后应完成此项工作。2月28日,在存货核算子系统中选择"财务核算"→"生成凭证",出现条件对话框,选择所有销售出库单,单击"合成"以合并生成一张凭证。选择凭证类别"转账凭证",输入制单日期"2014-02-28",单击"制单"按钮,即生成凭证,单击"保存"完成凭证填制。

(十四)其他业务的处理

1.工资及工资附加费的计提分配

2月28日,在工资管理子系统中,选择"工资分摊",分配工资费用,并计提福利费、工会经费、职工教育费、公积金,并生成相应的转账凭证。

2.计提折旧

2月28日,在固定资产子系统中计提并分摊本月折旧费用。

3.结转汇兑损益

2月28日,在总账系统中,通过期末转账功能,自动计算并结转汇兑损益(月末汇率6.00)。

4.结转本期损益

(1)在总账系统中,确保所有本月记账凭证均已审核、记账。

(2)2月28日,通过期末转账功能,自动结转本月各项已实现收入。

(3)2月28日,通过期末转账功能,自动结转本月各项已发生的成本、费用及损失。

(4)对上述两张凭证审核、记账。

5.预提所得税

(1)2月28日,在总账系统中,通过期末转账功能,设置自动计算预提应交所得税,并生成本月预提所得税凭证。

(2)(自动或手动)填制结转本月所得税费用的记账凭证,并进行审核、记账。

第二篇　会计信息系统综合实验

本篇内容旨在部署一个关于会计信息系统的综合实验实训,以培养会计及相关专业学生的会计信息技术处理能力为目标,以学生为学习主体,采用自主学习、研究性学习、协作学习的原则,强化会计信息系统的综合操作能力,切实增强学生的动手实践能力和创新精神。

本课程实验素材中每个实验任务都按照某企业实际业务流程给出任务资料,提出任务要求的形式展开。以案例企业一个月的真实经营业务,作为实验的背景资料,简要地介绍了本项实验应完成的主要工作,对完成实验提出具体要求,明确了通过该实验学生应该掌握的知识和技能。通过本课程实验素材的操作,要求学生掌握会计软件的应用技能,具备会计信息系统的分析应用能力。实验案例素材得其体系结构和基本流程如下图。

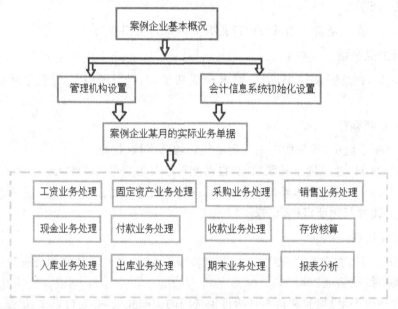

该综合实验各项目对应的学时部署如下表所示:

项目序号	任务内容	学时	重点内容
项目一	账套及管理机构设置	2	岗位权限设置
项目二	财务链初始化	6	初始化对账检查、结束初始化
项目三	供应链初始化	2	对账检查、结束初始化
项目四	日常业务处理	48	出库核算、入库核算
项目五	期末业务处理	6	自定义凭证结转
项目六	银行对账	2	银行存款余额调节表不平的检查
项目七	报表业务	6	资产负债表、现金流量表

项目一

账套及管理机构设置

任务 1-1　企业会计信息化账套创建

一、任务资料

企业名称:宏远机械设备公司
账套代码:908
账套名称:宏远机械设备公司
地　　址:南宁市科园路 618 号
企业类型:工业
会计制度:2006 新会计准则
本位币:RMB
账套主管:默认
账套启用日期:2013 年 12 月 1 日
　　按行业性质预置会计科目,存货分类,客户、供应商均不分类,无外币核算;科目编码方案 4-2-2-2,其余各编码方案默认系统设置。
法人代表:李明阳
注册资金:叁仟伍佰万元
　　　　　其中60%由广西桂海公司投入
　　　　　　　40%由南宁南通设备公司投入
经营范围:生产、销售宏远 1 号多功能拖拉机、宏远 2 号农用拖拉机。
纳税人登记号:450168887540682
开户银行及账号:
基本存款户:工商银行南宁科园支行　　　账号:9356789456
一般存款户:交通银行南宁高新支行　　　账号:6342896543
证券公司资金户:宏海证券公司　　　　　账号:480511008660

二、任务要求

1.根据以上资料创建企业账套;

2.启用功能模块：总账、应收、应付、销售、采购、库存、存货，各模块的启用时间均为2013年12月1日。

任务1-2　岗位及权限设置

一、任务资料

1.财务机构：由5人组成，包括财务经理、成本核算会计、收入利润核算会计、存货核算会计和出纳。

2.财务部经理：李经理。

负责财务部的全面工作，拥有所有权限。制订财务计划，进行财务分析，审批各种款项的支出，对会计所编制的记账凭证进行复核，负责每一旬记账凭证的汇总，并登记总分类账。

3.成本核算会计：成会计。

负责处理各成本费用发生、分配及成本结转等业务，同时兼管固定资产核算业务。根据相关经济业务取得或填制原始凭证、编制记账凭证、登记成本、费用账户的明细分类账，编制产品成本计算单等。

4.销售及利润核算会计：王会计。

负责处理收入、计算税金、结转损益、利润分配、往来款项、投资等业务。根据相关经济业务取得或填制原始凭证、编制记账凭证、登记有关收入、成本、利润及利润分配、应收应付、应交税费等明细分类账。

5.存货核算会计：张会计。

负责处理原材料、库存商品的收发业务，填制原材料、库存商品的入库单、出库单，计算材料成本差异，编制原材料、库存商品收发的记账凭证，登记有关存货的明细账。

6.出纳：赵出纳。

办理各种款项的收入、支出及转账结算。根据相关经济业务取得或填制各种货币结算必需的原始凭证，并登记现金和银行存款日记账；负责办理银行的转账业务。

二、任务要求

1.在系统中新增五名财务操作人员；
2.按企业需求对五名财务人员设置相应的操作权限。

项目二

财务链系统初始化

任务 2-1 基础信息设置

一、任务资料

1. 本实训企业的记账本位币为：人民币(RMB)。
2. 本企业所需使用的计量单位如下表所示：

(1)计量单位组

计量单位组编号	计量单位组名称	计量单位组类别
01	无换算关系	无换算

(2)计量单位

计量单位编号	计量单位名称	所属计量单位组名称
01	公斤	无换算关系
02	栋	无换算关系
03	台	无换算关系
04	套	无换算关系
05	只	无换算关系
06	箱	无换算关系
07	把	无换算关系
08	个	无换算关系
09	双	无换算关系

3. 本企业的会计科目如下表所示：

总账科目	明细科目	选项说明	计量单位	备注
库存现金		现金科目,出日记账		
银行存款		银行科目,出日记账		
	工商银行 9356789456	银行科目,出日记账		基本存款户

续表

总账科目	明细科目	选项说明	计量单位	备注
	交通银行 6342896543	银行科目,出日记账		一般存款户
其他货币资金	存出投资款			
交易性金融资产	海天公司股票			
持有至到期投资				
	海天公司(成本)			
	海天公司(利息调整)			
应收票据		往来业务核算、受控于应收系统		
应收账款		往来业务核算、受控于应收系统		
其他应收款				
	刘媚			
	职工宿舍水电费			
	职工医药费			
坏账准备				
预付账款		往来业务核算、受控于应付系统		
材料采购				
	钢材			
	生铁			
	外购配件			
	其他材料			
原材料				
	钢材			
	生铁			
	外购配件			
	其他材料			
周转材料				
	在库周转材料			
	在用周转材料			
	周转材料摊销			
生产成本				按产品开设明细账
	铸造车间			

续表

总账科目	明细科目	选项说明	计量单位	备注
	加工车间			
	装配车间			
库存商品				
	宏远1号拖拉机	数量核算		
	宏远2号拖拉机	数量核算		
固定资产				
	房屋建筑物			
	机器设备			
	电子设备			
	运输设备			
累计折旧				
固定资产减值准备				
在建工程	加工车间改造工程			
工程物资	水泥			
无形资产	财务软件			
累计摊销	财务软件			
递延所得税资产				
短期借款	流动资金借款			
应付票据		往来核算,受控于应付系统		
应付账款		往来核算,受控于应付系统		
预收账款		往来核算,受控于应收系统		
应付职工薪酬				
	职工福利			
	社会保险费			
	住房公积金			
	职工教育经费			
	工会经费			
应交税费				
	应交增值税			
	应交所得税			
	未交增值税			

续表

总账科目	明细科目	选项说明	计量单位	备注
	应交城建税			
	应交教育费附加			
预计负债	产品质量保证			
递延所得税负债				
长期借款				
实收资本				
	广西桂海公司			
	南宁南通设备公司			
资本公积				
盈余公积				
本年利润				
利润分配	未分配利润			
合计				

4. 本实训企业的凭证不分类别编号,采用统一的"记"字记账凭证。

5. 为了满足企业的日常经营需要,企业常用的结算方式有以下几种:

编码	名称	票据管理标志
1	现金	
2	支票	是
201	现金支票	是
202	转账支票	是
3	商业汇票	
301	商业承兑汇票	
302	银行承兑汇票	
4	银行汇票	
5	其他	

6. 企业为了生产经营的需要设置了如下一些仓库:

代码	名称	所属部门	计价方式
1	钢材库	铸造车间	实际成本法
2	生铁库	铸造车间	实际成本法
3	外购配件库	装配车间	实际成本法
4	周转材料库	装配车间	实际成本法

续表

代码	名称	所属部门	计价方式
5	其他材料库	机修车间	实际成本法
6	成品库		实际成本法
7	办公用品库	办公室	实际成本法

7. 企业在销售采购环节中发展了一些客户与供应商及资料如下：

类别	代码	名称	税号	开户行	银行账号
客户	101	广西钦州物资公司	31022553341504	工行	12345678911
	102	湖北湖州农机公司	31022553341505	工行	12345678912
	103	南宁市沙田农场	31022553341506	工行	12345678913
	104	广西桂中农机公司	31022553341507	工行	12345678914
	105	广西北海农机公司	31022553341508	工行	12345678915
	106	湖南中南农机公司	31022553341509	工行	12345678916
	107	广西翔云农机公司	31022553341510	工行	12345678917
	108	南宁长远物资公司	31022553341511	工行	12345678918
	109	广西立远农机公司	31022553341512	工行	12345678919
	110	湖南湘海农机设备公司	31022553341513	工行	12345678920
供应商	201	武汉江有色金属公司	31022553341514	工行	12345678921
	202	桂林立远五金公司	31022553341515	工行	12345678922
	203	柳州钢铁公司	31022553341516	工行	12345678923
	204	湖南乐山钢铁厂	31022553341517	工行	12345678924
	205	山东威海机电公司	31022553341518	工行	12345678925
	206	湖北湖州机电公司	31022553341519	工行	12345678926
	207	南宁易通贸易公司	31022553341520	工行	12345678927
	208	广西蓝海五金公司	31022553341521	工行	12345678928

8. 本企业的部门设置情况如下表所示：

代码	名称	部门属性	负责人
01	办公室	管理部门	李经理
02	铸造车间	制造车间	黄铸管
03	机工车间	制造车间	赵工管
04	装配车间	制造车间	刘装管
05	机修车间	制造车间	孙修管

9.企业的员工资料如下表所示：

代码	名称	性别	人员类别	所属部门
0101	李经理	男	管理人员	办公室
0102	成会计	男	管理人员	办公室
0103	王会计	女	管理人员	办公室
0104	张会计	女	管理人员	办公室
0105	赵出纳	男	管理人员	办公室
0201	黄铸造	男	生产人员	铸造车间
0202	黄铸管	女	生产人员	铸造车间
0301	赵机工	男	生产人员	机工车间
0302	赵工管	男	生产人员	机工车间
0401	刘装配	男	生产人员	装配车间
0402	刘装管	女	生产人员	装配车间
0501	孙机修	男	生产人员	机修车间
0502	孙修管	男	生产人员	机修车间

10.企业的存货档案如下表所示：

代码	存货名称	物料属性	单位	销售收入科目	销售成本科目	存货科目	默认仓库
1	钢材	外购					
101	元钢	外购	吨	其他业务收入	其他业务成本	原材料	1
102	角钢	外购	吨	其他业务收入	其他业务成本	原材料	1
103	钢板	外购	吨	其他业务收入	其他业务成本	原材料	1
104	钢圈	外购	吨	其他业务收入	其他业务成本	原材料	1
2	生铁	外购	吨	其他业务收入	其他业务成本	原材料	2
3	外购配件	外购					
301	轮胎	外购	套	其他业务收入	其他业务成本	原材料	3
302	HY206轴承	外购	套	其他业务收入	其他业务成本	原材料	3
303	HY308轴承	外购	套	其他业务收入	其他业务成本	原材料	3
304	CL206齿轮	外购	套	其他业务收入	其他业务成本	原材料	3
305	CL302齿轮	外购	套	其他业务收入	其他业务成本	原材料	3
306	CL306齿轮	外购	套	其他业务收入	其他业务成本	原材料	3
307	LT115链条	外购	套	其他业务收入	其他业务成本	原材料	3
308	LT216链条	外购	套	其他业务收入	其他业务成本	原材料	3
309	GNA柴油机	外购	台	其他业务收入	其他业务成本	原材料	3
310	GNC柴油机	外购	台	其他业务收入	其他业务成本	原材料	3
311	HE车灯	外购	只	其他业务收入	其他业务成本	原材料	3

续表

代码	存货名称	物料属性	单位	销售收入科目	销售成本科目	存货科目	默认仓库
312	HD车灯	外购	只	其他业务收入	其他业务成本	原材料	3
4	周转材料	外购					
401	蓄电池	外购	台	其他业务收入	其他业务成本	周转材料	4
402	刨刀	外购	把	其他业务收入	其他业务成本	周转材料	4
403	安全钳	外购	把	其他业务收入	其他业务成本	周转材料	4
404	扳手	外购	把	其他业务收入	其他业务成本	周转材料	4
405	钻头	外购	把	其他业务收入	其他业务成本	周转材料	4
406	砂轮	外购	个	其他业务收入	其他业务成本	周转材料	4
407	工作服	外购	套	其他业务收入	其他业务成本	周转材料	4
408	工作鞋	外购	双	其他业务收入	其他业务成本	周转材料	4
409	液压扭矩扳手	外购	套	其他业务收入	其他业务成本	周转材料	4
410	液压千斤顶	外购	套	其他业务收入	其他业务成本	周转材料	4
5	其他材料	外购					
501	螺丝螺帽	外购	箱	其他业务收入	其他业务成本	原材料	5
502	油漆	外购	公斤	其他业务收入	其他业务成本	原材料	5
503	油漆底料	外购	公斤	其他业务收入	其他业务成本	原材料	5
504	电焊条	外购	公斤	其他业务收入	其他业务成本	原材料	5
505	废铁	外购	公斤	其他业务收入	其他业务成本	原材料	5
6	产成品	自制					
601	宏远1号	自制	台	主营业务收入	主营业务成本	库存商品	6
602	宏远2号	自制	台	主营业务收入	主营业务成本	库存商品	6

二、任务要求

1. 设置本位币币别；

2. 增加计量组及计量单位；

3. 根据会计科目表增加相应的明细科目；

4. 为企业设置凭证字；

5. 为企业设置结算方式；

6. 为企业设置仓库；

7. 为企业设置客户供应商资料；

8. 为企业设置部门资料；

9. 设置企业职员资料；

10. 设置企业的物料资料。

任务 2-2　总账系统初始化设置

一、任务资料

1. 本实训企业根据企业的日常经营需要,设置总账系统参数信息如下:本年利润科目为"本年利润",利润分配科目为"利润分配",数量单价小数位数为 2,账簿余额方向与科目余额方向相同,凭证/明细账分级显示核算项目名称,明细账摘要自动继承上条分录摘要,结账要求损益类科目余额为零,不允许进行跨年度反结账。凭证过账前必须审核,不允许修改/删除业务系统凭证,现金、银行存款赤字报警,不允许手工修改凭证号,凭证号按期间统一排序,不控制结账月与日。

2. 实训企业的期初余额如下表所示:

总账科目	明细科目	借方金额	贷方金额	备注
库存现金		1 460.83		
银行存款		1 162 401.20		
	工商银行 9356789456	685 611.60		基本存款户
	交通银行 6342896543	476 789.60		一般存款户
其他货币资金	存出投资款	156 305.60		
交易性金融资产	海天公司股票	260 000.00		4 000 股,每股 65 元
持有至到期投资		75 939.45		2009 年 7 月 1 日购入海天公司当日发行的 3 年期债券,面值 80 000 元,票面利率 8%,实际利率 10%,每半年付息一次
	海天公司(成本)	80 000.00		
	海天公司(利息调整)		4 060.55	
应收票据		180 800.00		
应收账款		3 526 663.00		
其他应收款		10 601.90		
	刘媚	2 500.00		
	职工宿舍水电费	3 161.00		
	职工医药费	4 940.90		
坏账准备			4 826.00	
材料采购	外购配件(轮胎)	105 000.00		
原材料		1 021 517.20		

续表

总账科目	明细科目	借方金额	贷方金额	备注
	钢材	86 940.00		
	生铁	32 400.00		
	外购配件	784 737.20		
	其他材料	117 440.00		
周转材料		42 811.00		
	在库周转材料	25 870.00		
	在用周转材料	33 882.00		
	周转材料摊销		16 941.00	
材料成本差异		16 524.90		
	钢材		827.00	
	生铁		795.80	
	外购配件	14 877.00		
	其他材料	2 333.80		
	周转材料	936.90		
生产成本		115 271.70		按车间开设明细账
	铸造车间	6 538.70		
	加工车间	31 541.90		
	装配车间	77 191.10		
库存商品		3 165 096.00		
	宏远1号拖拉机(560台)	2 288 440.00		560台单位成本 4 086.50
	宏远2号拖拉机(340台)	876 656.00		340台单位成本 2578.40
固定资产		88 750 000.00		
	房屋建筑物	61 600 000.00		
	机器设备	22 530 000.00		
	电子设备	3 950 000.00		
	运输设备	670 000.00		
累计折旧			22 134 427.22	
固定资产减值准备			12 560.00	
在建工程	加工车间改造工程	500 000.00		
工程物资	水泥	350 000.00		1 000吨

续表

总账科目	明细科目	借方金额	贷方金额	备注
无形资产	财务软件	540 000.00		该软件预计使用10年,按直线法摊销,按月分摊,无残值,已使用3年
累计摊销	财务软件		162 000.00	
递延所得税资产		86 830.00		
短期借款	流动资金借款		2 501 473.00	
应付票据			450 000.00	
应付账款			2 604 000.00	
应付职工薪酬			72 966.78	
	职工福利		33 946.00	
	社会保险费			
	住房公积金			
	职工教育经费		36 479.50	
	工会经费		2 541.28	
应交税费			50 863.00	
	所得税		21 400.00	
	未交增值税		26 785.00	
	应交城建税		1 875.00	
	应交教育费附加		803.00	
预计负债	产品质量保证		16 200.00	
递延所得税负债			65 430.00	
长期借款			32 261 300.00	
实收资本			35 400 000.00	
	广西桂海公司		21 240 000.00	
	南宁南通设备公司		14 160 000.00	
资本公积			686 373.00	
盈余公积			1 230 000.22	
本年利润			1 802 055.48	
利润分配	未分配利润		614 048.52	

3. 12月"生产成本——基本生产成本"明细账期初余额:

生产部门	产品名称	成本项目					合计
		半成品	直接材料	工资费	动力费	制造费用	
铸造车间	宏远1号拖拉机		2 260.70	280.00	138.90	102.60	2 782.20
	宏远2号拖拉机		3 020.40	360.00	225.30	150.80	3 756.50
	小 计		5 281.10	640.00	364.20	253.40	6 538.70
机工车间	宏远1号拖拉机	6 304.50	11 988.70	860.00	320.00	450.00	19 923.20
	宏远2号拖拉机	3 693.90	7 128.80	406.00	186.00	204.00	11 618.70
	小 计	9 998.40	19 117.50	1 266.00	506.00	654.00	31 541.90
装配车间	宏远1号拖拉机	22 074.80	15 886.00	2 626.30	425.20	933.70	41 946.00
	宏远2号拖拉机	19 030.60	13 569.10	1 572.80	368.20	704.40	35 245.10
	小 计	41 105.40	29 455.10	4 199.10	793.40	1 638.10	77 191.10
合 计		51 103.80	53 853.70	6 105.10	1 663.60	2 545.50	115 271.70

二、任务要求

1. 根据实训资料设置总账系统参数；
2. 录入实训企业2013年12月初的期初余额。

任务2-3 应收款管理系统初始化设置

一、任务资料

本实训企业对应收款管理系统参数设置要求如下：

启用期间是2013年12月；

坏账准备核算方法是备抵法，坏账计提方法是应收账款余额百分比法，启用客户权限，并且按信用方式根据单据提前7天自动报警。

基本科目设置：应收科目，应收账款；预收科目，预收账款；销售收入科目，主营业务收入；应交增值税科目，应交税费－应交增值税（销项税），销售退回科目为主营业务收入，商业承兑科目为应收票据。

控制科目设置：所有客户的控制科目，应收账款、应收票据、预收账款。

结算方式科目：现金结算方式科目为库存现金，现金支票结算方式科目为库存现金，转账支票结算方式科目为银行存款。

坏账准备设置：提取比例为0.5%，坏账准备期初余额为4 826.00，坏账准备科目为坏账准备，对方科目为管理费用－坏账准备。

账龄区间设置：每增加30天为一个级别。

报警级别:A 级时的总比率为 10%,B 级时的总比率为 20%。

应收管理系统的期初余额如下表所示：

客户	单据类型	单据日期 财务日期	部门	业务员	发生额	商品	数量	含税单价	应收日期
广西钦州物资公司	专用发票	2013.10.4	办公室	王会计	485 600	宏远1号	64	7 587.5	2013.12.3
湖北湖州农机公司	专用发票	2013.10.12	办公室	王会计	235 212.5	宏远1号	31	7 587.5	2013.12.11
南宁市沙田农场	专用发票	2013.8.22	办公室	王会计	41 600	宏远2号	8	5 200	2013.12.3
广西桂中农机公司	专用发票	2013.7.2	办公室	王会计	156 000	宏远2号	30	5 200	2013.12.23
广西北海农机公司	专用发票	2013.10.14	办公室	王会计	260 000	宏远2号	50	5 200	2013.12.20
湖南中南农机公司	专用发票	2013.10.4	办公室	王会计	622 175	宏远1号	82	7 587.5	2013.12.3
广西翔云农机公司	专用发票	2013.11.2	办公室	王会计	804 275	宏远1号	106	7 587.5	2013.12.15
南宁长远物资公司	专用发票	2013.10.23	办公室	王会计	260 000	宏远2号	50	5 200	2013.12.16
广西立远农机公司	专用发票	2013.9.24	办公室	王会计	655 200	宏远2号	126	5 200	2013.12.25
湖南湘海农机设备公司	不带息商业汇票	2013.11.20	办公室	王会计	182 100	宏远1号	24	7 587.5	2013.12.20

二、任务要求

1. 根据资料为企业应收款管理系统设置相应的参数；

2. 录入应收管理系统的相关初始余额，进行初始化检查与对账，并结束应收管理系统的初始化工作。

任务 2-4　应付款管理系统初始化资料设置

一、任务资料

1. 本实训企业根据应付款管理相关参数要求参照应收管理系统进行录入。
2. 应付管理系统的期初余额如下表所示:

客户	单据类型	单据日期 财务日期	部门	业务员	发生额	商品	数量	含税 单价	应收日期
柳州钢铁 公司	专用发票	2013.10.12	办公室	王会计	180 000	元钢	36 吨	5 000	2013.12.21
	专用发票	2013.8.22	办公室	王会计	300 000	钢圈	60 吨	5 000	2014.1.3
	专用发票	2013.7.2	办公室	王会计	160 000	钢板	50 吨	3 200	2013.12.21
广西南海 五金公司	专用发票	2013.11.12	办公室	王会计	46 800	CL206 齿轮	3 600 套	13	2013.12.18
	专用发票	2013.11.22	办公室	王会计	87 200	CL302 齿轮	4 360 套	20	2013.12.18
	专用发票	2013.11.15	办公室	王会计	115 200	CL306 齿轮	4 800 套	24	2013.12.18
	专用发票	2013.11.5	办公室	王会计	41 800	LT115 链条	3 800 套	11	2013.12.18
	专用发票	2013.11.6	办公室	王会计	87 000	LT216 链条	3 000 套	29	2013.12.18
桂林立远 五金公司	专用发票	2013.11.7	办公室	王会计	156 000	元钢	30.2 吨	5 000	2013.12.7
湖南乐山 钢铁厂	专用发票	2013.11.10	办公室	王会计	300 000	钢圈	60 吨	5 000	2013.12.18
	专用发票	2013.11.8	办公室	王会计	230 000	钢圈	46 吨	5 000	2013.2.18
山东威海 机电公司	专用发票	2013.11.23	办公室	王会计	202 000	元钢	40.4 吨	5 000	2013.12.12
湖北湖州 机电公司	专用发票	2013.11.20	办公室	王会计	238 000	钢板	74.375 吨	3 200	2013.12.18
南宁易通 贸易公司	专用发票	2013.11.17	办公室	王会计	460 000	钢板	143.75 吨	3 200	2013.12.25

续表

客户	单据类型	单据日期 财务日期	部门	业务员	发生额	商品	数量	含税单价	应收日期
武汉江有色金属公司	商业汇票	2013.10.23	办公室	王会计	30 240	HY206轴承	5 400套	5.6	2013.12.17
	商业汇票	2013.10.23	办公室	王会计	42 160	HY308轴承	6 800套	6.2	2013.12.17
	商业汇票	2013.10.23	办公室	王会计	39 000	CL206齿轮	3 000套	13	2013.12.17
	商业汇票	2013.10.23	办公室	王会计	84 000	CL302齿轮	4 200套	20	2013.12.17
	商业汇票	2013.10.23	办公室	王会计	108 000	CL306齿轮	4 500套	24	2013.12.17
	商业汇票	2013.10.23	办公室	王会计	45 100	LT115链条	4 100套	11	2013.12.17
	商业汇票	2013.10.23	办公室	王会计	101 500	LT216链条	3 500套	29	2013.12.17

二、任务要求

1. 根据资料为企业应付款管理系统设置相应的参数；

2. 录入应付管理系统的相关期初余额，进行初始化检查与对账，并结束应付管理系统的初始化工作。

任务2-5　固定资产管理系统初始化设置

一、任务资料

1. 本实训企业根据固定资产管理和工作流程的需要，选择系统参数设置资料如下：

(1)启用期间为2013.12.01；固定资产采用"平均年限法（一）"计提折旧，折旧汇总分配周期为一个月；"当月初已计提月份＝可使用月份－1"时将剩余折旧全部提足。

(2)固定资产编码方式为2-1-1-2；采用自动编码，编码方式为"类别编码＋序号"；序号长度为3。

(3)与总账系统对账，固定资产对账科目为"固定资产"，累计折旧对账科目为"累计折旧"；对账不平不允许固定资产月末结账。

2. 本实训企业的固定资产类别设置如下表所示：

固定资产类别代码	名称	年限	净残值率	单位	折旧方法	资产科目	折旧科目	减值准备	是否计提折旧
1	房屋建筑物	50	2%		平均年限法	固定资产	累计折旧	固定资产减值准备	一直计提
2	机器设备	8	5%		平均年限法	固定资产	累计折旧	固定资产减值准备	由使用状态决定是否计提
3	电子设备	5	1.6%		平均年限法	固定资产	累计折旧	固定资产减值准备	由使用状态决定是否计提
4	运输设备	6	2.4%		平均年限法	固定资产	累计折旧	固定资产减值准备	由使用状态决定是否计提

3. 经过对实训企业 2013 年 11 月底的固定资产进行整理,得到如下表所示的固定资产本期期初信息:

资产编码	FW-1	JQ-1	JQ-2	DZ-1	YS-1
名称	办公楼	YS机床	ZC机床	自动装配仪	卡车
类别	房屋建筑物	机器设备	机器设备	电子设备	运输设备
计量单位	栋	台	台	台	台
数量	1	10	100	100	10
入账日期	2013-11-30	2013-11-30	2013-11-30	2013-11-30	2013-11-30
经济用途	经营用	经营用	经营用	经营用	经营用
使用状态	正常使用	正常使用	正常使用	正常使用	正常使用
变动方式	自建	购入	购入	购入	购入
使用部门	5个部门共用,均分	机工车间	铸造车间	装配车间	装配车间
折旧费用科目	管理费用/制造费用	制造费用	制造费用	制造费用	制造费用
币别	人民币	人民币	人民币	人民币	人民币
原币金额	61 600 000	235 000	22 295 000	3 950 000	670 000
购进累计折旧	0	0	0	0	0
开始使用日期	2008-4-21	2011-2-10	2007-11-16	2012-4-20	2012-3-12
使用期间	66	22	72	18	19
累计折旧金额	4 743 200	176 000	15 876 625	1 166 040	172 570
折旧方法	平均年限法	平均年限法	平均年限法	平均年限法	平均年限法
本年已提折旧	790 533.3	2 688.89	2 425 595.49	712 580	99 904.44

二、任务要求

1. 根据资料对固定资产管理系统进行系统参数设置;
2. 在信息系统中为企业增加相应的固定资产类别;
3. 完成固定资产的初始化工作,并结束初始化。

任务 2-6 工资管理系统初始化资料设置

一、任务资料

1. 本实训企业只设一种工资核算方案,拟设置工资类别为"正式工",部门选择为全部部门,工资项目为全部工资项目。

2. 实训企业的工资项目设置如下表所示:

项目名称	数据类型	数据长度	小数位数	增减项
岗位工资	数字	8	2	增项
薪级工资	数字	8	2	增项
各种补贴	数字	8	2	增项
奖金	数字	8	2	增项
应发合计	数字	10	2	增项
水电费	数字	8	2	减项
房租	数字	8	2	减项
代扣税	数字	8	2	减项
养老保险	数字	8	2	减项
医疗保险	数字	8	2	减项
失业保险	数字	8	2	减项
住房公积金	数字	8	2	减项
扣款合计	数字	10	2	减项
实发合计	数字	10	2	减项

3. 工资项目中有部分工资项目是需要定义计算公式的,其计算公式为:养老保险=应发合计×20%;医疗保险=应发合计×6%;失业保险=应发合计×2%;住房公积金=应发合计×10%;扣款合计=水电费+房租+代扣税+养老保险+医疗保险+失业保险+住房公积金。

4. 按国家有关法规规定企业代扣个人所得税的计税依据是应发合计减三险一金,税率以国家税法规定的超额累进税率为准,采用含税级距,基本扣除数为 3 500 元。

5. 本月工资数据表如下:

部门		人数	岗位工资	薪级工资	各种补贴	奖金	应付工资	代扣款项				实发工资
								水电	房租	个人所得税	小计	
铸造车间	黄铸造	20	11 600	4 200	2 600	1 624	20 024	322.70	64	180	566.70	19 457.30
	黄铸管	3	2 160	1 050	450	302	3 962	98	23	76	197	3 765.00
	小计	23	13 760	5 250	3 050	1 926	23 986	420.70	87	256	763.70	23 222.30
机工车间	赵机工	42	24 780	9 030	5 460	3 780	43 050	510.3	92	242	844.30	42 205.70
	赵机管	4	2 960	1 420	600	500	5 480	98.40	58	80	236.40	5 243.60
	小计	46	27 740	10 450	6 060	4 280	48 530	608.70	150	322	1 080.70	47 449.30
装配车间	刘装配	65	38 090	14 300	8 775	61 750	122 915	1 097.60	532	312	1 941.60	120 973.40
	刘装管	5	3 750	1 800	750	600	6 900	160	100	120	380	6 520.00
	小计	70	41 840	16 100	9 525	62 350	129 815	1 257.60	632	432	2 321.60	127 493.40
机修车间	孙机修	13	7 280	2 795	1 690	1 170	12 935	283	140	140	563	12 372.00
	孙机管	3	2 130	1 080	450	316	3 976	102	20	150	272	3 704.00
	小计	16	9 410	3 875	2 140	1 486	16 911	385	160	290	835	16 076.00
公司管理人员	李经理	7	4 700	2 184	1 050	735	8 309	97.8	43.2	250	391	
	成会计	7	4 000	2 184	1 050	735	8 309	97.8	43.2	250	391	
	王会计	7	4 000	2 184	1 050	735	8 309	97.8	43.2	250	391	
	张会计	7	5 000	2 184	1 050	735	8 309	97.8	43.2	250	391	
	赵出纳	7	4 000	2 184	1 050	735	8 309	97.8	43.2	250	391	
	小计	35	21 700	10 920	5 250	3 675	41 545	489	216	1 250	1 955	39 590.00
合计		190	114 450	46 595	26 025	73 717	260 787	3 161	1 245	2 550	6 956	253 831.00

二、任务要求

1. 设置企业的工资类别；

2. 设置部门信息；

3. 设置职员类别：管理人员和生产人员（见基础资料）；

4. 设置职员信息（见基础资料）；

5. 设置工资类别；

6. 根据资料设置企业的工资项目；

7. 设置相应工资项目的计算公式；

8. 按资料要求对个人所得税进行相应设置。

任务 2-7　现金流量系统初始化设置

一、任务资料

1.本实训企业的现金流量表的编制期为 2013-12-01 到 2013-12-31。

2.本实训企业的现金及现金等价物包括：库存现金、银行存款、其他货币资金、交易性金融资产。

3.现金流量表的基本报表项目如下所示：

经营活动现金流量

(1)销售商品、提供劳务收到的现金；

(2)收到的税费返还；

(3)收到其他与经营活动有关的现金；

(4)购买商品、接受劳务支付的现金；

(5)支付给职工以及为职工支付的现金；

(6)支付的各项税费；

(7)支付其他与经营活动有关的现金。

投资活动现金流量

(1)收回投资收到的现金；

(2)取得投资收益收到的现金；

(3)处置固定资产、无形资产和其他长期资产收回的现金净额；

(4)处置子公司及其他营业单位收到的现金净额；

(5)收到其他与投资活动有关的现金；

(6)购建固定资产、无形资产和其他长期资产支付的现金；

(7)投资支付的现金；

(8)取得子公司及其他营业单位支付的现金净额；

(9)支付其他与投资活动有关的现金。

筹资活动现金流量

(1)吸收投资收到的现金；

(2)取得借款收到的现金；

(3)收到其他与筹资活动有关的现金；

(4)偿还债务支付的现金；

(5)分配股利、利润或偿付利息支付的现金；
(6)支付其他与筹资活动有关的现金。

二、任务要求

1. 设置企业现金流量表的编制时间；
2. 定义现金类科目；
3. 定义报表项目。

项目三 供应链管理系统初始化

任务 3-1 供应链管理系统初始化设置

一、任务资料

1. 本实训企业对整个供应链系统集成运用,其系统参数设置的要求是:启用日期与整个 ERP 系统的启用日期均为 2013 年 12 月,核算方式采用数量、金额核算,不允许出现负库存,单据审核后才更新库存数据。

2. 通过对前期资料的整理,本实训企业本期初的物料结存情况如下表所示:

代码	名称	单位	期初数量	期初计划单价	期初金额	入库日期
1	钢材					
101	元钢	吨	6.5	5 000	32 500.00	2013-11-30
102	角钢	吨	2.3	2 800	6 440.00	2013-11-30
103	钢板	吨	15	3 200	48 000.00	2013-11-30
104	钢圈	吨		5 000		2013-11-30
2	生铁	吨	18	1 800	32 400.00	2013-11-30
3	外购配件					
301	轮胎	套	20	1 300	26 000.00	2013-11-30
302	HY206 轴承	套	550	200	110 000.00	2013-11-30
303	HY308 轴承	套	8750	5.6	49 000.00	2013-11-30
304	CL206 齿轮	套	5686	6.2	35 253.20	2013-11-30
305	CL302 齿轮	套	4680	13	60 840.00	2013-11-30
306	CL306 齿轮	套	5236	20	104 720.00	2013-11-30
307	LT115 链条	套	2456	24	58 944.00	2013-11-30
308	LT216 链条	套	200	11	2 200.00	2013-11-30
309	GNA 柴油机	台	320	29	9 280.00	2013-11-30
310	GNC 柴油机	台	200	950	190 000.00	2013-11-30
311	HE 车灯	只	80	1 600	128 000.00	2013-11-30

续表

代码	名称	单位	期初数量	期初计划单价	期初金额	入库日期
312	HD车灯	只	1500	7	10 500.00	2013-11-30
4	周转材料					
401	蓄电池	台	10	530	5 300.00	2013-11-30
402	刨刀	把	15	50	750.00	2013-11-30
403	安全钳	把	35	12	420.00	2013-11-30
404	扳手	把	20	15	300.00	2013-11-30
405	钻头	把	20	25	500.00	2013-11-30
406	砂轮	个	30	80	2 400.00	2013-11-30
407	工作服	套	50	120	6 000.00	2013-11-30
408	工作鞋	双	60	80	4 800.00	2013-11-30
409	液压扭矩扳手	套	6	500	3 000.00	2013-11-30
410	液压千斤顶	套	3	800	2 400.00	2013-11-30
5	其他材料					2013-11-30
501	螺丝螺帽	箱	800	136	108 800.00	2013-11-30
502	油漆	公斤	250	12	3 000.00	2013-11-30
503	油漆底料	公斤	610	4	2 440.00	2013-11-30
504	电焊条	公斤	500	5.2	2 600.00	2013-11-30
505	废铁	公斤	2000	0.3	600.00	2013-11-30
6	产成品					
601	宏远1号	台	560	4 086.5	2 288 440.00	2013-11-30
602	宏远2号	台	340	2 578.4	876 656.00	2013-11-30

二、任务要求

1.设置企业供应链管理系统参数；
2.录入物料期初余额并与总账数据进行核对,要求核对无误；
3.检查初始化设置全部正确,启动业务系统。

项目四 Accounting

日常业务处理

任务 4-1　企业日常业务处理

一、任务资料：

1. 3 日,在交通银行领用现金支票一张,限额为 2 000 元,支票号 01,提取现金 2 000 元备用,并完成相应凭证处理。

2. 3 日,填制购料专用发票,现结付款,填制材料入库单,进行采购结算,在工商银行领用转账支票一张,支票号 01,用于支付材料款,并完成相应凭证处理。

3. 3 日,开出销售专用发票,赊销宏远 1 号农用拖拉机(手拖机)80 台给兴桂农机公司兴桂公司开户银行:工行南宁江南分理处账号:96583862478,纳税登记号:450100000004562。货物已出库,同时填制出库单,进行销售结算,完成相应凭证业务处理。

4. 3 日,付现购买办公室用办公用品一批,完成相关业务处理。

5. 4 日,收到湖南中南农机公司前欠货款 622 175.00 元,填制收款单,完成相应业务处理。

6. 4 日,购入硅整流电焊机一台,已交机工车间使用,填制采购专用发票,固定资产卡片,完成相应业务处理。硅整流电焊机一台预计使用年限 5 年,预计残值 1 202 元,预计清理费用 500 元,月折旧率 1.5%。

7. 4 日,从柳州钢铁公司购入的 36 吨钢板已运到,并验收入库,货款未付,购料运费按 7% 的比率计算增值税,填制采购入库单,运费单,进行采购结算,完成相应业务处理。

8. 4 日,以现金支付业务招待费,填制一张记账凭证。

9. 4 日,与广东三元公司签订购销合同,采用托收承付方式销售宏远 2 号手拖机 150 台,代垫运费 6 000 元,广东三元公司开户银行:建行广州广安分行,账号:227894285858,税号:430100578923633;运输公司:广西桂兴运输公司:开户银行:交行南宁中华支行,账号:3968726954,税号:450100567893211。填制销售专用发票并现结,通过工行托收承付结算、销售运费发票并现结,用转账支票垫付运费。领用转账支票一张,支票号 01。填制销售出库单,进行销售结算,完成相应业务处理。

10. 5 日,开出转账支票从工行支付机工车间机床维修费(南宁市机床维修公司的开户行名称:工行衡阳路支行,账号:3321364545)。从工行领用转账支票一张,支票号 01,填制一张付款单,完成相应凭证业务处理。

11.5日,用暂时闲置的资金购入金浩公司股票,作为交易性金融资产。(从证券资金户支付),完成相应凭证业务处理。

12.5日,提取现金3 000元备用,从交行领用现金支票一张,支票号02,完成相应凭证业务处理。

13.5日,预付差旅费,完成相应凭证业务处理。

14.5日,铸造车间生产产品领用生铁40吨,钢板30吨,一般耗用领电焊条200公斤,装配车间生产产品领螺丝螺帽500箱。填制领料单,完成相应业务处理。

15.6日,收12月3日销售给兴桂农机公司的产品货款,填制一张收款单,进行收款结算,完成相应业务处理。

16.6日,从南宁南风化工厂购入油漆3 000公斤,油漆底料8 000公斤,已验收入库,当日开出转账支票从工行支付货款。填制采购专用发票进行现结付款,填制采购入库单,进行采购结算,从工行领用转账支票一张,支票号02,完成相应业务处理。

17.6日,收到上月向米其轮胎设备公司所购轮胎500套,并验收入库。同时收到采购发票一张,不含税单价200元,填制采购入库单,进行采购结算,完成相应业务处理。

18.6日,铸造车间生产产品领用油漆848公斤,机工车间生产产品领用元钢5吨。填制生产领料单,完成相应业务处理。

19.6日,付排污费,完成相应业务处理。

20.6日,购入一台需安装机床,验收后存放在机工车间准备安装,开出转账支票从工行支付货款。填制一张采购专用发票进行现结付款,采购入库单,进行采购结算。填制一张固定资产卡片。填制一张付款单,进行付款结算。从工行领用转账支票一张,支票号03。完成相关业务处理。

21.7日,支付报纸杂志费,填制一张付款单,完成相关业务处理。

22.7日,与安扬物资公司(一般纳税人)签订代销合同(合同略),委托其代销宏远1号手拖机200台与宏远2号手拖机20台,宏远1号手拖机协议价为5 000元/台,宏远2号手拖机协议价为3 000元/台,按合同规定每月月底结算,代销手续费为不含税售价的5%。当日将宏远1号手拖机与宏远2号手拖机发往安扬公司。填制一张出库单,完成相关业务处理。

23.7日,从交行以电汇方式,偿还桂林立远五金公司材料款15 6000元。该公司开户银行:工行桂林象山支行,账号:5436789123。填制一张付款单,完成相关业务处理。

24.10日,收到4日销货款,填制一张收款单,进行收款结算,完成相关业务处理。

25.10日,购图书资料,填制一张采购普通发票。

26.10日,以现金支付财务人员培训费,完成相关业务处理。

27.10日,从上海米其轮胎设备公司购入轮胎3 000套,材料已收到并验收入库,从工行以电汇方式付款。填制一张采购专用发票,现结付款。填制一张采购运费发票,采购入库单,进行采购结算。填制付款单,进行付款结算。完成相关业务处理。

28.10日,与祥兴农机公司签订协议,采用商业汇票结算方式向祥兴公司销售100台宏远2号手拖机。祥兴农机公司税号:450100246536798。填制一张销售专用发票,销售出库后,进行销售结算。填制一张商业承兑汇票。完成相关业务处理。

29. 10日,缴税,完成相关业务处理。

30. 10日,开出转账支票从工行支付广告费,从工行领用转账支票一张,支票号04,完成相关业务处理。(南方早报开户银行及账号:交通银行南宁民主支行,78453261)

31. 10日,装配车间生产宏远1号拖拉机领用轮胎600套,生产宏远2号拖拉机领用轮胎400套。填制一张生产领料单,完成相关业务处理。

32. 10日,长发物资贸易公司购宏远1号手拖机160台,双方签订协议约定采用分期收款方式销售,从第二年开始分5年于每年12月10日收回200 000元,合计1 000 000元。在现销方式下,该批设备的销售价格为800 000元,公司发出商品时开出增值税发票,并于当天收到增值税额130 000元。填制一张销售专用发票,部分款项现结。填制销售出库单,进行销售结算。填制一张应收单,完成相关业务处理。(长发物资贸易公司税号:450132486741010)

33. 11日,根据1—10领料单进行账务处理。同时,安装本月6日购回的机床,领用角钢(1号仓库)0.5吨,领用工程材料水泥(2号仓库)2吨,实际成本700元,填制一张领料单,完成相关业务处理。

34. 11日,收回南宁市沙田农场货款30 000元,确认坏账损失11 600元。填制一张收款单,完成相关业务处理。

35. 11日,报销差旅费。填制一张付款单,完成相关业务处理。

36. 11日,收到长沙华益机电有限公司发来的HY308轴承10 000套,并同时收到对方寄来的运单及托收承付结算单,材料验收入库后,当日承付货款。填制采购专用发票现结付款,外购入库单,付款单,采购运费发票,进行采购结算。完成相关业务处理。

37. 11日,向交通银行借入流动资金借款,完成相关业务处理。

38. 12日,装配车间生产宏远1号机领用HY308轴承4 000套,生产宏远2号机领用HY206轴承4 400套。填制生产领料单,完成相关业务处理。

39. 12日,签发商业汇票(期限6个月)偿还前欠威海机电公司货款202 000元。填制一张商业承兑汇票据,完成相关业务处理。(威海机电公司开户银行:工行威海海滨支行,账号:96879643256)

40. 12日,采购员交来湘潭钢铁贸易公司开来的增值税发票,购入生铁45吨,钢板20吨,材料未到,开出为期三个月的不带息商业承兑汇票167 215元。(运费按材料的重量分摊)。填制一张采购专用发票、运费发票、商业承兑汇票,完成相关业务处理。

41. 12日,从银行领取现金3 000元,完成相关业务处理。

42. 12日,公司办公室吴天明预借差旅费3 000元,以现金支付,完成相关业务处理。

43. 12日,向南宁齿轮厂购进CL206齿轮8 000套,CL302齿轮10 000套,CL306齿轮2 000套,材料已验收入库。填制采购专用发票、外购入库单,完成采购结算及相关业务处理。

44. 13日,销售宏远2号手拖机120台给桂阳农机销售公司,开出转账支票从工行支付代垫运杂费6 000元,货款未收。桂阳农机销售开户银行及账号:工行桂林支行独秀分理处,账号:9866786425,税号:450356423114652,运输公司:广西桂兴运输公司:开户银行及账号:交行南宁中华支行,账号:3968726954,税号:450100567893211。填制销售专用发票、代垫运费发票、销售出库单,进行销售结算,从工行领用转账支票一张,支票号05。完成相关业务处理。

45. 13 日,装配车间生产宏远 1 号拖拉机领用 CL206 齿轮 2 600 套,CL302 齿轮 2 500 套,CL306 齿轮 500 套。生产宏远 2 号拖拉机领用 CL206 齿轮 1 300 套,CL302 齿轮 2 300 套,CL306 齿轮 1 200 套。填制生产领料单,完成相关业务处理。

46. 13 日,向广西龙源机电公司购入 GNC 柴油机 300 台,采购员交回的发票上注明价款 474 000 元,增值税 80 580 元。材料已验收入库,货款未付。填制采购专用发票、外购入库单,进行采购结算,完成相关业务处理。

47. 14 日,开出转账支票从工行支付办公室维修费 5 000 元。南宁市蓝天装饰公司开户行名称:工行衡阳路支行,账号:3321364545,从工行领用转账支票一张,支票号06,完成相关业务处理。

48. 14 日,开出转账支票从工行支付车船使用税。(保险公司开户银行及账号:工行南宁民族支行,8643786522)从工行领用转账支票一张,支票号07,完成相关业务处理。

49. 14 日,根据工资汇总表,签发转账支票委托交通银行发放工资。支票收款人:宏远机械设备公司职工工资户李明阳等。从交通银行领用转账支票一张,支票号02。完成相关业务处理。

50. 14 日,按工资汇总表,进行本月应付工资的分配,完成相关业务处理。

51. 14 日,根据应付工资额计提企业负担的养老保险 20%、医疗保险 6%、失业保险 2%、工伤保险 1%、住房公积金 10%、职工教育经费 1.5%、工会经费 2%。完成相关业务处理。

52. 14 日,开出转账支票支付养老保险费 52 157.4 元、医疗保险 15 647.22 元、失业保险 5 215.74 元、工伤保险 2 607.87 元、收款人:南宁市社会保险基金管理所,开户银行:工行南宁新华支行,账号:5364935867,开出转账支票支付职工住房公积金 26 078.7 元,收款人:宏远机械设备公司公积金专户,开户行:建行南宁科园支行,账号:3966278567。拨交工会经费 5215.74 元。从交通银行领用转账支票两张,支票号为 03、04,完成相关业务处理。

53. 14 日,设备报废,完成相关业务处理。

54. 17 日,收广西钦州物资公司前欠货款 485 600.00 元,填制收款单,进行收款结算,完成相关业务处理。

55. 17 日,从威海松宇机电有限公司购入 GNA 柴油机 850 台已到,并验收入库,用本月 13 日签发的银行汇票结算,实际结算金额为 952 775 元。填制一张采购发票现结、采购运费发票、外购入库单、付款单,进行采购结算,完成相关业务处理。

56. 17 日,偿还汉江有色金属公司应付票据总款 450 000 元(开户银行及账号:工行武汉汉江支行,账号:3216789654,以电汇方式从交行支付),完成相关业务处理。

57. 17 日,将申请报废的机床运往回收公司处理,收款 3 000 元,支付运费 280 元。填制一张固定资产报废单,完成相关业务处理。

58. 17 日,付养路费,完成相关业务处理。

59. 17 日,装配车间生产宏远 1 号拖拉机领用 GNC 柴油机 220 台,领用 HD 车灯 220 只,领用 LT216 链条 220 套;生产宏远 2 号拖拉机领用 GNA 柴油机 380 台,领用 HE 车灯

380只，领用LT115链条180套。填制生产领料单，完成相关业务处理。

60. 17日，铸造车间生产产品领用油漆1 232公斤，油漆底料8 000公斤。填制生产领料单，完成相关业务处理。

61. 17日，从湘潭钢铁公司购入的生铁45吨，钢板20吨，已运到并验收入库。填制外购入库单，进行采购结算，完成相关业务处理。

62. 17日，铸造车间领用生铁36吨，车间一般耗用领钢板0.2吨，填制生产领料单，完成相关业务处理。

63. 17日，收回广西翔云农机公司所欠货款500 000元。填制收款单，进行收款结算，完成相应业务处理。

64. 18日，偿还短期借款，完成相关业务处理。

65. 18日，销售宏远1号手拖机110台给兴业农机销售公司，货款未收。兴业农机销售公司开户银行：建行广西兴业支行，账号：9543679823，纳税登记号：450500000154362。填制销售专用发票、销售出库单，进行销售结算，完成相关业务处理。

66. 18日，从工行以电汇方式偿还湖南乐山钢铁厂货款300 000元，余款未付。开户银行及账号：工行长沙五一支行，账号：5436789123。填制付款单，完成相关业务处理。

67. 18日，机床安装完毕，经验收合格交付机工车间使用。该机床预计使用年限10年，预计残值9 000元，预计清理费用500元，月折旧率1.5%。填制固定资产卡片，完成相关业务处理。

68. 18日，接到交通银行收款通知，采购柴油机的银行汇票多余款47 225元，已划回收账，完成相关业务处理。

69. 18日，从银行领取现金3 000元备用，完成相关业务处理。

70. 18日，从工行以电汇方式偿还前欠湖北湖州机电公司购材料款238 000元。该公司开户银行：建行武汉解放支行，账号：476341586012。

71. 18日，广西桂中农机公司2009年所欠货款156 000元，因无款偿还，经协商以该公司一批库存材料抵债。该批材料于18日到达并验收入库。填制一张收款单，进行收款结算，填制一张入库单，完成相关业务处理。

72. 19日，销售给湖南湘江农机公司宏远2号手拖机200台，当日收到银行汇票一张，产品已经发出。要求当天将银行汇票送存开户行，填制进账单办理进账手续。湖南湘江农机公司税号：430156234178561。填制一张销售专用发票，现结，填制一张出库单，完成相关业务处理。

73. 19日，铸造车间生产产品领用钢板22吨，电焊条240公斤。填制生产领料单，完成相关业务处理。

74. 19日，装配车间生产宏远1号拖拉机领用HY308轴承4 000套，生产宏远2号拖拉机领HY206轴承2 000套。填制生产领料单，完成相关业务处理。

75. 19日，装配车间生产宏远1号拖拉机领用轮胎1 000套，生产宏远2号拖拉机领用轮胎1 200套。填制生产领料单，完成相关业务处理。

76. 20日，吴天明报销差旅费。填制付款单，完成相关业务处理。

77. 20日，装配车间生产宏远1号拖拉机领用GNC柴油机180台，生产宏远2号拖拉机领用 GNA 柴油机 420 台。填制生产领料单,完成相关业务处理。

78.20 日,将 1.5 吨钢板发往南宁桂达五金厂加工成钢圈。填制生产领料单,完成相关业务处理。(以月初材料成本差异率计算发出材料实际成本)

79.20 日,开出转账支票从工行支付 2014 年财产保险费。(开户银行:工行南宁民族支行,账号:9000897643)。从工行领用转账支票一张,支票号 08,完成相关业务处理。

80.20 日,从国泰租赁公司租入精密机床一台。租赁过程中发生佣金、律师费等 1 000 元,以现金支付。查表得知:$(P/A,7\%,4)=3.3872$,$(P/V,7\%,4)=0.7629$;$(P/A,8\%,4)=3.3121$,$(P/V,8\%,4)=0.735$。

81.20 日,根据 11 日—20 日到货单,并进行相关账务处理。

82.20 日,根据 11 日—20 日领料单,进行相关账务处理。

83.21 日,收工商银行贷款利息清单,结算本季度长期借款利息,完成相关业务处理。

84.21 日,收交通银行贷款利息清单,结算本季度短期借款利息,完成相关业务处理。

85.21 日,收银行存款利息清单,结算本季度存款利息,完成相关业务处理。

86.21 日,偿还柳州钢铁公司货款 340 000 元,余款未付,(以电汇方式从工行支付,开户银行:工行柳州雀山支行,账号:5796789422)。填制一张付款单,进行付款结算,完成相关业务处理。

87.21 日,付电话费,完成相关业务处理。

88.21 日,收本月 13 日销售货款,填制一张收款单,进行收款结算,完成相关业务处理。

89.21 日,从南宁东盛五金机电公司购入 CL306 齿轮 2 000 套,LT115 链条 700 套,HY206 轴承 2 000 套,材料已验收入库,并开出转账支票支付货款。填制一张采购专用发票(现结)、入库单,进行采购结算,从工行领用转账支票一张,支票号为 09,完成相关业务处理。

90.21 日,支付罚款,完成相关业务处理。

91.24 日,装配车间生产宏远 2 号拖拉机领用 LT115 链条 620 套、领用 CL206 齿轮 1 100 套,CL302 齿轮 1 700 套,CL306 齿轮 1 200 套。填制生产领料单,完成相关业务处理。

92.24 日,收工商银行转来供电局专用收款凭证,付电费 26 569.87 元,其中:厂部用电取得的增值税发票列明电费 20 831 元,增值税 3 541.27 元,职工宿舍电费 2 197.60 元。(支付厂部电费时,记"应付账款"账户;月末按各部门用电量分配电费,生产车间的动力用电费用按产品生产工时分配计入产品成本。)完成相关业务处理。

93.24 日,收银行转来水费托收凭证,付水费 12 085.2 元。其中:职工宿舍水费 3 864 元,厂部水费在支付时当即按下列比例进行分配:铸造车间 40%、机工车间 25%、装配车间 20%、机修车间 5%、管理部门 10%。完成相关业务处理。

94.24 日,开出现金支票,提取现金 2 000 元备用。从交行领用现金支票一张,支票号为 03,完成相关业务处理。

95.24 日,公司办公室购买茶叶,宣传用彩纸,完成相关业务处理。

96.24 日,以现金支付装配车间设备检测费 1 000 元,完成相关业务处理。

97.24 日,销售宏远 2 号手拖机 150 台给柳兴物资公司,款项未收。柳兴物资公司的开户银行:工行柳州柳石支行,账号:7546835279,纳税登记号:4502000568974236。填制销售专用发票、销售出库单,进行销售结算,完成相关业务处理。

98. 24日,向南宁万达五金机电公司购入材料一批,价款96 990元,增值税16 488.30元,开出转账支票从工行支付货款,材料已验收入库。填制采购专用发票、入库单,进行采购结算,完成相关业务处理。

99. 24日,收南宁长远物资公司前欠货款,填制收款单,进行收款结算,完成相关业务处理。

100. 24日,装配车间领螺丝螺帽358箱;生产宏远1号拖拉机领用CL206齿轮2 200套,CL302齿轮1 500套,CL306齿轮300套,领用LT216链条180套,HD车灯180套;生产宏远2号拖拉机领用HE车灯420套。填制生产领料单,完成相关业务处理。

101. 24日,销售宏远1号手拖机10台,宏远2号手拖机5台给明远农机公司,当日收到票面金额为73 450元的转账支票一张。产品已经发出。明远农机公司税号:450122234589412。填制销售专用发票(现结)、销售出库单,进行销售结算,完成相关业务处理。

102. 25日,开出转账支票从工行支付易通贸易公司货款460 000元。填制付款单,进行付款结算,从工行领用转账支票一张,支票号10,完成相关业务处理。(易通贸易公司开户行名称:建行园湖支行,账号:9864278927。)

103. 25日,开出转账支票,结算本月餐费。(聚贤楼饭店开户银行:交行南宁科园支行,账号:6342568946),从交行领用转账支票一张,支票号05,完成相关业务处理。

104. 26日,支付银行结算手续费,完成相关业务处理。

105. 27日,发外加工材料完成,收回钢圈1.3吨,开出转账支票从工行支付加工费价税合计2 141元。填制一张采购专用发票(现结)、入库单,进行采购结算,从工行领用转账支票一张,支票号11,完成相关业务处理。

106. 27日,开出现金支票,提取3 000元备用,从交行领用现金支票一张,支票号04,完成相关业务处理。

107. 26日,机修车间领用螺丝螺帽10箱,领用元钢0.5吨,角钢0.6吨。填制生产领料单,完成相关业务处理。

108. 27日,因油漆仓库意外起火,经盘点损失油漆530千克。进行盘点业务,生成盘点报告单,完成相关业务处理。

109. 30日,收到安扬公司开出的代销清单,并收到转来的代销款,同时结清手续费。售出宏远1号拖拉机80台,宏远2号拖拉机120台(安扬公司税号:450111556032145)。填制销售专用发票(现结)、销售出库单,进行销售结算,完成相关业务处理。

110. 30日,根据21—30日材料入库单,并进行账务处理。

111. 30日,根据21—30领料单进行账务处理。

112. 30日,摊销周转材料,完成相关业务处理。

113. 30日,按照销售合同规定,本公司承诺对销售的手拖机提供1年免费售后服务。根据以往的经验,发生的保修费为销售额的0.6%,完成相关业务处理。

二、原始凭证:

1. 3日,开出现金支票,提取现金2 000元备用。

2.

广西壮族自治区增值税专用发票

450160139　　　　　　　　　　　　　　　　　　　　　　　№10006825

开票日期：2013 年 12 月 2 日

购货单位	名　称：	宏远机械设备公司				密码区		略	
	纳税人识别号：	450168887540682							
	地址、电话：	南宁市科园路 618 号　3213643							
	开户行及账号：	工商银行南宁科园支行　9356789456							

货物或应税劳务名称	规格型号	单位	数量	单价	金额	税率	税额
生铁		吨	40	1 750	70 000.00	17%	11 900.00
合　计							

价税合计（大写）	零佰零拾捌万壹仟玖佰零拾零元零角零分　　（小写）￥81 900.00		
销货单位	名　称：	南宁翔达贸易公司	备注
	纳税人识别号：	450116740381563	
	地址、电话：	南宁市明秀路 119 号　3823496	
	开户行及账号：	工行明秀路分理处 4685382365	

收款人：　　　　　　复核：周绍岗　　　　开票人：李牧白　　　　销货单位：（章）

3.3-1

出　库　单

2013 年 12 月 3 日

供货单位：宏远机械设备公司　　　　　　　　凭证编号：04562
购货单位：兴桂农机公司　　　　　　　　　　仓　　库：1 号

产成品名称	规格	计量单位	数　量	价　格(不含税)	
				单价	金额
手拖机	宏远 1 号	台	80	4 086.5	326 920

备　注：

仓库保管：尚毅　　　　仓库负责人：黄金丰　　　　记账：朱红

3-2

广西壮族自治区增值税专用发票

450168887　　　　　　　　　　　　　　　　　　　　　　　　№12003421

开票日期：2013 年 12 月 3 日

购货单位	名　称	兴桂农机公司				密码区		略	
	纳税人识别号	450100000004562							
	地　址、电　话	南宁市江南区滨江路 52 号 71							
	开户行及账号	工行南宁江南分理处 96583862478							

货物或应税劳务名称	规格型号	单位	数量	单价	金额	税率	税额
宏远 1 号农用拖拉机		台	80	4829.06	386324.8	17%	65675.22
合　计							

价税合计（大写）	零佰肆拾伍万贰仟零佰零拾零元零角零分　　（小写）¥452000.00		
销货单位	名　称	宏远机械设备公司	备注
	纳税人识别号	450168887540682	
	地　址、电　话	南宁科园路 618 号 3213643	
	开户行及账号	工行南宁科园支行 9356789456	

收款人：　　　　复核：张开元　　　　开票人：王秋一　　　　销货单位：（章）

4.

广西壮族自治区南宁市货物销售统一发票

发票代码：145010722401
发票号码：12802991

客户名称：宏远机械设备公司　　　　　　　　　　2013 年 12 月 3 日

货物名称	规格	单位	数量	单价	金　额					
					千	百	十	元	角	分
复印纸	16k	包	20	18		3	6	0	0	0
复印纸	A4	包	20	22		4	4	0	0	0
现金付讫										
					¥	8	0	0	0	0

金额（大写）：零仟捌佰零拾零元零角零分

开票单位：（发票专用章无效）　　开票人：张子杰　　收款人：刘文静

5.

中国工商银行电汇凭证(收账通知)   4

委托日期　2013 年 12 月 3 日　　　第　号

汇款人	全　称	湖南中南农机公司	收款人	全　称	宏远机械设备公司
	账　号	4658987654		账　号	9356789456
	汇出地点	湖南 省 长沙 市/县		汇入地点	广西 省 南宁 市/县
	汇出行名称	工行长沙五一支行		汇入行名称	工行南宁科园支行

金额	人民币：陆拾贰万贰仟壹佰柒拾伍元整（大写）	百 十 万 千 百 十 元 角 分
		¥　6 2 2 1 7 5 0 0

汇款用途：付货款

汇出行盖章：中国工商银行 南宁市科园支行 2013.12.03 业务清讫

上述款项已根据委托办理，如须查询，请持此回单来面洽。

此联汇入行给收款人的收款凭证

6.6-1

450160423　　广西壮族自治区增值税专用发票　　№10006836

购货单位	名　称	宏远机械设备公司	密码区	
	纳税人识别号	450100000000022		
	地址、电话	南宁市大学路		
	开户银行及账号	工商银行南宁科园支行 9356789456		蓝海电焊机销售公司 450100000000016 发票专用章

货物或应税劳务名称	计量单位	数量	单价	金　额 百 十 万 千 百 十 元 角 分	税率 %	税　额 百 十 万 千 百 十 元 角 分
硅整流电焊机 ZX3-30KVA-500	台	1	12 000.00	1 2 0 0 0 0 0	17	2 0 4 0 0 0
合　计				¥ 1 2 0 0 0 0 0		¥ 2 0 4 0 0 0

价税合计（大写）　零佰零拾壹万肆仟零佰肆拾零元零角零分　　（小写）¥14 040.00

销货单位	名　称	蓝海电焊机销售公司	备注
	纳税人识别号	450100000000016	
	地址、电话	南宁市北大路	
	开户银行及账号	建行五里亭支行 5682351241	

开票日期：2013 年 12 月 4 日

收款人：李誉　　复核：杨繁　　开票人：杨繁　　开票单位：（未盖章无效）

6-2

宏远机械设备公司固定资产验收入库单

收货单位	宏远机械设备公司	供货单位	蓝海电焊机销售公司		
设备名称	硅整流电焊机	规格型号	ZX3-30KVA-500	数量	1台
交货日期	2013年12月4日	金额（元）	14 040.00		
收货人	赵亚洲	存放地点(使用部门)	机工车间		
验收小组意见	验收合格，已达到预定可使用状态。 组长签名：刘强 2013.12.4				
备注					

7.7-1

广西壮族自治区增值税专用发票

450201396　　　　　　　　　　　　　　　　　　　　№33006753

发票联

开票日期： 2013 年 12 月 5 日

购货单位	名称：	宏远机械设备公司	密码区	略
	纳税人识别号：	450168887540682		
	地址、电话：	南宁市科园路 618 号　3213643		
	开户行及账号：	工商银行南宁科园支行　9356789456		

货物或应税劳务名称	规格型号	单位	数量	单价	金额	税率	税额
钢板		吨	36	3 150	113 400.00	17%	19 278.00
合　计							

价税合计（大写）	零佰壹拾叁万贰仟陆佰柒拾捌元零角零分	（小写）¥132 678.00		
销货单位	名称：	柳州钢铁公司	备注	
	纳税人识别号：	450258934022386		
	地址、电话：	柳州市北雀路 117 号　2828996		
	开户行及账号：	建设银行北雀路分理处　6549393326		

收款人：　　　　　复核：王楠　　　开票人：叶丽　　　销货单位：（章）

7-2

公路、内河货物运输业统一发票

发票联　　　　　　　　　　发票代码 246000711106

发票号码 00273418

开票日期：2013-12-05

机打代码	245000711106	税控码	略	
机打号码	00273418			
机器编号	889000233327			
收货人及纳税人识别码	宏远机械设备公司 450168887540682	承运人及纳税人识别码	柳州重通物流有限公司 45024025438238	
发货人及纳税人识别码	柳州钢铁公司 450258934022386	主管税务机关代码	柳州市地方税务局 26586522	
运输项目及金额	货物名称　重量　单位运价　金额 钢材　　　36　　27.78　　1000.00	其他项目及金额		备注
运费小计	￥1000.00	其他费用小计	￥0.00	
合计（大写）	壹仟零佰零拾零元零角零分	（小写）	￥1000.00	

承运人盖章　　　　　　　　　　　　　　　　　开票人：郑忠

开户银行：工行柳州鱼峰办　　银行账号 678900200365443

第一联 发票联 付款方记账凭证（手写无效）

8.

广西壮族自治区　南宁市税务收款机专用发票

地税

发票代码：245010671401

发票号码：04167418

现金付讫

顾客名称：宏远机械设备公司

开票日期：2013.12.04

发票号码：04167418

收款机号：04000719

税务证号：450100768915400

开票单位：南宁市好人缘饭店 150100

餐饮费　￥615.00元

总计：￥615.00

大写：零拾零万零仟陆佰壹拾伍元零角零分

电话：　　　　开票员：03

报销凭据

注：盖章与开票单位不符无效。
　　除顾客名称外手写无效。

桂A06065 广西瑞熙特种票证印务有限公司承印

9.

出 库 单

2013 年 12 月 4 日

供货单位：宏远机械设备公司　　　　　　凭证编号：04563
购货单位：广东三元公司　　　　　　　　仓　　库：1 号

产成品名称	规格	计量单位	数　量	价　格(不含税)	
				单价	金额
手拖机	宏远2号	台	150	3 000	450 000
备　注					

第 2 联

仓库保管：尚毅　　　　仓库负责人：黄金丰　　　　记账：朱红

10.

广西壮族自治区 南宁市修理修配行业统一发票

发票代码：145010873356
发票号码：23456548

客户名称：宏远机械设备公司　　　　　　　　2013 年 12 月 5 日

服务项目	单位	数量	单价	超过万元无效	金额						
					万	千	百	十	元	角	分
机床维修费	台	1	5 000			5	0	0	0	0	0
合计人民币	（大写）零万伍仟零佰零拾零元零角零分					¥	5	0	0	0	0	0

第二联 发票联

收款单位（盖章有效）　　　　开票人：陈欣宜　　　　收款人：

11.

国海证券南宁民族大道营业部
股票交割单

成交日期	证券代码	证券名称	操作	成交价格	成交数量	成交金额	印花税	手续费	过户费	余额
20090605	530012	海天	买入	65.00	4 000	260 000	780	650	1	156 305.60
20131205	700191	ST 金浩	买入	12.60	10 000	126 000	378	315	1	29 611.60

12. 5 日,提取现金 3 000 元备用。

13.

借 支 单

2013 年 12 月 5 日

工作部门	供应科	职务	科长	姓名	陈东	盖章	陈东
借支金额	人民币(大写)贰仟元整				¥2 000.00		
借款原因	出差			附证件	现金付讫		
归还日期	2013 年 12 月 16 日						
核 批	同意借款。李明阳 12.5						
	会计		出纳			制单	陈东

14. 5 日,铸造车间生产产品领用生铁 40 吨,钢板 30 吨,一般耗用领电焊条 200 公斤,装配车间生产产品领螺丝螺帽 500 箱。

15.

中国工商银行同城提入贷方凭证（收账通知） 桂 00623348

2013 年 12 月 6 日　　　　　　　　代理网点号　01500

出票人	全　称	兴桂农机公司	收款人	全　称	宏远机械设备公司
	账　号	4501862478		账　号	9356789456
	开户银行	工行南宁江南分理处		开户银行	工行南宁科园支行

人民币：肆拾伍万贰仟元整
（大写）

千百十万千百十元角分
¥ 4 5 2 0 0 0 0 0

备注：
凭证种类：
摘要：★ 2013.12.06 ★ 交易类型：
凭证号：
银行章：

（中国工商银行 南宁市科园支行 业务清讫）

复核（授权）：　　　　　打印：

16.

450161237　广西壮族自治区增值税专用发票　**№10305864**

（发票联 国家税务总局监制）

开票日期： 2013 年 12 月 2 日

购货单位	名　称：	宏远机械设备公司	密码区	略
	纳税人识别号：	450168887540682		
	地址、电话：	南宁市科园路 618 号　3213643		
	开户行及账号：	工商银行南宁科园支行　9356789456		

货物或应税劳务名称	规格型号	单位	数量	单价	金额	税率	税额
油漆		千克	3 000	13	39 000.00	17%	6 630.00
油漆底料		千克	8 000	4	32 000.00		5 440.00
合　计					71 000.00		12 070.00

价税合计（大写）　零佰零拾捌万叁仟零佰柒拾零元零角零分　（小写）¥ 83 070.00

销货单位	名　称：	南宁南风化工厂	备注	（南宁南风化工厂 450156742301893 发票专用章）
	纳税人识别号：	450156742301893		
	地址、电话：	南宁市槎路 59 号　4923487		
	开户行及账号：	工行南宁槎路分理处　4733386675		

收款人：　　　复核：廖绍凯　　　开票人：王晶晶　　　销货单位：（章）

国税函（2007）123 号滨海印刷

第一联：发票联　购货方记账凭证

17. 6日，收到上月所购轮胎500套，并验收入库。

上海市增值税专用发票

200161553　　　　　　　发票联　　　　　　　№80058862

开票日期：2013年12月6日

购货单位	名　　称	宏远机械设备公司	密码区	略
	纳税人识别号：	450168887540682		
	地址、电话：	南宁市科园路618号　3213643		
	开户行及账号：	工商银行南宁科园支行　9356789456		

货物或应税劳务名称	规格型号	单位	数量	单价	金额	税率	税额
轮胎		套	500	200	100 000.00	17%	17 000.00
合　计							

价税合计（大写）　壹拾壹万柒仟零佰零拾零元零角零分　（小写）¥117 000.00

销货单位	名　　称	上海米其轮胎设备公司	备注	
	纳税人识别号：	200100000301456		
	地址、电话：	上海市南浦路63号　77252346		
	开户行及账号：	浦发银行南浦路分理处　8643386231		

收款人：　　复核：郭铭萄　　开票人：陈锋　　销货单位：（章）

18. 6日，铸造车间生产产品领用油漆848公斤，机工车间生产产品领用元钢5吨。

19. 19-1

特约委托收款凭证(付款通知)　　3

委托日期2013 年12月6日　　　第　号

付款人	全称	宏远机械机设备公司	收款人	全称	南宁市环保局
	账号或住址	9356789456		账号或住址	6543289678
	开户银行	工商银行南宁科园支行		开户银行	支行南宁共和支行

委收金额	人民币：（大写）	贰仟伍佰元正	百十万千百十元角分 ¥2 5 0 0 0 0

款项内容	11月排污费	委托收款凭据名称		附单据张数	

备注：　款项收妥日期 2013.12.06　年　月　日

该款项根据收款单位委托从你单位账户付出。
收款人开户银行盖章
2013年12月6日

单位主管　　会计　　复核　　记账

19-2

广西壮族自治区行政事业收费统一收据　桂 O N0 3458263

2013 年 12 月 6 日

今收到 宏远机械设备公司 交来 11月排污费 款项

人民币：（大写） 零万贰仟伍佰零拾零元零角零分。此据。

￥2 500.00

备注　　　　　　　　　　　　　　　　2012-2013 年版

收款单位（公章）　　财会主管（章）　　收款人（章）吕玲

20.20-1

广西壮族自治区增值税专用发票

450160139　　　　　　　　　　　　　　　№10006825

开票日期： 2013 年 12 月 6 日

购货单位	名称：	宏远机械设备公司	密码区	略
	纳税人识别号：	450168887540682		
	地址、电话：	南宁市科园路 618 号　3213643		
	开户行及账号：	工商银行南宁科园支行　9356789456		

货物或应税劳务名称	规格型号	单位	数量	单价	金额	税率	税额
机床	CJ612	台	1	180 000	180 000.00	17%	30 600.00
合计							

价税合计（大写）　零佰贰拾壹万零仟陆佰零拾零元零角零分　（小写）￥ 210 600.00

销货单位	名称：	广西顺达贸易公司	备注	
	纳税人识别号：	450100000000055		
	地址、电话：	南宁市友爱路		
	开户行及账号：	建行南宁友爱支行 6682351245		

收款人：　　复核：周绍岗　　开票人：李牧白　　销货单位：（章）

20-2

宏远机械设备公司
固定资产验收入库单

收货单位	宏远机械设备公司	供货单位	广西顺达贸易公司		
设备名称	机床	规格型号		数量	1台
交货日期	2013年12月6日	金额（元）	210 600.00		
收货人	赵亚洲	存放地点	机工车间		
验收小组意见	验收合格,交付机工车间安装。 组长签名：张珊 2013.12.6				
备注					

21.21-1

中国人民邮政报刊收据

单位：宏远机械设备公司　　　2013年12月7日　　　NO 75846

报刊种类	附件（订阅单）		金额								
	起止期	份数	千	百	十	万	千	百	十	元	角	分
广西日报等10种	2014.1—2014.6						3	5	4	6	0	0

合计（大写）叁仟伍佰肆拾陆元整　　　　　　　（小写）¥3 546.00

注：收据数字如有涂改或未盖收款章无效。　　　　　收款人：尹毅

21-2

委托收款凭证(付款通知)　　4

委托日期 2013 年 12 月 7 日　　　　第　号

付款人	全　称	宏远机械设备公司	收款人	全　称	南宁市邮政局明秀分局
	账号或住址	9356789456		账号或住址	9543896452
	开户银行	工商银行南宁科园支行		开户银行	建行南宁明秀支行

委收金额	人民币：叁仟伍佰肆拾陆元整 （大写）	百	十	万	千	百	十	元	角	分
				¥	3	5	4	6	0	0

款项内容	报刊费	委托收款凭据名称	收据	附单据张数	1

备注：　　　　　　　　　款项收妥日期　　年　月　日　　　收款人开户银行盖章

单位主管　　　　会计　　　　复核　　　　记账

此联是付款单位开户银行给付款单位的付款通知

22.22-1

出 库 单

2013 年 12 月 7 日

供货单位：宏远机械设备公司　　　　　凭证编号：04564
购货单位：安扬物资公司　　　　　　　仓　　库：1号

产成品名称	规格	计量单位	数 量	价 格(不含税)	
				单 价	金 额
手拖机	一号	台	200	5 000	1 000 000
手拖机	二号	台	20	3 000	60 000
备 注：委托代销商品					1 600 000

第 2 联

仓库保管：尚毅　　　仓库负责人：黄金丰　　　记账：朱红

22-2

委托代销协议

委销字（058）号

（一）宏远机械设备公司（甲方）委托安扬物资公司（乙方）代销下列商品：

产品	规格大小	计量单位	数量	单价	金额（不含税）
宏远1号手拖机	一号	台	200	5 000	1 000 000
宏远2号手拖机	二号	台	20	3 000	60 000

（二）商品包装应按运输部门规定办理，否则运输途中损失由甲方负责。如因不符运输要求，乙方代为改装及加固，其费用由甲方负责。

（三）交货地点：凭乙方发货通知单，由甲方代办托运直拨至购货单位。

（四）代销商品发货数量必须根据乙方通知。

（五）手续费收取与结算按下列办法：按销货款总额5%收取手续费；待乙方收到货款后，即给甲方结算并扣回代垫费用。

（六）甲方代销商品应与样品相符，保质保量，代销数量、规格、价格，有效期内如有变更，甲方必须及时通知乙方，通知到达前，已由乙方签出的合同，应照旧履行。如因质量或供应脱节而造成的损失和费用（包括手续费），均由甲方负责。

（七）对销售的一号手拖机提供3年免费售后服务。

（八）本协议一式3份，甲方1份，乙方1份，鉴证机关1份，自签订日起生效，有效期12个月。

甲方：宏远机械设备公司　　　　　　　乙方：安扬物资公司
代表：李明阳　　　　　　　　　　　　代表：张伟
开户银行：工行南宁科园支行　　　　　开户银行：工行南宁江南分理处
账号：9356789456　　　　　　　　　账号：935874963
二〇一三年十二月七日　　　　　　　　二〇一三年十二月七日

23.7日，从交行以电汇方式，偿还桂林立远五金公司材料款156 000元。该公司开户银行：工行桂林象山支行，账号：5436789123。

24.

中国工商银行托收承付凭证（收款通知） 4 　　托收号码1569

委托日期 *2013年12月4日*　　　承付期限 到期 年 月 日

付款人	全称	广东三元公司	收款人	全称	宏远机械设备公司
	账号	227894285858		账号	9356789456
	开户银行	建行广州广安分行		开户银行	工行南宁科园支行

托收金额	人民币：伍拾壹万肆仟伍佰元整（大写）	千百十万千百十元角分 ¥ 5 1 4 5 0 0 0 0

附件 附寄单据 张数	2	商品发运情况 已发运	合同名称号码 01-126

备注：验单付款　　上列款项已由付款人开户行全额划回并收入你方账户内。此致
收款人
收款人开户银行盖章
2013年12月10日

科目
对方科目
转账年月日
单位主管会计　复核　记账

（印章：中国工商银行 南宁市科园支行 2013.12.10 业务清讫）

收款人开户银行收到日期 2013 年 12 月 10 日　支付日期　年 月 日

25.

广西壮族自治区 **南宁市货物销售统一发票**　　发票代码：145010821213
　　　　　　　　　　　　　　　　　　　　　　　发票号码：00003986

客户名称：宏远机械设备公司　　　　　　　　　2013年12月8日

货物名称	规格	单位	数量	单价	金额 万 千 百 十 元 角 分
企业会计准则讲解		本	2	79.40	1 5 8 8 0
现金付讫					
金额：零万零仟壹佰伍拾捌元捌角零分（大写）					¥ 1 5 8 8 0

开票单位：（未盖章无效）　　开票人：张子南　　收款人：刘文利

26.

广西壮族自治区事业性收费统一收据 桂0 NO 2526358

2013 年 12 月 10 日

交款单位	宏远机械设备公司	收费许可证字号		桂价证 05100100					
收费项目	数量	收费标准	金 额						
			十万	万	千	百	十	元	角	分
财务人员后续教育培训费	5	180				9	0	0	0	0
合计						￥	9	0	0	0

金额（大写）：零拾零万零仟玖佰零拾零元零角零分 现金付讫

备注：2012—2013年版 结算方式：现金

收款单位（公章）：财务专用章 财务主管 收款人：李艳

27. 27-1

上海市增值税专用发票

200161554 №80058863

开票日期：2013 年 12 月 6 日

购货单位	名　称：	宏远机械设备公司	密码区	略
	纳税人识别号：	450168887540682		
	地址、电话：	南宁市科园路 618 号　3213643		
	开户行及账号：	工商银行南宁科园支行　9356789456		

货物或应税劳务名称	规格型号	单位	数量	单价	金额	税率	税额
轮胎		套	3 000	200	600 000.00	17%	102 000.00
合　计							

价税合计（大写）：零佰柒拾零万贰仟零佰零拾零元零角零分　（小写）￥702 000.00

销货单位	名　称：	上海米其轮胎设备公司	备注	
	纳税人识别号：	200100000301456		
	地址、电话：	上海市南浦路 63 号　77252346		
	开户行及账号：	浦发银行南浦路分理处 8643386231		

收款人：　复核：郭铭荀　开票人：陈锋　销货单位：（章）

27-2

公路、内河货物运输业统一发票

发票代码　002151256832
发票号码　0001564567

开票日期：2013-12-05

机打代码	002151256832	税控码	略
机打号码	0001564567		
机器编码	659000658942		
收货人及纳税人识别码	宏远机械设备公司 450168887540682	承运人及纳税人识别码	上海八达物流有限公司 *20332562386231*
发货人及纳税人识别码	上海米其轮胎设备公司 *200100000301456*	主管税务机关及代码	上海市地方税务局 *85632063*

运输项目及金额	货物名称	重量	单位运价	金额	其他项目及金额		备注
	轮胎	20	250	5000.00			
运费小计		¥5 000.00		其他费用小计		¥0.00	
合计（大写）		伍仟零佰零拾零元零角零分			（小写）¥5 000.00		

承运人盖章　　　　　　　　　　　　　　开票人：靳立德

开户银行　**工行上海沈阳路支行**　　银行账号　789356400325687

28.28-1

出　库　单

2013 年 12 月 10 日

供货单位：**宏远机械设备公司**　　　　凭证编号：**04567**
购货单位：**祥兴农机公司**　　　　　　仓　库：**1 号**

产成品名称	规格	计量单位	数量	价　格(不含税)	
				单价	金额
手拖机	宏远2号	台	100	3 000	300 000
备注：					

仓库保管：**尚毅**　　　仓库负责人：**黄金丰**　　　记账：**朱红**

28-2

销 售 合 同

合同号：XS00123

供方：宏远机械设备公司（甲方）
需方：祥兴农机公司（乙方）

一、产品名称、型号、数量、金额：

产品名称	型号	数量	单价（元）	总金额
二号手拖机	二号	100	3 000	300 000

合计人民币金额（大写）：叁拾万元整

二、技术指标：
　　　　以原厂技术参数为标准
三、包装要求：
　　　　原厂包装
四、保修期：
　　　　生产厂家标准，12个月内免费维修，负责终身维修
五、贷款结算方式：采取商业汇票方式
六、货款结算日期：三个月
七、违约所负责任和解决纠纷方式：
　　1. 如有任何一方违约，应承担违约部分50%的违约金。
　　2. 仲裁：一切因执行本合同或本合同有关的争执，应由双方通过友好方式协商解决。
　　　如经协商不能得到解决时，应提交仲裁委员会或合用签订地所在法院解决。

供　方		需　方	
单位名称	宏远机械设备公司	单位名称	祥兴农机公司
单位地址	南宁市科园6路	单位地址	南宁市五一路
法定代表人	李时雨	法定代表人	王文明
邮政编码	530003	邮政编码	540016
开户银行	工行南宁科园支行	开户银行	工行南宁江南分理处
账　号	9356789456	账　号	227894285856

有效期：二〇一三年十二月五日至二〇一四年二月二十八日

签约地：中国·广西南宁

28-3

商业承兑汇票　　2

2013 年 12 月 10 日　　　　第 103 号

付款人	全　称	祥兴农机公司	收款人	全　称	宏远机械设备公司
	账　号	9258975342		账　号	9356789456
	开户银行	工行南宁江南分理处		开户银行	工行南宁科园支行
汇票金额	人民币：叁拾万元整（大写）		千百十万千百十元角分　¥ 3 0 0 0 0 0 0 0		
汇票到期日	2014.03.10		交易合同号码	XS00123	
备注：不带息票据					

业务清　负责：程海　经办：张力

项目四　日常业务处理

29.29-1

中华人民共和国税收通用缴款书

（国）（20062）桂国缴电 0140875 号

隶属关系：
注册类型：有限责任　　填发日期 2013 年 12 月 10 日　　征收机关：南宁市国税局

缴款单位（人）	代　号	3612536	预算科目	编码	100201
	全　称	宏远机械设备公司		名称	增值税
	开户银行	工行南宁科园支行		级次	中央级
	账　号	9356789456	收款国库		国家金库南宁西乡塘区支库

税款所属时期 2013 年 11 月 1—30 日　　税款限缴日期 2013 年 12 月 10 日

品目名称	课税数量	计税金额或销售收入	税率或单位税额	已缴或扣除额	实缴税额
增值税			13%		26 785.00

金额合计　（大写）人民币贰万陆仟柒佰捌拾伍元零角零分　　¥26 785.00

缴款单位（人）（盖章）经办人（章）	税务机关（盖章）填票人（章）	上列款项已收妥并划转收款单位账户 国库（银行）盖章　　　2013 年 12 月 10 日	备注：

（无银行收讫章无效）　　逾期不缴按税法规定加收滞纳金

29-2

中华人民共和国税收转账专用完税证

（地）

填发日期 2013 年 12 月 10 日　　（2009）桂地转电：No 02834561

纳税人代码	4263853	征收机关	南宁市西乡塘区地税局
纳税人名称	宏远机械设备公司	收款银行	区工行
税款所属时期	流水号	银行账号	2102112009300264703

税种（税目）	交易流水号	实缴金额
城市维护建设税	201055000000013298	1 875.00
教育费附加		803.00

金额合计　（大写）人民币贰仟陆佰柒拾捌元零角零分　　¥2 678.00

税务机关（盖章）	收款银行（盖章）	填票人（盖章）	备注	税款来源：申报 本票税款所属日期：2013-11-01 至 2013-11-30 备注：

29-3

中华人民共和国税收转账专用完税证

地

填发日期 2013 年 12 月 10 日　（2009）桂地转电：No 02834562

纳税人代码	4263853	征收机关	南宁市西乡塘区地税局
纳税人名称	宏远机械设备公司	收款银行	区工行
税款所属时期	流水号	银行账号	2102112009300264703
税种（税目）	交易流水号		实缴金额
所得税	2010550000000013375		21 400.00
金额合计	（大写）人民币贰万壹仟肆佰零拾零元零角零分		￥21 400.00
税务机关（盖章）南宁市征收专用章 10号	收款银行（盖章）	填票人（盖章）	备注	税款来源：申报 本票税款所属日期：2013-11-01 至 2013-11-30 备注：

第二联（收据）交纳税人作完税凭证

30.

广西壮族自治区事业性收费统一收据　桂 O　NO 2358647

2013 年 12 月 10 日

交款单位	宏远机械设备公司	收费许可证字号			桂价证05100100						
收费项目	数量	收费标准	十万	万	千	百	十	元	角	分
广告费				1	5	0	0	0	0	0
合　计		￥		1	5	0	0	0	0	0
金额：（大写）	零拾壹万伍仟零佰零拾零元零角零分									
备注：2012-2013年度 2001000003014		结算方式	转账							

收款单位：发票专用章　　财务主管：　　收款人：李菲

31. 10 日，装配车间生产宏远 1 号拖拉机领用轮胎 600 套，生产宏远 2 号拖拉机领用轮胎 400 套。

32.32-1

出 库 单

2013 年 12 月 10 日

供货单位：宏远机械设备公司　　　　凭证编号：04567
购货单位：长发物资贸易公司　　　　仓　库：1号

产成品名称	规格	计量单位	数量	价　格(不含税)	
				单价	金额
手拖机	一号	台	160	6 250	1 000 000

备注：

仓库保管：尚毅　　　仓库负责人：黄金丰　　　记账：朱红

第 2 联

32-2

中国工商银行同城提入贷方凭证（收账通知）　桂 00623596

2013 年 12 月 10 日　　　　代理网点号　01500

出票人	全　称	长发物资贸易公司	收款人	全　称	宏远机械设备公司
	账　号	400315786115		账　号	9356789456
	开户银行	建行南宁友爱支行		开户银行	工行南宁科园支行

人民币（大写）：壹拾叁万元整

千	百	十	万	千	百	十	元	角	分
		¥	1	3	0	0	0	0	0

中国工商银行
南宁市科园支行
2013.12.10

备注：凭证种类：
　　　摘要：

银行章：

复核（授权）：　　　打印：

33.33-1

领 料 单

2013 年 12 月 11 日　　　　发料仓库：1号仓库

材料类别	名称及规格	计量单位	数量		计划单价	金额	用途
			请领	实领			
钢材	角钢	吨	0.5	0.5	2 800	1 400	机床安装领用
	合计					1 400	

仓库主管：李功　　　发料人：赵前　　　领料人：林强

第二联　交会计

33-2

领 料 单

2013 年 12 月 11 日　　　　发料仓库：2 号仓库

材料类别	名称及规格	计量单位	数量		实际单价	金额	用途
			请领	实领			
工程物资	425#水泥	吨	2	2	350	700	机床安装领用
合计						700	

仓库主管：李功　　　发料人：唐思　　　领料人：林强

第二联 交会计

34.34-1

中国工商银行同城提入贷方凭证（收账通知）　桂 00623596

2013 年 12 月 11 日　　　　代理网点号　01500

出票人	全称	南宁市沙田农场	收款人	全称	宏远机械设备公司
	账号	7359789451		账号	9356789456
	开户银行	工行南宁古城支行		开户银行	工行南宁科园支行
人民币（大写）	叁万元整				¥ 3 0 0 0 0 0 0
备注	凭证种类：　摘要：		凭证号：　交易类型：		银行章：

（印章：中国工商银行 南宁市科园支行 2013.12.11 业务清讫）

34-2

坏账损失核销单

应收南宁市沙田农场货款 41600 元，因该农场破产。只收回 30000 元，余款 11600 元，经研究，同意核销。

　　　　　　　　　　　　　　　　审批人：李明阳
　　　　　　　　　　　　　　　　宏远机械设备公司
　　　　　　　　　　　　　　　　2013 年 12 月 10 日

35.

宏远机械设备公司差旅费报销单

2013 年 12 月 11 日

姓 名			陈东		职级别		科长		出差事由	采购材料
起		止		地点	车船费		住勤补助		住宿费	其他 合计
月	日	月	起	止	类别	金额	天数	金额		
12	6	12	7	南宁 武昌	火车	301.00	5	300	480.00	1081.00
12	10	12	11	武昌 南宁	火车	291.00				291.00
			合 计			592.00		300.00	480.00	1372.00
报销金额		人民币(大写) 壹仟叁佰柒拾贰元整					¥1 372.00			
原借款		¥2 000.00	报销金额		¥1 372.00		应退还	¥628.00	应找补	
财会审核			已审核 李林 2013.12.11		单位负责人审核			同意报销 李明阳 2013.12.11		

主管：　　　　会计：　　　　出纳：　　　　出差人：陈东

36.36-1

422365847

湖南省增值税专用发票

№56685231

开票日期：2013 年 12 月 8 日

购货单位	名 称	宏远机械设备公司				密码区		略		
	纳税人识别号	450168887540682								
	地址、电话	南宁市科园路 618 号 3213643								
	开户行及账号	工商银行南宁科园支行 9356789456								
货物或应税劳务名称		规格型号	单位	数量	单价	金额		税率	税额	
轴承		HY308	套	10 000	6.3	63 000.00		17%	10 710.00	
合 计										
价税合计（大写）		零佰零拾柒万叁仟柒佰壹拾零元零角零分				（小写）¥73 710.00				
销货单位	名 称	长沙华益机电有限公司				备注				
	纳税人识别号	420100000653241						长沙华益机电有限公司 420100000653241 发票专用章		
	地址、电话	长沙市江汉路 55 号 6223574								
	开户行及账号	建设银行江汉路分理处 2601002354								

收款人：　　复核：秦怡　　开票人：刘祥　　销货单位：（章）

36-2

公路、内河货物运输业统一发票

发票联　　　　　　　　发票代码　365000856361
　　　　　　　　　　　　发票号码　27634187

开票日期：2013-12-08

机打代码	365000856361	税控码	略			
机打号码	27634187					
机器编码	6590003132325					
收货人及纳税人识别码	宏远机械设备公司 450168887540682	承运人及纳税人识别码	湖南百达通物流有限公司 42036525432548			
发货人及纳税人识别码	长沙华益机电有限公司 420100000653241	主管税务机关及代码	长沙市地方税务局 63582591			
运输项目及金额	货物名称　重量　单位运价　金额 轴承　　40　　55　　2200.00	其他项目及金额		备注		
运费小计	￥2 200.00	其他费用小计	￥0.00			
合计（大写）	贰仟贰佰零拾零元零角零分　（小写）￥2 200.00					

承运人盖章　　　　　　　　　　　　　　　　　开票人：王珊
开户银行　工行长沙梨园分理处　　银行账号　5231002003654213

36-3

中国建设银行托收承付凭证（承付支款通知）

托收号码：3648987654

委托日期 2013 年 12 月 11 日

收款人	全称	长沙华益机电有限公司	付款人	全称	宏远机械设备公司									
	账号	2601002354		账号	9356789456									
	地址	湖南省　长沙市/县		地址	广西省　南宁市/县									
	开户银行	建行长沙江汉路分理处		开户银行	工商银行南宁科园支行									
托收金额（大写）	人民币　柒万伍仟玖佰壹拾元整				千	百	十	万	千	百	十	元	角	分
						￥	7	5	9	1	0	0	0	
附件	发票　发货		合同名称号码											
寄单证张数或册数	2		到期日	2013 年 12 月 12 日										

单位主管　周舟　　会计　张山　　复核　李明　　记账　王民

37.37-1

中国交通银行企业流动资金借款凭证（第四联代贷款通知）

借款单位：宏远机械设备公司　　2013年12月11日　　第　号

贷款种类	流动资金贷款	贷款账号	45001002001234	存款账号	6342896543

借款金额	人民币：壹佰万元整（大写）	亿 千 百 十 万 千 百 十 元 角 分 ¥ 1 0 0 0 0 0 0 0 0

借款用途及原因	生产用流动资金	还款日期	2014年3月11日

兹向你行借上列款项，到期由我单位主动归还或从单位存款账户中扣收，我单位愿遵守银行贷款办法的各项规定。

上述借款，根据34号合同，月息5‰

经办人意见：同意。签名
业务负责人意见：同意。布隆　业务部门签章
主管行长意见：同意。狄山
2013年12月11日　　中国交通银行南宁高新支行　2013.12.11　转讫

借款单位盖章（留存银行印鉴）财务专用章

李明阳

记账　年　月　日
会计　　复核　　记账

38.12日，装配车间生产宏远1号机领用HY308轴承4 000套，生产宏远2号机领用HY206轴承4 400套。

39.12日，签发商业汇票（期限6个月）偿还前欠威海机电公司货款202 000元。
（威海机电公司开户银行：工行威海海滨支行，账号：96879643256）

40.40-1

422365847　　**湖南省增值税专用发票**　　№56231553

开票日期：2013年12月12日

购货单位	名称：	宏远机械设备公司	密码区	略
	纳税人识别号：	450168887540682		
	地址、电话：	南宁市科园路618号 3213643		
	开户行及账号：	工商银行南宁科园支行 9356789456		

货物或应税劳务名称	规格型号	单位	数量	单价	金额	税率	税额
生铁		吨	45	1 700	76 500.00	17%	13 005.00
钢板		吨	20	3 150	63 000.00	17%	10 710.00
合　计					139 500.00		23 715.00

价税合计（大写）	零佰壹拾陆万叁仟贰佰壹拾伍元零角零分　（小写）¥163 215.00

销货单位	名称：	湘潭钢铁贸易公司	备注	湘潭钢铁贸易公司 430300589765423 发票专用章
	纳税人识别号：	430300589765423		
	地址、电话：	湘潭市五一路11号 7885764		
	开户行及账号：	工行湘潭五一路支行 56879643256		

收款人：　　复核：张思德　　开票人：黄锡明　　销货单位：（章）

40-2

商业承兑汇票

出票日期（大写）　贰零壹叁年壹拾贰月壹拾贰日　　汇票号码 10234501

付款人	全称	宏远机械设备公司	收款人	全称	湘潭钢铁贸易公司
	账号	9356789456		账号	56879643256
	开户银行	工行南宁科园支行		开户银行	工行湘潭五一路支行

出票金额	人民币（大写）壹拾陆万柒仟贰佰壹拾伍元正	亿 千 百 十 万 千 百 十 元 角 分
		￥ 1 6 7 2 1 5 0 0

汇票到期日（大写）	贰零壹肆年叁月壹拾贰日	付款人开户行	行号	工行南宁科园支行 9356789456
			地址	南宁科园路 618 号
交易合同号码				

本汇票已经承兑，到期无条件支付票款。　　　本汇票请予以承兑于到期日付款。

（宏远机械设备公司印章 450168887540682）　（宏远机械设备公司印章 450168887540682）

40-3

公路、内河货物运输业统一发票

发票联　　发票代码 365000856361　　发票号码 27634862

开票日期：2013-12-12

机打代码	365000856361	税控码	略
机打号码	27634187		
机器编码	6590003132325		
收货人及纳税人识别码	宏远机械设备公司 450168887540682	承运人及纳税人识别码	湖南百达通物流有限公司 42036525432548
发货人及纳税人识别码	湘潭钢铁贸易公司 420500083652873	主管税务机关及代码	长沙市地方税务局 63582591

运输项目及金额	货物名称	重量	单位运价	金额	其他项目及金额		备注
	钢材	20					
	生铁	45					

（湖南百达通物流有限公司 42036525432548 发票专用章）

运费小计	￥4 000.00	其他费用小计	￥0.00
合计（大写）	肆仟零佰零拾零元零角零分	（小写）￥4 000.00	

承运人盖章　　　　　　　　　　　　　　　开票人：立经天

开户银行　工行长沙梨园分理处　　银行账号 5231002003654213

第一联 发票联 付款方记账凭证（手写无效）

41. 12日,从银行领取现金3 000元。

42.

借 支 单

2013 年 12 月 12 日

工作部门	办公室	职务	科长	姓名	吴天明	盖章	吴天明
借支金额	人民币(大写)叁仟元整					¥3 000.00	
借款原因	出差			附 件		现金付讫	
归还日期	2013 年 12 月 20 日						
核 批	同意借款。李明阳 2013.12.12						

会计　　　　　　　出纳　　　　　　　制单 吴天明

43. 43-1

广西壮族自治区增值税专用发票

450161237　　　　　　　　　　　　　　　　　　　№10305864

开票日期: 2013 年 12 月 12 日

购货单位	名　称	宏远机械设备公司	密码区	略
	纳税人识别号	450168887540682		
	地址、电话	南宁市科园路618号 3213643		
	开户行及账号	工商银行南宁科园支行 9356789456		

货物或应税劳务名称	规格型号	单位	数量	单价	金额	税率	税额
齿轮	CL206	套	8 000	13.5	108 000.00	17%	18 360.00
	CL302	套	10 000	20	200 000.00		34 000.00
	CL306	套	2 000	25	50 000.00		8 500.00
合　计					358 000.00		60 860.00
价税合计(大写)	零佰肆拾壹万捌仟捌佰陆拾零元零角零分				(小写) ¥418 860.00		

销货单位	名　称	南宁齿轮厂	备注	南宁齿轮厂 450116740381563 发票专用章
	纳税人识别号	450100000003523		
	地址、电话	南宁市长岗路65号 5628765		
	开户行及账号	建行南宁市长岗路分理处 3338647675		

收款人:　　　　复核:高靖如　　　开票人:王圆圆　　　销货单位:(章)

44.44-1

出 库 单

2013 年 12 月 13 日

供货单位：_宏远机械设备公司_　　　　　　凭证编号：_04566_
购货单位：_桂阳农机销售公司_　　　　　　仓　　库：_1 号_

产成品名称	规格	计量单位	数量	价　格(不含税)	
				单价	金额
手拖机	宏远2号	台	120	3 000	360 000
备　注					

第 2 联

仓库保管：_尚毅_　　　仓库负责人：_黄金丰_　　　记账：_朱红_

45. 13 日，装配车间生产宏远 1 号拖拉机领用 CL206 齿轮 2 600 套，CL302 齿轮 2 500 套，CL306 齿轮 500 套。生产宏远 2 号拖拉机领用 CL206 齿轮 1 300 套，CL302 齿轮 2 300 套，CL306 齿轮 1 200 套。

46.

450165642　广西壮族自治区增值税专用发票　№20303333

开票日期： 2013 年 12 月 13 日

购货单位	名　　称：	宏远机械设备公司	密码区	略
	纳税人识别号：	450168887540682		
	地　址、电　话：	南宁市科园路 618 号　3213643		
	开户行及账号：	工商银行南宁科园支行　9356789456		

货物或应税劳务名称	规格型号	单位	数量	单价	金额	税率	税额
柴油机	GNC	台	300	1 580	474 000.00	17%	80 580.00
合　计							

价税合计（大写）　零佰伍拾伍万肆仟伍佰捌拾零元零角零分　（小写）_554 580.00_

销货单位	名　　称：	广西龙源机电公司	备注	
	纳税人识别号：	450100000436752		
	地　址、电　话：	南宁市秀厢路 76 号　3328765		
	开户行及账号：	建行路南宁市秀厢路分理处 5878644587		

收款人：　　复核：钟雨宁　　开票人：陈晓瑾　　销货单位：（章）

第一联：发票联　购货方记账凭证

47.

广西壮族自治区 南宁市服务、娱乐业专用发票

发票代码：245010335633
发票号码：23589654

客户名称：宏远机械设备公司　　　　　2013年12月10日

服务项目	单位	数量	单价	超过万元无效	金额						
					万	千	百	十	元	角	分
办公室维修费						5	0	0	0	0	0
合计 人民币 (大写) 零万伍仟零佰零拾零元零角零分					¥	5	0	0	0	0	0

收款单位（盖章有效）　　开票人：纪群　　收款人：

（南宁市蓝天装饰公司 450134638000623 发票专用章）

48.

保险业专用发票
INSURANCE TRADE INVOICE

开票日期：
245000731104
Date of Issue　2013年12月14日
发票代码：
发票号码：01441685

付款人：
Payer　宏远机械设备公司
承保险种：
Coverage　交强险
保险单号：　　　　　　　　批单号：
Policy No.　ANANAB0CTP08B00756P　　End. No.　无
保险费金额：（大写）　　　　　　　　　（小写）：
Premium Amount (In Words)　人民币叁仟壹佰伍拾元整　(In Figures)　¥3 150.00
附注：备注：另，代收车船使用税 RMB1 080.00，大写：壹仟零捌拾元整，
Remarks　保费和车船税合计 4 230.00 元

经手人：　　复核：　　　　保险公司签章：
Handler　　Checked by　　Stamped by Insurance Company
地址：　　　电话：　　　　　　　　（手工无效）
Add.　　　　Tel.　　　　Not Valid If In Hand Written

49.

工资结算汇总表
2013 年 12 月

部门		人数	岗位工资	薪级工资	各种补贴	奖金	应付工资	代扣款项				实发工资
								水电	房租	个人所得税	小计	
铸造车间	生产工人	20	11 600	4 200	2 600	1 624	20 024	322.70	64	180	566.70	19 457.30
	管理人员	3	2 160	1 050	450	302	3 962	98	23	76	197	3 765.00
	小计	23	13 760	5 250	3 050	1 926	23 986	420.70	87	256	763.70	23 222.30
机工车间	生产工人	42	24 780	9 030	5 460	3 780	43 050	510.3	92	242	844.30	42 205.70
	管理人员	4	2 960	1 420	600	500	5 480	98.40	58	80	236.40	5 243.60
	小计	46	27 740	10 450	6 060	4 280	48 530	608.70	150	322	1 080.70	47 449.30
装配车间	生产工人	65	38 090	14 300	8 775	61 750	122 915	1 097.60	532	312	1 941.60	120 973.40
	管理人员	5	3 750	1 800	750	600	6 900	160	100	120	380	6 520.00
	小计	70	41 840	16 100	9 525	62 350	129 815	1 257.60	632	432	2 321.60	127 493.40
机修车间	机修工人	13	7 280	2 795	1 690	1 170	12 935	283	140	140	563	12 372.00
	管理人员	3	2 130	1 080	450	316	3 976	102	20	150	272	3 704.00
	小计	16	9 410	3 875	2 140	1 486	16 911	385	160	290	835	16 076.00
公司管理人员		35	21 700	10 920	5 250	3 675	41 545	489	216	1250	1 955	39 590.00
合计		190	114 450	46 595	26 025	73 717	260 787	3 161	1245	2550	6 956	253 831.00

50. 14 日,按工资汇总表,进行本月应付工资的分配。

51. 14 日,根据应付工资额计提企业负担的养老保险 20%、医疗保险 6%、失业保险 2%、工伤保险 1%、住房公积金 10%、职工教育经费 1.5%、工会经费 2%。

52. 52-1

广西壮族自治区社会保险基金专用收款数据   桂 O No 236587
2013 年 12 月 14 日

今收到 宏远机械设备公司 交来 2013 年 12 月社会保险基金

人民币（大写）：柒万伍仟陆佰贰拾捌元贰角叁分 ¥75 628.23

备注：2012—2013 年版　　　　　收款方式　转账

说明：本收款数据适用于社会保险机构征缴社会保险基金的款项；包括单位缴纳的养老保险、医疗保险、失业保险、工伤保险等社会保险基金款项。

收款单位（公章）　　财务主管（章）潘晓红　　收款人（章）甘甜

52-2

收款收据　　　　桂 O No 658321

2013 年 12 月 14 日

交款单位	宏远机械设备公司	收款单位	南宁市住房公积金管理中心										
收款项目	住房公积金	经办	部门										
			人员	胡刚									
人民币(大写)	贰万陆仟零柒拾捌元柒角整	千	百	十	万	千	百	十	元	角	分		
					¥	2	6	0	7	8	7	0	
结算方式	转账												
上述款项收讫无误。(收款单位盖章)		会计主管 吴梅	稽核 周京	出纳 宾良	交款人 程栋								

52-3

行政拨交工会经费缴款书（代支款通知）

2013 年 12 月 14 日

基层工会收款单位			上级工会收款单位			付款单位		
名称	宏远机械设备公司工会		名称	南宁市总工会		名称	宏远机械设备公司	
账号	6342896543		账号	5456780366		账号	9356789456	
开户银行	工行南宁科园支行		开户银行	工行南宁共和支行		开户银行	工行南宁科园支行	
60%收款金额	万千百十元角分 ¥ 3 1 2 9 4 4		40%收款金额	万千百十元角分 ¥ 2 0 8 6 3 0		付款金额	万千百十元角分 ¥ 5 2 1 5 7 4	
付款金额	人民币（大写）伍仟贰佰壹拾伍元柒角肆分							
所属月份	职工人数	本月职工工资总额	应交2%工会经费			迟交天数	按5‰应交滞纳金	
2013.12	190	260 787	5 215.74					
备注			上列款项已从你单位账户内支付,分别划转有关收款单位账户。 收款单位开户银行盖章					

此联交付款单位作支款和报销凭证

53.

宏远机械设备公司
固定资产报废申请单

2013 年 12 月 14 日　　　　　　　　　　编号：001

主管部门	设备科			使用部门	机工车间				
名称及型号	单位	数量	原始价值	已提折旧	净值	预计使用年限	实际使用年限	支付清理费	收回变价收入
Ys 机床	台	1	23 500	17 600	5 900	8	6	280	3 000
购建单位			购建年份	2001.12.2		出厂号		№ · 653-2	

报废原因：
因为主要部件磨损严重影响产品质量，予以报废。

资产管理部门意见	公司领导意见	同意报废 李明阳 2013年12月14日	部门负责人意见	同意报废 冯方 2013年12月14日

54.

中国交通银行电汇凭证（收账通知）　4

委托日期　2013 年 12 月 17 日　　　　　第　号

汇款人	全称	广西钦州物资公司	收款人	全称	宏远机械设备公司
	账号	45618987654		账号	6342896543
	汇出地点	广西 省 钦州 市/县		汇入地点	广西 省 南宁 市/县
	汇出行名称	工行钦州秀山支行		汇入行名称	交行南宁高新支行

金额	人民币：肆拾捌万伍仟陆佰元整（大写）	百	十	万	千	百	十	元	角	分
		¥	4	8	5	6	0	0	0	0

汇款用途：付货款

中国交通银行
南宁市高新支行
2013.12.17
业务清讫

汇入行盖章

此联汇入行给收款人的收款凭证

项目四 日常业务处理

55.55-1

223165371　　　　山东省增值税专用发票　　　　№23152853

开票日期： 2013 年 12 月 9 日

购货单位	名称	宏远机械设备公司				密码区	略		
	纳税人识别号	450168887540682							
	地址、电话	南宁市科园路618号 3213643							
	开户行及账号	工商银行南宁科园支行 9356789456							

货物或应税劳务名称	规格型号	单位	数量	单价	金额	税率	税额
柴油机	GNA	台	850	950	807 500.00	17%	137 275.00
合计							

价税合计（大写） 零佰玖拾肆万肆仟柒佰柒拾伍元零角零分　（小写）¥944 775.00

销货单位	名称	威海松宇机电有限公司	备注	
	纳税人识别号	371000356879564		
	地址、电话	威海市汇春路211号 6884280		
	开户行及账号	工行威海汇春路分理处 60009643256		

收款人：　　复核：张洪亮　　开票人：蒙隆　　销货单位：（章）

55-2

公路、内河货物运输业统一发票

发票代码　621000658791
发票号码　65483217

开票日期：2013-12-09

机打代码	621000658791	税控码	略		
机打号码	65483217				
机器编码	6590003132325				
收货人及纳税人识别码	宏远机械设备公司 450168887540682	承运人及纳税人识别码	山东威海城际运输有限公司 371056245256871		
发货人及纳税人识别码	威海松宇机电有限公司 371000356879564	主管税务机关及代码	威海市地方税务局 67123547		

运输项目及金额	货物名称	重量	单位运价	金额	其他项目及金额	备注
	柴油机			8 000.00		
	运费小计			¥8 000.00	其他费用小计 ¥0.00	

合计（大写） 捌仟零佰零拾零元零角零分　（小写）¥8 000.00

承运人盖章　　　　　　　　　　　　　　　　　开票人：苏菲

56.17日，偿还汉江有色金属公司应付票据款 450 000 元（开户银行及账号：工行武汉汉江支行，3216789654，以电汇方式从交行支付）。

57.57-1

中国工商银行同城提入贷方凭证（收账通知）   桂 00623348

2013年12月17日   代理网点号   01500

出票人	全称	南宁市科园废品回收公司	收款人	全称	宏远机械设备公司
	账号	7854326		账号	9356789456
	开户银行	建行南宁科园支行		开户银行	工行南宁科园支行

人民币（大写）：叁仟元整

千百十万千百十元角分
¥ 3 0 0 0 0 0

备注：凭证种类 ★　摘要：　　凭证号：　交易类型：　银行章：

（中国工商银行 南宁市科园支行 2013.12.17 业务清讫）

复核（授权）：　　　　打印

57-2

广西壮族自治区 南宁市服务、娱乐业专用发票

发票代码：245010771361
发票号码：18230127

客户名称：宏远机械设备公司　　　　　2013年12月17日

服务项目	单位	数量	单价	金额 万千百十元角分
运费				2 8 0 0 0
现金付讫				

合计（大写）零万零仟贰佰捌拾零元零角零分　　¥ 2 8 0 0 0

收款单位（盖章有效）　　开票人：韩致颖　　收款人：

（南宁市捷达运输公司 发票专用章）

57-3

南宁市科园废品回收公司
收 购 凭 单

收款单位：宏远机械设备公司　　　　　2013年12月17日

收购货物	计量单位	数量	单位价格	金额 十万千百十元角分
Ys机床	台	1	3 000	3 0 0 0 0 0

合计（大写）零拾零万零仟叁佰零拾零元零角零分　　¥ 3 0 0 0 0 0

收购单位（盖章有效）　　　　　开票人：李宝成

58.58-1

广西壮族自治区公路养路费、客货运附加费、运输管理费票据

车主：宏远机械设备公司　　　2013 年 12 月 17 日　　　No 07 0545723

车牌号码	桂 A14328		厂牌型号		捷达 JDW5321BSI	
使用性质	非营运		车辆识别号		LSVAL32J542613	发动机号 1230045
缴费内容		征收标准	征收比例	实收金额	滞纳金	小计
公路养路费	0.5 吨	400.00 元	100%	2 400.00		2 400.00
公路客运附加费	座					
公路货运附加费	吨					
公路运输管理费						
合计金额	（大写）贰仟肆佰元整			（小写）¥2 400.00		
缴讫证有效期限	2013 年 1 月 1 日至 2013 年 12 月 31 日			付款方式	转账	
备注	票号：0545123；"按全额全费"缴费。 广西南宁市厢竹交通征稽所（2）			车籍单位	厢竹所 编号：91913	

发证单位（章）：南宁交通征费稽查处厢竹征稽所　开票：管彤　复核：余浩然　收款：

58-2

委托收款凭证(付款通知)　4

委托日期 2013 年 12 月 17 日　　　第　号

汇款人	全　称	宏远机械设备公司	收款人	全　称	南宁市公路局	此联是付款单位开户银行给付款单位的付款通知
	账号或住址	9356789456		账号或住址	9359879264	
	开户银行	工商银行南宁科园支行		开户银行	工行南宁友爱支行	

委收金额	人民币：贰仟肆佰元整（大写）	百	十	万	千	百	十	元	角	分
				¥	2	4	0	0	0	0

款项内容	养路费	委托收款凭证名称	养路费票据	附单据张数	1
备注：	★ 2013.12.17 ★ 款项收妥日期　　年　月　日		收款人开户银行盖章		

单位主管　　　会计　　　复核　　　记账

59. 17日,装配车间生产宏远1号拖拉机领用GNC柴油机220台,领用HD车灯220只,领用LT216链条220套;生产宏远2号拖拉机领用GNA柴油机380台,领用HE车灯380只,领用LT115链条180套。

60. 17日,铸造车间生产产品领用油漆1 232公斤,油漆底料8 000公斤。

61. 17日,从湘潭钢铁公司购入的生铁45吨,钢板20吨,已运到并验收入库。

62. 17日,铸造车间领用生铁36吨,车间一般耗用领钢板0.2吨。

63.

中国交通银行同城提入贷方凭证（收账通知） 桂 006282358

2013年12月17日   代理网点号   01630

出票人	全称	广西翔云农机公司	收款人	全称	宏远机械设备公司
	账号	6543268436		账号	6342896543
	开户银行	建行南宁北湖支行		开户银行	交行南宁高新支行

人民币（大写）	伍拾万元整	千百十万千百十元角分 ¥ 5 0 0 0 0 0 0 0

| 备注 | 凭证种类： | | |
| | 摘要： | 交易类型： | 银行章： |

复核（授权）：   打印

64.

交通银行偿还贷款凭证

2013年12月18日

借款单位名称	宏远机械设备公司	贷款账号	4500190427626	结算账号	6342896543
贷款种类	流动资金借款	借款日期	2013年6月18日	还款日期	2013年12月18日
还款金额（大写）	伍拾壹万捌仟柒佰伍拾元整			十万千百十元角分 5 1 8 7 5 0 0	
上列款项由本单位6342896543账户偿还。			备注：利息壹万捌仟柒佰伍拾元整。		

65.

出 库 单

2013 年 12 月 18 日

供货单位：宏远机械设备公司　　　　　　　　凭证编号：04566
购货单位：兴业农机销售公司　　　　　　　　仓　　库：1号

产成品名称	规格	计量单位	数　量	价　格(不含税)	
				单价	金额
手拖机	宏远1号	台	110	5 000	550 000

备　注

仓库保管：尚毅　　　　仓库负责人：黄金丰　　　　记账：朱红

第 2 联

66. 18日，从工行以电汇方式偿还湖南乐山钢铁厂货款 300 000 元。开户银行及账号：工行长沙五一支行，5436789123。

67. 67-1

广西壮族自治区建筑业专用发票

发票代码：345010771401
发票号码：01282869

付款单位：宏远机械设备公司　　　　　　　　2013 年 12 月 17 日

项目名称	单位	数量	单价	金　　额							
				百	十	万	千	百	十	元	角	分
机床安装工程							1	9	0	0	0	0
现金付讫												
人民币合计金额（小写）				¥			1	9	0	0	0	0
合计金额（大写）	零佰零拾零万壹仟玖佰零拾零元零角零分											

收款单位：450132561478　　　　开票人：农华珊　　　　收款人：

第二联：发票（报销凭证）

67-2

项目竣工验收单

单位：元

项目名称	机床安装工程	批准日期	2013年12月11日
项目性质	自用	完成日期	2013年12月17日
合同金额		追加金额	
承包单位	南宁市宏兴安装公司	承包方负责人	黄亿
预算价	214 800.00	决算价	214 822.44
结构类型	其他	建筑面积	
验收意见	经验查，质量达到原设计要求，同意交付使用		
备注			

验收单位（盖章）	施工单位（盖章）	使用单位：宏远机械设备公司
宏远机械设备公司基建科	南宁市宏兴安装公司	机加工车间
负责人签章 汤林	负责人签章 黄亿	负责人签章 孙桑

（需填固定资产卡片）

68.

69. 18日,从银行领取现金3 000元备用。

70. 18日,从工行以电汇方式偿还前欠湖北湖州机电公司购材料款238 000元。该公司开户银行及账号:建行武汉解放支行,476341586012

71. 71-1

债务重组协议

广西桂中农机公司于2009年12月12日欠宏远机械设备公司货款156 000元,还款期限为2013年12月12日。因广西桂中农机公司发生财务困难,无力偿还货款。经协商以一批材料抵偿,广西桂中农机公司转让GNC柴油机80台,该批材料的市场价为128 000元,增值税21 760元,价税合计共149 760元,债权债务双方均认可上述市场价格。

债权方:宏远机械设备公司
负责人:李明阳
2013年12月18日

债务方:广西桂中农机公司
负责人:林立
2013年12月18日

71-2

450175234 广西壮族自治区增值税专用发票 **№03025644**

开票日期: 2013 年 12 月 18 日

购货单位	名称:	宏远机械设备公司				密码区	略		
	纳税人识别号:	450168887540682							
	地址、电话:	南宁市科园路618号 3213643							
	开户行及账号:	工商银行南宁科园支行 9356789456							
货物或应税劳务名称	规格型号	单位	数量	单价	金额		税率	税额	
柴油机	GNC	台	80	1 600	128 000.00		17%	21 760.00	
合 计									
价税合计(大写)	零佰壹拾肆万玖仟柒佰陆拾元零角零分				(小写)¥149 760.00				
销货单位	名称:	广西桂中农机公司				备注			
	纳税人识别号:	450100000008956							
	地址、电话:	南宁市友爱路44号 3928432							
	开户行及账号:	农行路南宁市友爱路分理处 6547643210							

收款人: 复核:许友 开票人:韦霞 销货单位:(章)

72.72-1

出 库 单

2013年12月19日

供货单位：宏远机械设备公司　　　　　凭证编号：04568
购货单位：湖南湘江农机公司　　　　　仓　库：1号

产成品名称	规格	计量单位	数量	价　格(不含税)	
				单价	金额
手拖机	宏远2号	台	200	2 578.4	515 680
备注					

第2联

仓库保管：尚毅　　仓库负责人：黄金丰　　　　记账：朱红

72-2

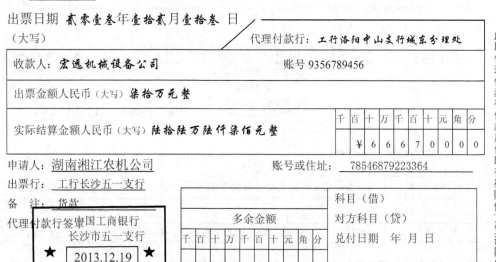

73. 19日，铸造车间生产产品领用钢板22吨，电焊条240公斤。

74. 19日，装配车间生产宏远1号拖拉机领用HY308轴承4 000套，生产宏远2号拖拉机领HY206轴承2000套。

75. 19日，装配车间生产宏远1号拖拉机领用轮胎1 000套，生产宏远2号拖拉机领用轮胎1 200套。

76.

宏远机械设备公司差旅费报销单

2013 年 12 月 20 日

姓 名		吴天明		职级别		科长		出差事由		采购材料	
起		止		地点		车船费		住勤补助	住宿费	其他	合计
月	日	月	日	起	止	类别	金额	天数	金额		
12	13	12	14	南宁	北京	火车	509.00	5	300	600	800	2 209.00
12	18	12	19	北京	南宁	火车	518.00					518.00
		合 计					1 027		300.00	600	800	2 727.00
报销金额		人民币(大写)**贰仟柒佰贰拾柒元整**				¥2 727.00					
原借款	¥3 000.00	报销金额	¥2 727.00	应退还	¥273.00	应找补					
财会审核		已审核 李林 2013.12.20		单位负责人审核		同意报销 李明阳 2013.12.20					

主管：　　　　　会计：　　　　　出纳：　　　　　出差人：陈东

77. 20 日，装配车间生产宏远 1 号拖拉机领用 GNC 柴油机 180 台，生产宏远 2 号拖拉机领用 GNA 柴油机 420 台。

78. 20 日，将 1.5 吨钢板发往南宁桂达五金厂加工成钢圈。

79. 79-1

保　险　业　专　用　发　票
INSURANCE TRADE INVOICE
发票联
INVOICE

开票日期：　　　　　　　　　　　　　　发票代码：245000855537
Date of Issue　2013 年 12 月 20 日　　　发票号码：03256874

| 付款人：
Payer　　宏远机械设备公司 |
| 承保险种：
Coverage　　财产险 |
| 保险单号：　　　　　　　　　　　　　　　批单号： |
| Policy No.　ININCD201020041030104N　　End. No.　无 |
| 保险费金额：（大写）　　　　　　　　　　　　　　（小写） |
| Premium Amount (In Words)　人民币陆仟元整　　(In Figures)　¥6 000.00 |
| 附注：
Remarks　　备注：保费有效期限 2014 年 1 月 1 日至 2014 年 12 月 31 日 |

经手人：王为　　　复核：郑珊　　　保险公司签章：
Handler　　　　　Checked by　　　Stamped by Insurance Company
地址：　　　　　　电话：　　　　　　　　　　　　（手工无效）
Add.　　　　　　　Tel.　　　　　　　Not Valid If In Hand Written

第二联 发票联

80.80-1

租 赁 协 议

承租方：宏远机械设备公司
出租方：广西国泰租赁公司

宏远机械设备公司从国泰租赁公司租精密机床一台，型号为HM260。租赁开始日为2013年12月20日，租赁期间为2013年12月20日至2017年12月20日，自2013年至2017年于每年的12月20日支付租金150 000元，该机床在2013年12月20日的公允价值为500 000元，租赁期满时，宏远机械设备公司享有优惠购买该设备的选择权。购买价为100元，确定年利率为7%。

承租单位：宏远机械设备公司
（盖章）
单位负责人：李明阳
时　　间：2013.12.20

出租单位：广西国泰租赁公司
（盖章）
单位负责人：余得利
时　　间：2013.12.20

80-2

广西壮族自治区 南宁市服务、娱乐业专用发票

发票代码：245010356231
发票号码：58009651

客户名称：宏远机械设备公司　　　　　　2013年12月20日

服务项目	单位	数量	单价	金额 万 千 百 十 元 角 分
租赁手续费				1 0 0 0 0 0 0
	现金付讫			
合　计				￥ 1 0 0 0 0 0 0

人民币（大写）壹万零仟零佰零拾零元零角零分

收款单位（盖章有效）　　　开票人：何时宇　　　收款人：

81. 20日，根据11—20日的入库单，并进行账务处理。

82. 20日，根据11—20日的领料单，进行账务处理。

83.

中国工商银行存（贷）款利息回单

币种：人民币（本位币）　　单位：元　　　　　　　2013 年 12 月 20 日

付款人	户 名	宏远机械设备公司		收款人	户 名	521001	
	账 号	9356789456			账 号	2102109011500021222	
实收（付）金额		68456.50		计息账号		2102109011500021222	
借据编号		MLDX2102228756213		借据序号		ISDN45010000231	
备注	起息日期	止息日期	积数/息余		利率		利息
	2013-09-21	2013-12-20	262 260 000.00		7.56%		68 456.50
	调整利息：	0.00		冲正利息：		0.00	中国工商银行 南宁市科园支行 ★ 2013.12.20 ★ 业务清讫
	应收（付）利息合计：68 456.50						

银行章：　　　　　　　　　　　　　经办人：

84.

中国交通银行计收利息清单（付款通知）

2013 年 12 月 20 日

户　　名	宏远机械设备公司		付款账号	6342896543
计息起止时间	2013 年 9 月 21 日至 2013 年 12 月 20 日			
贷款账号	计息积数	利率		利息金额
6342896543	92 260 354.00	6.57%		35 604.50

中国交通银行 南宁高新支行 2007.12.20 转讫

你单位上述应偿借款利息
已从你单位账户划出。

复核：

85. 85-1

中国工商银行存（贷）款利息回单

币种：人民币（本位币）　　单位：元　　　　　　　2013 年 12 月 20 日

付款人	户 名	521002		收款人	户 名	宏远机械设备公司	
	账 号	2102109011500021333			账 号	9356789456	
实收（付）金额		5 877.30		计息账号		9356789456	
借据编号				借据序号			
备注	起息日期	止息日期	积数/息余		利率		利息
	2013-09-21	2013-12-20	64 116 000		3.3%		5877.30
	调整利息：	0.00		冲正利息：		0.00	中国工商银行 南宁市科园支行 ★ 2013.12.20 ★ 业务清讫
	应收（付）利息合计：5 877.30						

银行章：　　　　　　　　　　　　　经办人：

85-2

中国交通银行计付利息清单（收款通知）

2013 年 12 月 20 日

户　　名	宏远机械设备公司	收款账号	6342896543
计息起止时间	2013 年 9 月 21 日至 2013 年 12 月 20 日		
存款账号	计息积数	利率	利息金额
6342896543	31 378 363.64	3.3%	2 876.35

你单位上述应收存款利息
已划入你单位账户。　　　　　　　　　　　　　　复核：梁文

（盖章：中国交通银行南宁高新支行 2013.12.20 转讫）

86. 21 日，偿还柳州钢铁公司货款 340 000 元。（以电汇方式从工行支付，账号：5796789422，开户银行：工行柳州雀山支行）。

87.

特约委托收款凭证　　　　4

委托日期 2013 年 12 月 21 日　　　　　第　号

汇款人	全称	宏远机械设备公司	收款人	全称	南宁方园电信局
	账号	9356789456		账号	9658447952
	开户银行	工商银行南宁科园支行		开户银行	工行南宁北湖支行

委收金额	人民币：壹万零捌佰叁拾叁元整（大写）	百	十	万	千	百	十	元	角	分
		¥		1	0	8	3	3	0	0

款项内容	12 月份电话费	合同号码	003826-10056	附单据张数	1

备注：
3866888 等 11 部电话费用。
基数 165　　市话 2721
国内 7596　　国际
其他 351　　手续

（盖章：南宁方园电信局 委托收款专用章）　　收款人盖章

根据协议上列示项已由付款单位账户付出
（盖章：中国工商银行南宁市科园支行 2013.12.21 业务清讫）　　付款人开户银行盖章

此联是付款单位开户银行给付款单位的付款通知

单位主管　　　会计　　　复核　　　记账

88.

中国建设银行电汇凭证（收账通知）　4

委托日期　2013 年 12 月 20 日　　第　号

汇款人	全　称	桂阳农机销售公司	收款人	全　称	宏远机械设备公司
	账　号	400315786115		账　号	9356789456
	汇出地点	广西 省 桂林 市/县		汇入地点	广西 省 南宁 市/县
	汇出行名称	建行桂林中山支行		汇入行名称	工行南宁科园支行

金额　人民币：肆拾壹万贰仟捌佰元整（大写）　　¥　4 1 2 8 0 0 0 0（百十万千百十元角分）

汇款用途：付货款

汇入行盖章：中国工商银行 南宁市科园支行　2013.12.21　业务清讫

上述款项已根据委托办理，如须查询，请持此回单来面洽

此联汇入行给收款人的收款凭证

89.

450175681　　广西壮族自治区增值税专用发票　　№03045632

发票联　2

开票日期：2013 年 12 月 21 日

购货单位	名　称	宏远机械设备公司	密码区	略
	纳税人识别号	450168887540682		
	地址、电话	南宁市科园路 618 号　3213643		
	开户行及账号	工商银行南宁科园支行　9356789456		

货物或应税劳务名称	规格型号	单位	数量	单价	金额	税率	税额
齿轮	CL306	套	2 000	25	50 000.00	17%	8 500.00
链条	LT115	套	700	12	8 400.00		1 428.00
轴承	HY206	套	2 000	5.6	11 200.00		1 904.00
合　计					69 600.00		11 832.00

价税合计（大写）　零佰零拾捌万壹仟肆佰叁拾贰元零角零分　（小写）¥81 432.00

销货单位	名　称	南宁东盛五金机电公司	备注	南宁东盛五金机电公司 450100000065231 发票专用
	纳税人识别号	450100000652314		
	地址、电话	南宁市衡阳路 77 号　3992297		
	开户行及账号	农行南宁市衡阳路分理处　4568721358		

收款人：　复核：程宇　开票人：李昊阳　　销货单位：（章）

90.90-1

责令进行行政处罚通知书

南环字（2）第123号

宏远机械设备公司：

  你单位的污水排放超过规定的排放标准，根据《中华人民共和国环境保护法》第三十七条的规定，现责令你单位重新配置排污设备，按规定标准排放污水，并处以罚款壹万元整。

南宁市环保局

2013年12月19日

注：本通知一式四份

90-2

特约委托收款凭证　　4

委托日期 2013 年 12 月 21 日　　　　　第　号

汇款人	全称	宏远机械设备公司	收款人	全称	南宁市环保局
	账号	9356789456		账号	96586954325
	开户银行	工商银行南宁科园支行		开户银行	工行南宁民族支行

委收金额	人民币：壹万元整（大写）	百	十万	千	百	十	元	角	分
		￥	1	0	0	0	0	0	0

款项内容	罚款	合同号码		附单据张数	1

备注：根据协议上列示项已由付款单位账户付出

付款人开户银行盖章：中国工商银行 南宁市科园支行 2013.12.21 业务清讫

收款人盖章：南宁市环保局

此联是付款单位开户银行给付款单位的付款通知

单位主管　　会计　　复核　　记账

90-3

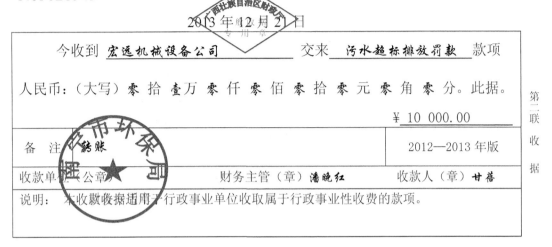

91. 24日,装配车间生产宏远2号拖拉机领用LT115链条620套、领用CL206齿轮1 100套,CL302齿轮1 700套,CL306齿轮1 200套。

92. 92-1

同城	委托收款	凭证(付款通知)		5	委收号码: 付款期限 年月日 第 号

委托日期: 2013 年 12 月 24 日

付款人	全 称	宏远机械设备公司	收款人	全 称	南宁市供电局
	账 号 或地址	9356789456		账 号	0022100001022
	开户银行	工商银行南宁科园支行		开户银行	工商银行江南分理处
委收金额	人民币 (大写):贰万陆仟伍佰陆拾玖元捌角柒分			¥ 2 6 5 6 9 8 7 百十万千百十元角分	
款项内容	12月电费				
备注		合同号码:C056328			

92-2

南宁供电局委托银行代收电费收据

单位全称：宏远机械设备公司
地址：南宁市科园路 618 号　　日期：2013 年 12 月 24 日　　户号：19620835

类别	本月抄见	电量(KW.H)	电费单价	电费(元)	燃机附加	新电还本(元)	电建基金(元)
生活用电	13 650	3 280	0.67	2 197.60	0.00	0.00	0.00
合计				￥2 197.60			

说明：1.用户更改全称、账号请及时通知本局用电管理所
　　　2.如因存款不足而托收不到电费者，加收迟纳金，或停止供电

手续费：　　　（元）迟纳金　　（元）
总应收金额：2 197.60（元）

（附件；南宁供电局 章 委托收款专用章）

92-3

广西壮族自治区增值税专用发票

450172843　　　　　　　　　　　　　　　№05065234

发票联

开票日期：2013 年 12 月 24 日

购货单位	名　　称：	宏远机械设备公司	密码区	略
	纳税人识别号：	450168887540682		
	地址、电话：	南宁市科园路 618 号　3213643		
	开户行及账号：	工商银行南宁科园支行　9356789456		

货物或应税劳务名称	规格型号	单位	数量	单价	金额	税率	税额
电费					20 831.00	17%	3 541.27
合　计							

价税合计（大写）　零佰零拾贰万肆仟叁佰柒拾贰元贰角柒分　（小写）￥24 372.27

销货单位	名　　称：	南宁市供电局	备注	（南宁市供电局 450100000001838 发票专用章）
	纳税人识别号：	4501000000001838		
	地址、电话：	南宁市星光大道 112 号　4992286		
	开户行及账号：	工行南宁市江南分理处 0022100001022		

收款人：　　　复核：蒙宇阳　　开票人：覃汉　　销货单位：（章）

第一联：发票联　购货方记账凭证

93.93-1

委收号码：

付款期限　年　月　日

同城　　委托收款　　凭证（付款通知）　　5　　第　号

委托日期：2013 年 12 月 24 日

付款人	全称	宏远机械设备公司	收款人	全称	南宁市陈村供水有限公司
	账号或地址	9356789456		账号	007264000202
	开户银行	工商银行南宁科园支行		开户银行	工商银行江南分理处

委收金额	人民币（大写）：壹万贰仟零捌拾伍元贰角整	百 十 万 千 百 十 元 角 分 ¥ 1 2 0 8 5 2 0
款项内容	12月水费	
备注：	合同号码：A632541	付款人注意： 1. 结算办法：上列委托收款，如在付款期限内未拒付，视同全部同意付款，以此联作付款通知。 2. 如需提前付款或多付款时，应另写书面通知送银行办理。 3. 如全部或部分拒付，应在付款期内另填拒付款理由书送银行办理。

此联付款人开户银行缴带付款人按期付款的通知

（盖章：中国工商银行 南宁市科园支行 2013.12.24）

93-2

南宁市陈村供水有限公司水费发票

№ **137592**

日期 2013 年 12 月 24 日

户名	宏远机械设备公司		
户号	0026846	结算方式	托收
地址	南宁市科园路618号		
计费项目	数量	单价	金额
厂部用水	6 324	1.3	8 221.20
职工宿舍生活用水	3 864	1.0	3 864.00
业务		金额合计	12 085.20
大写	壹万贰仟零捌拾伍元贰角整		

（盖章：南宁市陈村供水有限公司 450121200900273 发票专用章）

收款单位：　　　　　　　　　　　　　收款员：冯蓉

第二联：发票（报销凭证）手写无效

94. 24日,开出现金支票,提取现金2 000元备用。

95. 95-1

广西壮族自治区南宁市货物销售统一发票

发票代码：145010821213
发票号码：00005231

发 票 联

客户名称：宏远机械设备公司　　开票日期： 2013 年 12 月 24 日

货物名称	规格	单位	数量	单价	金额 千 百 十 元 角 分
茶叶		盒	2	80	1 6 0 0 0

现金付讫

金额：零仟壹佰陆拾零元零角零分
大写：
￥ 1 6 0 0 0

发票号：45011682116321

开票人：张子杰　　收款人：覃红梅

95-2

广西壮族自治区南宁市货物销售统一发票

发票代码：14010756213
发票号码：385214562

发 票 联

客户名称：宏远机械设备公司　　开票日期： 2013 年 12 月 24 日

货物名称	规格	单位	数量	单价	金额 千 百 十 元 角 分
彩纸		张	20	3	6 0 0 0
水彩		瓶	3	5	1 5 0 0

现金付讫

金额：零仟零佰柒拾伍元零角零分
大写：
￥ 7 5 0 0

发票号：4501211686246

开票人：肖珊　　收款人：秦小萍

第二联：发票（报销凭证）

96.

南宁市服务、娱乐业发票

广西壮族自治区

发票代码：245010671401
发票号码：04742079

客户名称：宏远机械设备公司　　2013年12月24日

服务项目	单位	数量	单价	金额（千 百 十 元 角 分）
（南宁达能特种设备维护公司　4501000000776　发票专用章）	次	1	1 000	1 0 0 0 0 0
	现金付讫			

金额（大写）壹仟零佰零拾零元零角零分　　　1 0 0 0 0 0

开票单位：（未盖章无效）　　开票人：蒙秦　　收款人：

第二联：发票联（报销凭证）

97.

出　库　单

2013年12月24日

供货单位：宏远机械设备公司　　凭证编号：04569
购货单位：柳兴物资公司　　　　仓　　库：1号仓库

产成品名称	规格	计量单位	数　量	价　格(不含税)	
				单价	金额
手拖机	宏远2号	台	150	3 000	450 000

备注

保管：尚毅　　仓库负责人：黄金丰　　记账：朱红

第2联

98.98-1

广西增值税专用发票

450172866　　　　　　　　　　　　　　　　　　　　　　　　№02063421

开票日期：2013 年 12 月 24 日

购货单位	名　称：	宏远机械设备公司	密码区	略		
	纳税人识别号：	450168887540682				
	地址、电话：	南宁市科园路 618 号　3213643				
	开户行及账号：	工商银行南宁科园支行　9356789456				

货物或应税劳务名称	规格型号	单位	数量	单价	金额	税率	税额
工具一批 （附销货清单）					96 990.00	17%	16 488.30
合　计							

价税合计（大写）	零佰壹拾壹万叁仟肆佰柒拾捌元叁角零分	（小写）¥ 113 478.30

销货单位	名　称：	南宁市万达五金机电公司	备注	南宁市万达五金机电公司 450100000083206 发票专用章
	纳税人识别号：	450100000083206		
	地址、电话：	南宁市衡阳路 72 号　3366554		
	开户行及账号：	工行南宁市衡阳路分理处 0450100008356		

收款人：　　　　复核：韦宏　　　开票人：赖特　　　销货单位：（章）

98-2

广西增值税应税货物或劳务销货清单　桂（01）No.000865

增值税应税货物或劳务销货清单

购货单位名称：宏远机械设备公司
销货单位名称：南宁市万达五金机电公司
所属增值税专用发票代码：02063421　　　　　　　　　　　　　　　　共 1 页

序号	货物（劳务）名称	规格型号	单位	数量	单价	金额	税率	税额
1	螺丝螺帽		箱	500	135	67 500.00	17%	11 475.00
2	扳手		把	20	15	300.00		51.00
3	液压扭矩扳手		套	10	500	5 000.00		850.00
4	液压千斤顶		套	10	800	8 000.00		1 360.00
5	安全钳		把	20	12	240.00		40.80
6	钻头		把	10	25	250.00		42.50
7	蓄电池		台	10	520	5 200.00		884.00
8	电焊条		千克	300	5	1 500.00		255.00
9	链条	LT216	套	300	30	9 000.00		1 530.00
	小计					96 990.00		16 488.30
	总计					96 990.00		16 488.30

备注：南宁市万达五金机电公司　发票专用章
销货单位（章）：450100000083206　　开票日期：2013 年 12 月 12 日　　国家税务总局印制

99.

中国工商银行同城提入贷方凭证（收账通知）　桂 00623596
2013 年 12 月 24 日　　　　代理网点号　01500

出票人	全称	南宁长远物资公司	收款人	全称	宏远机械设备公司
	账号	9234569003		账号	9356789456
	开户银行	工行南宁北湖分理处		开户银行	工行南宁科园支行

人民币（大写）：贰拾伍万捌仟叁佰零壹元整　￥258 301.00

银行章：业务清讫　2013.12.24

备注：凭证种类：　凭证号：　摘要：　交易类型：

复核（授权）：　　打印：

100. 24 日，装配车间领螺丝螺帽 358 箱；生产宏远 1 号拖拉机领用 CL206 齿轮 2 200 套，CL302 齿轮 1 500 套，CL306 齿轮 300 套，领用 LT216 链条 180 套，HD 车灯 180 套；生产宏远 2 号拖拉机领用 HE 车灯 420 套。

101. 101-1

出　库　单
2013 年 12 月 24 日

供货单位：宏远机械设备公司　　凭证编号：04569
购货单位：明远农机公司　　　　仓　库：1 号

产成品名称	规格	计量单位	数量	价格(不含税) 单价	价格(不含税) 金额
手拖机	宏远1号	台	10	5 000	50 000
手拖机	宏远2号	台	5	3 000	15 000
备注					65 000

仓库保管：尚毅　　仓库负责人：黄金丰　　记账：朱红

第 2 联

101-2

中国工商银行同城提入贷方凭证（收账通知）　桂 00623596
2013 年 12 月 24 日　　　　代理网点号　01500

出票人	全称	明远农机公司	收款人	全称	宏远机械设备公司
	账号	9856386247		账号	9356789456
	开户银行	工行南宁江南分理处		开户银行	工行南宁科园支行

人民币（大写）：柒万叁仟肆佰伍拾元整　￥73 450.00

银行章：业务清讫　2013.12.24

备注：凭证种类：　凭证号：　摘要：　交易类型：

复核（授权）：　　打印：

102. 25日，开出转账支票从工行支付易通贸易公司货款460 000元（易通贸易公司开户行名称：建行园湖支行，账号：9864278927）。

103.

104. 104-1

中国工商银行手续收费凭证(付出传票)

2013年12月26日

缴款单位名称	账　号	电汇笔数：
宏远机械设备公司	9356789456	异地托收笔数：
手续费金额		

千	百	十	元	角	分
¥	2	6	5	3	0

人民币 贰佰陆拾伍元叁角整
（大写）

中国工商银行
南宁市科园支行
★ 2013.12.26 ★
业务清讫　收款银行盖章
2013年12月26日

104-2

中国交通银行手续收费凭证(付出传票)

2013 年 12 月 26 日

缴款单位名称	宏远机械设备公司		账号	6342896543
项 目	次数	手续费		
电 汇		15		
银行汇票		12		
商业汇票		25		
异地托收		23		
委托收款		12		
合 计		¥87.00		
人民币：(大写) 捌拾柒元整				

印章：中国交通银行 南宁市高新支行 2013.12.26 业务收讫银行盖章 2013年12月26日

105.

广西壮族自治区增值税专用发票

450172866　　　　　　　　　　　　　　　　№02063421

开票日期： 2013 年 12 月 27 日

购货单位	名 称：	宏远机械设备公司	密码区	略
	纳税人识别号：	450168887540682		
	地 址、电 话：	南宁市科园路 618 号 3213643		
	开户行及账号：	工商银行南宁科园支行 9356789456		

货物或应税劳务名称	规格型号	单位	数量	单价	金额	税率	税额
加工费					1 830.00	17%	311.00
合 计							

价税合计（大写）	零佰零拾零万贰仟壹佰肆拾壹元零角零分　　（小写）¥2 141.00

销货单位	名 称：	南宁桂达五金厂	备注	南宁桂达五金厂 450100000077662 发票专用章
	纳税人识别号：	4501000000077662		
	地 址、电 话：	南宁市安吉路 126 号 3136554		
	开户行及账号：	工行南宁市安吉路分理处 0501000073516		

收款人：　　　　复核：郭兵　　开票人：何佳　　　　销货单位：(章)

106. 27 日，开出现金支票，提取 3 000 元备用。

107. 26 日，机修车间领用螺丝螺帽 10 箱，领用元钢 0.5 吨，角钢 0.6 吨。

108. 108-1

材料盘点报告表

材料类别：其他材料　　盘点日期　2013 年 12 月 27 日　　材料仓库：油漆库

材料名称	计量单位	数量		计划单价	盘盈		盘亏		盈亏原因
		账存	实存		数量	金额	数量	金额	
油漆	千克	1170	640	12			530	6360	火灾

会计主管：李洪　　　仓管人员：尚毅　　　会 计：方振宇　　　制表：黎明

108-2

宏远机械设备公司
固定资产报废申请单

申请日期：2013 年 12 月 27 日　　　　　　编号：(07)

001

主管部门	生产部		使用部门		机加工车间		
名称及型号	单位	数量	原始价值	已提折旧	净值	预计使用年限	实际使用年限	支付清理费	收回变价收入
油漆仓库	座	1	53 500	32 100	21 400	10	6	1 500	
购建单位				购建年份	2013.12.2	出厂号	

报废原因：
因为意外引起油漆起火，导致仓库烧毁报废。

资产管理部门意见	同意报废。生产部 2013.12.27	公司领导意见	同意报废。李明阳 2013.12.27	部门负责人意见	同意报废。冯方 2013.12.27

108-3

广西壮族自治区 南宁市娱乐、服务业发票　　发票代码：345010601325

发票联　　发票号码：742221079

客户名称：宏远机械设备公司　　2013 年 12 月 24 日

服务项目	单位	数量	单价	金额 千 百 十 元 角 分
运输费				满万元无效 1 5 0 0 0 0
现金付讫				
金额（大写）壹仟伍佰零拾零元零角零分				1 5 0 0 0 0

开票单位：(未盖章无效)　　开票人：王保忠　　收款人：

108-4

中国工商银行同城提入贷方凭证（收账通知）　桂 00623596

2013 年 12 月 28 日　　代理网点号 01500

出票人	全称	中国人民保险公司南宁分公司	收款人	全称	宏远机械设备公司
	账号	8352789357		账号	9356789456
	开户银行	工商银行南宁科园支行		开户银行	工行南宁科园支行

人民币：壹万元整（大写）　　￥ 1 0 0 0 0 0 0

备注：凭证种类：　　凭证号：
摘要：支付固定资产意外损失保险赔偿金　　交易类型：
业务清讫　　银行章：

复核（授权）：　　　　打印：

108-5

中国人民保险公司南宁分公司
出险损失计算书

2013 年 12 月 28 日

赔案编号	201315896	被保险人	宏远机械设备公司	
保险单号码	0210015	通知单号		
批单号次		保品		
保险金额		承保条件		
保险期限	2013年1月1日至12月31日止	运输工具名称及吨位		号次
出险日期		起讫地点	自 经 到	
出险地点	宏远机械设备公司			
赔款原因：根据中华人民共和国财产保险合同条例有关规定及事故单位 0210015 号投保单，我公司调查后支付保险金 10000 元，其余由事故单位自行负责。				
共计人民币（大写）：壹万元整		证明文件  中国人民保险公司章 2013 年 12 月		

核定：王云　　　审核：刘力　　　编制：李叁

109.109-1

南宁市安扬农机贸易有限公司
产品代销清单

日期	产品名称	销售数量	销售金额	手续费
2013.12.30	宏远1号手拖机	80	400 000.00	20 000.00
2013.12.30	宏远2号手拖机	120	360 000.00	18 000.00
合计			760 000.00	38 000.00

代销公司：（盖章）　　　　　　　　　　　制表人：刘明达

109-2

中国工商银行同城提入贷方凭证（收账通知） 桂 00623596

2013 年 12 月 30 日　　　　　　　代理网点号　01500

出票人	全称	南宁市安扬农机贸易公司	收款人	全称	宏远机械设备公司
	账号	2036547213		账号	9356789456
	开户银行	工商银行南宁江南分理处		开户银行	工行南宁科园支行

人民币（大写）：捌拾贰万零捌佰元整　　　　¥ 8 2 0 8 0 0 0 0

备注：凭证种类：　　　凭证号：
　　　摘要：　　　　　交易类型：

复核（授权）：　　　　　　　　　　银行章：（中国工商银行南宁市科园支行 2013.12.30 业务清讫）　　　打印：

110. 30 日，根据 21 日—30 日收料单编制"收料凭证汇总表"，并进行账务处理。计算材料成本差异率。

111. 30 日，根据 21 日—30 领料单编制"发料凭证汇总表"，并编制"材料收发结存表"进行账务处理。计算发出材料成本差异。

112. 30 日，摊销周转材料。

12 月周转材料发料凭证汇总表

数量\部门\名称	单位	领用数量				
		铸造车间	加工车间	装配车间	机修车间	厂部
蓄电池	台	5	3	3	2	1
刨刀	把	3	5	2	1	
安全钳	把	10	8	6	3	2
扳手	把	10	8	6	3	2
砂轮	个	6	4	2	1	
钻头	把	8	10	6	2	
工作服	套	10	10	5	2	
工作鞋	双	10	10	5	2	
液压扭矩扳手	套	3	2	2	1	
液压千斤顶	套	3	2	2	1	1

113. 30 日，按照销售合同规定，本公司承诺对销售的手拖机提供 1 年免费售后服务。根据以往的经验，发生的保修费为销售额的 0.6%。

三、任务要求

1. 根据原始凭证及本任务的业务内容在各功能模块完成各业务相关单据的填制、审核、记账。

2. 生成各相关业务的记账凭证。

项目五

期末业务处理

任务 5-1　企业会计期末业务处理

一、任务资料

1. 31 日,计提坏账准备,完成相关业务处理。

2. 31 日,确认交易性金融的公允价。海天公司股票 12 月 31 日市场交易价为 78 元,金浩公司股票市场交易价为 10.5 元,完成相关业务处理。

3. 31 日,确认持有至到期投资应收利息及利息收入,完成相关业务处理。

4. 31 日,月末转出本月未交增值税,完成相关业务处理。

5. 30 日,计提固定折旧额,完成相关业务处理。

6. 31 日,摊销无形资产的价值,完成相关业务处理。

7. 31 日,将动力费用在各产品之间进行分配,完成相关业务处理。

8. 31 日,根据"工资结算汇总表"将计入生产成本的工资费用按工时在各产品之间进行分配。

9. 31 日,分配辅助生产费用,并进行账户处理。

10. 31 日,分配制造费用,并进行账户处理。

11. 31 日,编制产品成本计算单,计算完工产品和在产品成本。

12. 31 日,编制完工产品入库单,并据以结转完工产品的制造成本。

13. 31 日,计算并结转本月销售产品成本。

14. 31 日,计算本月应交城建税及教育费附加。

15. 31 日,将各损益类账户结转到"本年利润"账户。

16. 31 日,计算并结转本月应交所得税。

17. 31 日,分别按净利润的 10%、15% 提取法定盈余公积和任意盈余公积,按净利润的 40% 分配利润给投资者。

18. 12 月产品生产工时统计表

产品名称	铸造车间	机工车间	装配车间	合计
宏远 1 号	1 050	840	882	2 772
宏远 2 号	2 340	1 560	2 106	6 006

续表

产品名称	铸造车间	机工车间	装配车间	合计
合计	3 390	2 400	2 988	8 778

19. 12月各部门用电情况统计表

用电部门	照明电度	照明电与动力电价比率	照明电折合动力电度	动力电度	合计用电度数
铸造车间	842	1.2	1 010.40	17 534	
机工车间	538	1.2	645.60	6 860	
装配车间	687	1.2	824.40	6 236	
机修车间	200	1.2	240.00	2 836	
管理部门	4 563	1.2	5 475.60		
	6 830		8 196.00	33 466	

20. 产品材料成本单位定额表

产品名称	铸造车间产品材料成本定额系数	机工车间产品材料定额系数	装配车间产品材料成本定额系数
宏远1号	1.22	1.18	1.10
宏远2号	1.00	1.00	1.00

21. 12月机修车间工时统计表

2013年12月

部门	修理工时	分配率	分配金额
铸造车间	759		
机工车间	456		
装配车间	875		
管理部门	120		
合计	2 210		

22. 12月产品生产产量统计表

产品名称:宏远1号拖拉机　　　　　　　　　　　　　　　　　　　　计量单位:台

生产车间	月初在产品	本月投入	本月完工	月末在产品
铸造车间	10	400	400	10
机工车间	20	400	390	30
装配车间	30	390	400	20

产品名称:宏远 2 号拖拉机　　　　　　　　　　　　　　　　计量单位:台

生产车间	月初在产品	本月投入	本月完工	月末在产品
铸造车间	10	790	780	20
机工车间	20	780	790	10
装配车间	40	790	800	30

二、任务要求

1. 对所有凭证进行审核、记账;
2. 完成 1~8 笔业务,进行审核、记账;
3. 完成 9~12 笔业务,进行审核、记账;
4. 完成 13~14 笔业务,进行审核、记账;
5. 完成 15 笔业务进行审核、记账;
6. 完成 16 笔业务,进行审核、记账;
7. 完成 17 笔业务并进行审核、记账。

项目六

银 行 对 账

任务 6-1 银 行 对 账

一、任务资料

1. 工商银行 2013 年 12 月对账单

中国工商银行客户存款对账单

网点号：
币种：人民币（本位币）
单位：元
账号：9356789456　　　　　　户名：宏远机械设备公司　　　　上月余额：685 611.60

2013年		凭证类别、凭证号（略）	对方户名	摘要	借方发生额	贷方发生额	余额
月	日						
12	3			提现	2 000.00		683 611.60
	3		翔达贸易公司	转账	81 900.00		601 711.60
	4		湖南中南农机公司	收款		625 623.00	1 227 334.60
	4		广西桂兴运输公司	转账	6 000.00		1 221 334.60
	5		南宁机床维修公司	转账	5 000.00		1 216 334.60
	5			提现	3 000.00		1 213 334.60
	6		兴桂农机公司	收款		452 000.00	1 665 334.60
	6		南宁南风化工厂	转账	83 070.00		1 582 264.60
	6		南宁市环保局	转账	2 500.00		1 579 764.60
	6		广西顺达贸易公司	转账	210 600.00		1 369 164.60
	7		南宁市邮政局明秀分局	转账	3 546.00		1 365 618.60
	10		广东三元公司	托收		514 500.00	1 880 118.60
	10		上海米其轮胎设备公司	电汇	707 000.00		1 173 118.60

续表

2013年		凭证类别、凭证号（略）	对方户名	摘要	借方发生额	贷方发生额	余额
月	日						
	10		税务局	缴税	50 863.00		1 122 255.60
	10		南方早报广告部	转账	15 000.00		1 107 255.60
	10		长发物资贸易公司	收款		130 000.00	1 237 255.60
	11		南宁市沙田农场	收款		30 000.00	1 267 255.60
	11		长沙华益机电有限公司	托收	75 910.00		1 191 345.60
	12			提现	3 000.00		1 188 345.60
	13		广西桂兴运输公司	转账	6 000.00		1 182 345.60
	14		南宁市蓝天装饰公司	转账	5 000.00		1 177 345.60
	14		太平洋保险广西分公司	转账	4 230.00		1 173 115.60
	14		工资户	转账	253 831.00		919 284.60
	14		南宁市社会保险基金管理所	转账	75 628.23		843 656.37
	14		南宁住房公积金管理中心	转账	26 078.70		817 577.67
	14		南宁市总工会	缴款	5 215.74		812 361.93
	17		南宁市科园废品回收公司	收款		3 000.00	815 361.93
	17		广西南宁市厢竹交通征稽所	托收	2 400.00		812 961.93
	18		湖南乐山钢铁厂	电汇	300 000.00		512 961.93
	18			提现	3 000.00		509 961.93
	18		湖北湖州机电公司	电汇	238 000.00		271 961.93
	19		湘江农机公司货款	汇票		666 700.00	938 661.93
	20		中国平安保险广西分公司	转账	6 000.00		932 661.93
	21		开户行	付利息	68 456.50		864 205.43
	21		开户行	收利息		5 877.30	870 082.73
	21		柳州钢铁公司	电汇	340 000.00		530 082.73
	21		南宁方园电信局	托收	10 833.00		519 249.73
	21		桂阳农机公司	收款		412 800.00	932 049.73
	21		南宁市东盛五金公司	转账	81 432.00		850 617.73
	21		南宁市环保局	托收	10 000.00		840 617.73
	24		南宁市供电局	托收	26 569.87		814 047.86
	24		南宁市陈村供水有限公司	托收	12 085.20		801 962.66
	24			提现	2 000.00		799 962.66

续表

2013年		凭证类别、凭证号(略)	对方户名	摘要	借方发生额	贷方发生额	余额
月	日						
	24		南宁市长远物资公司	收款		258 301.00	1 058 263.66
	24		南宁市万达五金公司	转账	113 478.30		944 785.36
	24		明远农机公司货款	收款		73 450.00	1 018 235.36
	25		易通贸易公司货款	转账	460 000.00		558 235.36
	25		聚贤楼饭店	转账	11 556.00		546 679.36
	26		开户行	手续费	265.30		546 414.06
	27		南宁桂达五金厂	转账	2 141.00		544 273.06
	27			提现	3 000.00		541 273.06
	28		中国人保南宁分公司	收款		10 000.00	551 273.06
	30		安扬农机贸易有限公司	收款		820 800.00	1 372 073.06

截止:2013年12月31日　　账户余额:1 372 073.06

2. 中国交通银行2013年12月对账单

中国交通银行单位存款对账单

网点号:

币种:人民币(本位币)

单位:元

账号:6342896543　　　　户名:宏远机械设备公司　　　　上月余额:476 789.60

2013年		凭证类别、凭证号(略)	对方户名	摘要	借方	贷方	余额
月	日						
12	7		桂林立远五金公司	电汇	156 000.00		320 789.60
	11		开户行	贷款		1 000 000.00	1 320 789.60
	12		威海松宇机电有限公司	汇票	1 000 000.00		320 789.60
	17		钦州物资公司	收款		485 600.00	806 389.60
	17		汉江有色金属公司	电汇	450 000.00		356 389.60
	17		翔云农机公司货款	收款		500 000.00	856 389.60
	18		开户行	还贷	518 750.00		337 639.60
	18		威海松宇机电有限公司	汇票		47 225.00	384 864.60
	21		开户行	付利息	35 604.50		349 260.10
	21		开户行	收利息		2 876.35	352 136.45
	26		开户行	手续费	87.00		352 049.45

截止:2013年12月31日　　账户余额:352 049.45

二、任务要求

1. 从总账系统引入银行存款日记账；
2. 录入银行对账单；
3. 银行存款对账；
4. 生成余额调节表；
5. 检查长期未达账，找出原因，及早消除未达账。

项目七

报表业务处理

任务 7-1 编制企业三大财务报表

一、任务资料

1. 上期资产负债表

资 产 负 债 表

会企 01 表

编制单位:宏远机械设备公司　　　2013 年 11 月 30 日　　　　　　　　　单位:元

资产	期末余额	年初余额	负债和所有者权益(或股东权益)	期末余额	年初余额
流动资产:			流动负债:		
货币资金	1 320 167.80	1 156 786.50	短期借款	2 500 000.00	2 200 000.00
交易性金融资产	260 000.00	520 000.00	交易性金融负债		
应收票据	180 800.00	265 000.00	应付票据	450 000.00	1 245 600.00
应收账款	3 520 364.00	3 835 260.00	应付账款	2 604 000.00	2 934 611.40
预付款项			预收款项		
应收利息			应付职工薪酬	72 966.78	85 637.00
应收股利			应交税费	50 863.00	156 800.00
其他应收款	10 601.90	20 360.00	应付利息		
存货	4 466 220.80	4 230 785.60	应付股利		
一年内到期的非流动资产			其他应付款		16 870.00
其他流动资产			一年内到期的非流动负债		
流动资产合计	9 758 154.33	10 028 192.1	其他流动负债	16 200.00	18 260.00
非流动资产:			流动负债合计	5 672 629.78	6 657 778.40

续表

资产	期末余额	年初余额	负债和所有者权益(或股东权益)	期末余额	年初余额
可供出售金融资产			非流动负债：		
持有至到期投资	75 939.45		长期借款	32 260 000.00	3 3500 000.00
长期应收款			应付债券		
长期股权投资			长期应付款		
投资性房地产			专项应付款		
固定资产	66 603 005.00	68 632 500.00	预计负债		
在建工程	500 000.00		递延所得税负债	65 430.00	
工程物资	350 000.00		其他非流动负债		
固定资产清理			非流动负债合计	32 260 000.00	33 500 000.00
生产性生物资产			负债合计		
油气资产			所有者权益(或股东权益)：		
无形资产	378 000.00	427 500.00	实收资本(或股本)	35 400 000.00	35 400 000.00
开发支出			资本公积	686 373.00	686 373.00
商誉			减:库存股		
长期待摊费用			盈余公积	1 230 000.00	2 230 000.00
递延所得税资产	86 830.00		未分配利润	2 416 096.00	614 040.70
其他非流动资产			所有者权益(或股东权益)合计	39 732 469.00	38 930 413.70
非流动资产合计	67 906 944.45	69 060 000			
资产总计	77 751 928.78	79 088 192.10	负债和所有者权益(或股东权益)总计	77 751 928.78	79 088 192.10

2.上期利润表

<h1 style="text-align:center">利 润 表</h1>

会企02表

编制单位:宏远机械设备公司　　　　2013年11月　　　　　　　　　　　　单位:元

项　目	本期金额	本年累计数
一、营业收入	4 016 250.00	44 887 500.00
减:营业成本	3 408 672.70	38 196 930.40

续表

项 目	本期金额	本年累计数
营业税金及附加	10 997.63	122 914.71
销售费用	69147.50	1 272 825.00
管理费用	122 188.44	1 524 486.96
财务费用	97 248.26	1 086 892.15
资产减值损失		
加:公允价值变动收益(损失以"—"号填列)		
投资收益(损失以"—"号填列)		29 478.22
其中:对联营企业和合营企业的投资收益		
二、营业利润(亏损以"—"号填列)	307 995.47	2 712 929.00
加:营业外收入	1 856.00	78 564.00
减:营业外支出	13 922.80	179 138.16
其中:非流动资产处置损失		
三、利润总额(亏损总额以"—"号填列)	295 928.67	2 612 354.84
减:所得税费用	72 500.45	810 299.36
四、净利润(净亏损以"—"号填列)	223 428.22	1 802 055.48
五、每股收益:		
(一)基本每股收益		
(二)稀释每股收益		

二、任务要求

1. 编制本期资产负债表;
2. 编制本期利润表;
3. 编制本期现金流量表。